高职高专"十四五"物流类专业系列教材

物流设施与设备

主　编　史鸽飞　魏　波

副主编　胡　艳　陈进军　廖罗尔　陈　坤

西安交通大学出版社
XI'AN JIAOTONG UNIVERSITY PRESS

图书在版编目(CIP)数据

物流设施与设备 / 史鸽飞，魏波主编. — 西安 ：西安
交通大学出版社，2021.1(2023.7 重印)
　ISBN 978 - 7 - 5693 - 0109 - 0

　Ⅰ. ①物… Ⅱ. ①史…② 魏… Ⅲ. ①物流管理-设备
管理 Ⅳ. ①F253.9

中国版本图书馆 CIP 数据核字(2020)第 203107 号

书　　名	物流设施与设备
主　　编	史鸽飞　魏　波
责任编辑	李逢国
责任校对	祝翠华

出版发行	西安交通大学出版社
	(西安市兴庆南路 1 号　邮政编码 710048)
网　　址	http://www.xjtupress.com
电　　话	(029)82668357　82667874(市场营销中心)
	(029)82668315(总编办)
传　　真	(029)82668280
印　　刷	陕西龙山海天艺术印务有限公司

开　　本	787mm×1092mm　1/16	印张	14.75	字数	368 千字
版次印次	2021 年 1 月第 1 版　2023 年 7 月第 6 次印刷				
书　　号	ISBN 978 - 7 - 5693 - 0109 - 0				
定　　价	44.80 元				

如有印装质量问题,请与本社市场营销中心联系、调换。
订购热线:(029)82665248　(029)82667874
投稿热线:(029)82664840
读者信箱:xj_rwjg@126.com

前 言
Foreword

为了更好地适应高职高专教育改革与发展趋势,满足目前物流行业的需求,落实工学结合的教学理念,本教材以企业真实的作业任务为主线,是集理论与实践于一体的教材。每个项目按照任务引入、任务目标、任务知识、理论测评、任务工单的思路进行编写。全书共分为八个任务,基本围绕物流的七大活动进行展开,包括设施设备的认知、集装单元设备、运输设施设备、装卸搬运设备、仓储设施设备、包装与流通加工设备、物流信息技术设备、物流设备的管理。理论部分主要是让学生对设施设备进行认知,了解设备的基本结构、特点、分类和用途等;实操部分主要是对一些操作性比较强的设施与设备,如叉车、起重机等进行了详细的介绍,并结合企业的实际管理需求,将安全操作理念贯穿其中。本书的特色和创新之处主要体现在以下几个方面:

(1)实操性强。采用了任务工单,每个任务都有任务目标、任务分析思路、任务考核标准。在分析过程中注重学生理论知识的运用、逻辑性的培养,在考核过程中注重学生的实操规范性、团队协作、职业素养等的培养。任务工单的采用便于教师在教学中指导学生实践,便于学生在学习中边学边练,能达到更好的教学效果和学习效果。

(2)拓展性足。本书属于融媒体教材,在智慧职教 MOOC 平台配有丰富的网络视频、链接等资源,书中有部分视频已经通过二维码加以呈现,不仅增强了教材的趣味性、可读性、拓展性,使学生乐于学习,也有利于学生理解相关知识点。

本书由校企联合编写,由湖南现代物流职业技术学院史鸽飞、魏波担任主编,负责全书的策划与统稿工作,由胡艳、陈进军、廖罗尔、陈坤担任副主编。本书项目一、三、四由史鸽飞编写,项目二由胡艳编写,项目五由魏波编写,项目六由湖南财经工业职业技术学院陈坤编写,项目七由陈进军编写,项目八由廖罗尔编写。安吉智行物流长沙分公司的张龙汉经理参编了项目四的部分实训。此外,罗华丽、花开太、孙彭城、王清华也参与了教材的编写。在编写的过程中湖南现代物流职业技术学院梁飞等老师给予了大力支持,并提出了许多宝贵建议,在此深表感谢。

由于编者水平有限,书中如有不足之处敬请读者批评指正,以便修订时改进。

编者
2021 年 1 月

目 录
Contents

项目一 物流设施与设备的认知

任务引入

杭州联华华商集团有限公司(简称"浙江联华")成立于 1997 年,是浙江省内销售规模最大的连锁商业企业。浙江联华智慧物流绍兴基地位于绍兴市柯桥区杨汛桥镇,占地面积 10.18 万平方米,于 2014 年初开始筹建,2018 年 12 月 28 日正式投入使用。配送中心总面积 18.26 万平方米,最高储存量达 150 万件,规划日均吞吐能力 65 万件。表 1-1 为该基地的硬件配置。

表 1-1 物流中心硬件配置

序号	设备名称	数量/单位	设计能力
1	分拣机	2/套	16000 箱/h
2	托盘提升机	15/台	1200 托/h
3	AGV	27/个	600 次/h
4	月台升降机	122/个	
5	伸缩皮带机	8/台	1000 箱/h
6	前移式叉车	18/台	
7	电动托盘搬运车	56/台	

资料来源:联华打造现代化物流配送中心[EB/OL]. (2019-07-26)[2020-06-03]. http://www.sohu.com/a/329354561_610732.

思考:这些设备有什么用途,如何进行分类?

任务目标

一、知识目标

1. 熟悉物流设施与设备的分类;
2. 了解物流设施与设备在物流系统中的地位;
3. 了解物流设施与设备的发展趋势。

二、能力目标

能够对物流设施与设备进行简单的分类。

任务一 物流设施与设备概述

物流是物品从供应地向接收地的实体流动过程中,根据实际需要将运输、储存、装卸搬运、包装、流通加工、配送、信息处理等功能有机结合起来实现用户要求的过程,这个过程的实现是以物流设施设备为基础的。

一、物流设施与设备的定义

物流设施与设备是指进行各项物流活动和物流作业所需要的设施和设备的总称。

(一)物流设施

物流设施是指在供应链的整体服务功能上和供应链的某些环节上,满足物流组织与管理需要、具有综合或单一功能的场所或组织的统称。物流设施为物流活动的正常进行提供了活动空间,是物流活动不可缺少的物质基础。

(二)物流设备

物流设备是指进行物流活动所需的机械设备、器具等,是可供长期使用并在使用中保持原有实物形态的作业工具。

物流设备是现代化企业的主要作业工具之一,是合理组织批量生产和机械化流水作业的基础。对第三方物流企业来说,物流设备是组织物流活动的物质技术基础,体现着企业的物流能力大小。伴随着物流的发展与进步,物流设备不断得到提升与发展。

二、物流设施与设备的分类

(一)物流设施的分类

物流设施可分为物流基础性设施和物流功能性设施两类。

1.物流基础性设施

物流基础性设施大多具有公共设施性质,多由政府投资建设,战略地位高。其主要包括以下三种:

(1)物流网络结构中的枢纽点,如各种交通枢纽和国家物资储备基地等。

(2)物流网络结构中的线,如铁路、公路、航道、输送管道、航空线路等。

(3)物流基础信息平台,如为企业提供基础信息服务、为政府等提供决策依据的信息平台。

2.物流功能性设施

物流功能性设施多为第三方物流企业所拥有,也有企业自有的,是物流社会化服务的基础。其主要可分为以下两类:

(1)物流网络结构中以实现货物位移为主要职能的物流节点设施,如各种流通仓库、流通中心、配送中心、流通加工中心等,货物在这种节点设施的停滞时间较短。

(2)物流网络结构中以组织货物仓储为主要职能的设施,如各种仓库和货栈,货物在这些节点设施的停留时间较长。

(二)物流设备的分类

物流设备是各项物流活动所需的机械设备、器具等。物流作业种类多样,作业对象复杂,物流设备也因此功能各异。按功能不同,物流设备可分为以下几类:

(1)运输设备。它是指五大运输方式中的公路运输设备、铁路运输设备、航空运输设备、水路运输设备和管道运输设备。

(2)仓储设备。它是指仓库进行生产和辅助生产作业以及保护仓库作业安全所必需的各种机械设备的总称,如货架、自动化立体仓库、计量设备、商品养护设备、安全消防设备等。

（3）装卸搬运设备。它是指用来搬移、升降、装卸和短距离输送物料或货物的机械,如起重机、输送机、叉车、自动导引运输车等。

（4）流通加工设备。它是指货物在生产地到使用地的过程中,根据需要进行包装、分割、计量分拣、添加标签条码、组装等作业时所需的设备,如数控机床、切割机等。

（5）包装设备。它是指在流通过程中保护产品、方便储存和促进销售,按一定技术方法而采用的容器、材料及辅助物等的总称,如充填机、封口机、捆扎机、自动包装生产线等。

（6）集装单元化设备。它是指用集装单元化的形式进行储存、运输作业的物流装备,主要包括集装箱、托盘、滑片托盘、集装袋等。

（7）信息采集与处理设备。它是指实现物流信息采集、储存、管理和使用的设备,是实现物流信息化的硬件基础,主要包括计算机网络以及实现条形码技术、射频技术、GIS 技术、GPS 技术的设备。

三、物流设施与设备在物流系统中的地位和作用

物流设施与设备是构成物流系统的重要组成要素,担负着物流作业的各项任务,影响着物流活动的每一个环节,在物流活动中处于十分重要的地位。离开物流设施与设备,物流系统就无法运行或服务水平及运行效率极其低下。物流设施与设备在物流系统中的地位和作用主要表现在以下四个方面。

1. 物流设施与设备是物流系统的物质技术基础

不同的物流系统必须有不同的物流设施与设备来支持才能正常运行。因此,物流设施与设备是实现物流功能的技术保证,是实现物流现代化、科学化、自动化的重要手段。物流系统的正常运转离不开物流设施与设备,正确、合理地配置和运用物流设施与设备是提高物流效率的根本途径,也是降低物流成本、提高经济效益的关键。

2. 物流设施与设备是物流系统的重要资产

在物流系统中,物流设施与设备的投资比较大。随着物流设备技术含量和技术水平的日益提高,现代物流技术装备既是技术密集型的生产工具,也是资金密集型的社会财富,配置和维护这些设施与设备需要大量的资金和相应的专业知识。现代化物流设施与设备的正确使用和维护,对物流系统的运行效益来说是至关重要的,一旦设备出现故障,将会使物流系统处于瘫痪状态。

3. 物流设施与设备贯穿物流活动的各个环节

在整个物流活动过程中,从物流功能看,物料或商品要经过包装、运输、装卸、储存等作业环节,并且伴随着许多相关的辅助作业环节,这些作业的高效完成需要相应的物流设施与设备。例如,在包装过程中,自动包装机、自动封箱机等得到了广泛应用;在运输过程中,各种交通工具如汽车、火车、船舶、飞机、管道等,是必不可少的,在储存、装卸搬运、配送等过程中,不仅要求有必要的场地条件,还要用到各式装卸搬运机械。如果用人力去完成这些工作,势必耗时、耗力,甚至无法完成工作。因此,物流设施与设备的性能好坏和配置是否合理,直接影响物流活动各环节的作业效率。

4. 物流设施与设备是物流技术水平的主要标志

高效的物流系统离不开先进的物流技术和物流管理。先进的物流技术是通过物流设施与设备体现的,先进的物流管理也必须依靠现代高科技手段来实现。例如,在现代化的物流系统中,自动化仓储技术综合运用了自动控制技术、计算机技术、现代通信技术(包括计算机网络和无线射频技术)等高科技手段,使仓储作业实现了半自动化、自动化。在物流管理过程中,从信息的自动采集、处理到信息的发布完全可以实现智能化,依靠功能完善的高水平监控管理软件可以实现对物流各环节的自动监控,依靠专家系统可以对物流系统的运行情况进行及时诊断,对系统的优化提出合理化建议,因此,物流设施与设备的现代化水平是物流技术水平的主要标志。

任务二 物流设施与设备的发展

一、物流设施的发展现状

经过几十年的发展,物流业已经成为国民经济的支柱产业和重要的现代服务业。2013年,中国物流市场规模首次超过美国,居世界第一。2017年,全国社会物流总额达到252.8万亿元。2017年,全国铁路货物发送36.89亿吨、公路货运量368.69亿吨、水路货运量66.78亿吨、民航货邮运输量705.80万吨,全国铁路货物周转量26962.2亿吨公里、公路货物周转量66771.5亿吨公里、水路货物周转量98611.3亿吨公里、民航243.5亿吨公里,全国规模以上港口货物吞吐量126.72亿吨、规模以上港口集装箱吞吐量为2.38亿TEU(标箱)、规模以上快递服务企业业务量完成400.6亿件、快递日业务量突破10974万件。铁路货物发送量、铁路货物周转量、公路货运量、港口吞吐量、集装箱吞吐量、快递量均居世界第一,民航货运量居世界第二。

在物流规模快速扩展的同时,我国物流能力也有很大的提升。截至2016年底,全国营业性通用(常温)仓库面积近10亿平方米,冷库库容约1.2亿立方米,运营在建和规划的各类物流园区超过1600个。截至2017年底,全国内河航道里程达到12.7万公里,其中高等级航道1.25万公里;全国规模以上港口万吨级泊位达2366个;全国民航机场达到229个。截至2019年底,中国铁路营业里程达到13.9万公里以上,其中高铁3.5万公里,居世界第一;全国公路总里程501.25万公里,增加16.60万公里,其中高速公路里程增加0.7万公里,居世界第一。各种类型的物流园区不断涌现。物流基础设施的发展为物流能力的提升奠定了坚实的基础。

二、物流设施的发展规划

为贯彻落实党中央、国务院关于加强物流等基础设施网络建设的决策部署,科学推进国家物流枢纽布局和建设,2018年12月24日国家发展和改革委员会、交通运输部会同相关部门研究制定并印发了《国家物流枢纽布局和建设规划》。

《国家物流枢纽布局和建设规划》指出,要加强宏观层面的系统布局,依据区域经济总量、产业空间布局、基础设施联通度和人口分布等,统筹考虑国家重大战略实施、区域经济发展、产业结构优化升级等需要,结合"十纵十横"交通运输通道和国内物流大通道基本格局,选择127个具备一定基础条件的城市作为国家物流枢纽承载城市,规划建设212个国家物流枢纽,包括

41 个陆港型、30 个港口型、23 个空港型、47 个生产服务型、55 个商贸服务型和 16 个陆上边境口岸型国家物流枢纽。

三、我国物流技术装备发展现状

(一)市场广阔,发展快速

进入 21 世纪,我国物流行业发展的现代化步伐加快。近年来,物流相关领域面对高涨的劳动力成本、土地成本和仓储租金,企业采用机械化和自动化设备取代人工的物流作业,提升土地利用率成为必然,为物流装备企业带来了广阔的市场和机遇,国内也涌现出一批较具规模的物流装备生产商,有些龙头企业在国际市场上也已获得了一定声誉。

货架、托盘、叉车等传统实用型物流设备以 20％～30％的速度增长,明显高于 GDP 的增速。截至 2014 年,我国叉车保有量已经超过 150 万台,托盘保有量超过 9 亿片,工业货架年产量超过 60 万吨;以高架库、立体库、全自动化物流系统、物流配送中心、机械或自动化输送分拣系统为代表的物流系统机械化与自动化设备连年保持近 30％的增长。我国的物流装备市场规模超过了日本、美国和欧洲等国家和地区,中国成为世界上最大的物流装备市场国家。

(二)传统物流装备竞争激烈,产业集中度提升

货运车辆、叉车、货架作为物流装备中运输、搬运和仓储的传统产品,在随市场发展的同时,其市场竞争也在加剧。由于我国企业缺乏核心技术,这些装备在产品种类和质量上普遍聚焦在中低端市场,导致市场过度集中,产品同质化现象严重,市场竞争日趋激烈,甚至在市场中恶性竞争,利润空间微薄。但激烈的竞争也推动了企业市场集中度的提高。东风、一汽、重汽、福田、陕汽等五家商用车企业占整个重卡市场的 80％以上;合力、杭叉、龙工、柳工等国内主流叉车企业市场份额接近 60％;南京音飞、江苏六维、南京华德、上海精星、东联仓储、厦门鹏远等几大货架企业市场占有率超过 60％。集中度的提升是行业转型升级发展的关键,可以改变行业小、散、乱、差的局面,有利于行业适度竞争和建立行业自律,对产业的长期健康发展具有积极的意义。

(三)企业多角度、多方位寻求创新和升级

1. 以技术创新推动产品升级

在货运车辆领域,引进国际先进技术快速提升我国品牌产品性能取得突破;在叉车领域,电瓶叉车是林德、永恒力、力至优等国际品牌的天下,伴随着仓储业现代化对电瓶叉车需求的增加,国际品牌取得高端客户市场和高利润的同时,也推动了我国企业电瓶叉车的开发和应用。

2. 服务多元化,延伸价值链

在激烈的市场竞争下,物流装备企业也在积极探索多种经营方式。其突出表现为:一是对二手市场关注,使得二手市场日趋活跃;二是以租赁代销售,保障高端客户使用装备的最佳生命期,减少维修损耗,保障物流运行;三是重视维修保障,从配件销售等市场获取利润。

3. 物流系统推动装备上下游集成发展

将货架、自动化立体库、控制系统、输送分拣系统有效整合为客户提供一体化服务,成就了我国物流系统集成的快速发展。从自动化立体库建设规模来看,目前自动化立体库建设规模

越来越大,自动化立体库平均货位超过 1 万,高度超过 20 m,系统也越来越复杂,应用范围越来越广。运输和装卸作业一体化也是装备系统化发展的一个方向,例如,汽车与吊车相结合的随车吊产品的开发,可以实现运输与装卸作业的衔接;又如有些车安装有随车尾板,通过调节升降平台的高度,方便运输和仓储作业。

4.借助现代物联网信息技术,推动装备智能化

移动互联技术为物流装备企业带来了新的机遇,现代信息技术融合传统物流装备,行业不断涌现出新型产品和技术。例如,中国重汽开发的运输车辆车队管理系统是一套集汽车远程控制、汽车运行轨迹、状态实时反馈、汽车故障远程诊断等功能于一体的车辆控制系统,其通过分析发动机转速、车速,可以帮助客户评估其驾驶水平和操作技巧,从而实现降低车辆油耗的目的;通过实时监控车辆的运行数据,可以更好地实现车辆的控制和管理;通过发动机运行数据的信息传递,可以实现车辆的远程故障诊断,帮助客户快速解决行车故障。永恒力叉车公司开发的智能高位叉车实现了叉车行驶取货与仓储管理系统的一体化匹配,降低了仓储管理难度,减轻了叉车司机的劳动强度,通过信息手段降低了存取货差错率。

四、我国物流技术装备的发展趋势

虽然我国近年来经济增长速度不断下滑,制造业也普遍低迷,但是电子商务与新零售继续保持高速增长;制造业产业升级推动了智能制造全面发展,人口红利的消失和劳动力成本的不断上升,让机器代替人而减少人工成本已经成为行业共识;种种因素推动着物流向机械化、自动化、智能化快速发展,带动了物流设备市场需求的快速增长。在这种背景下,物流设备的发展呈现以下趋势。

(一)大型化与高速化

大型化是指设备的容量、规模、能力越来越大;高速化是指设备的运转速度、识别速度、运算速度大大加快。现代社会经济快速发展,使得物流规模不断扩大,为了提高作业效率和规模效益,大型、高速的物流设备的需求量不断增长,物流设备的起重量和载重量的生产率、作业能力越来越大,工作速度越来越快。截至 2019 年,由徐工集团与中国石化共同研发制造的最大起重机的起重能力可达 4000 t,起重力矩 88000 吨米,实现了作业效率和起重性能的新突破。

(二)实用化与轻型化

物流设备要求使用方便,容易维护、操作,具有良好的耐久性、无故障性、经济性以及较高的安全性、可靠性。因此,今后企业会更加注重开发使用性能好、成本低、可靠性高的物流设备。此外,有些物流设备可用于通用的场合,这类设备批量大、用途广,可降低外形高度、简化结构、降低造价,同时也可降低设备的运行成本。

(三)自动化与智能化

将机械技术和电子技术相结合,实现物流设备的自动化和智能化将是物流设备今后的发展方向。例如,自动化立体仓库中的自动导引搬运车(AGV)、公路运输智能交通系统(IS)的开发和应用已引起各国的广泛重视。此外,卫星通信技术及计算机、网络等多项高新技术结合起来的物流车辆管理技术正在逐渐被应用。

(四)成套化与系统化

只有当组成物流系统的设备成套、相互匹配时,物流系统才是最有效、最经济的。在物流设备单机自动化的基础上,通过计算机把各种物流设备组成一个集成系统,通过中央控制室的控制,与物流系统协调配合,形成不同机种的最佳匹配和组合,将会取长补短,发挥最佳效用。因此,成套化和系统化的物流设备具有广阔的发展前景。

(五)专业化

为满足不同行业、不同客户对物流设备不同功能的要求,物流设备开始由全行业通用转向针对不同行业特点设计制造,由不分场合转向适应不同环境、不同工况要求,由一机多用转向专机专用。例如,自动化立体仓库、货架等都有按行业、用途、规模等不同标准细分的多种形式的产品。许多厂商还可根据客户特殊情况为其定做各种物流设备,体现了更高的专业化水平。

(六)标准化

物流基础模数尺寸一旦确定,物流系统中各环节的配合协调以及物流系统与其他系统的配合就会更为紧密,有利于提升物流效率。例如,各地生鲜蔬果批发零售企业通过租赁标准化的物流周转筐等,大幅度提升了物流效率,降低了生鲜蔬果的损耗。

(七)服务化

物流装备技术厂家、卡车厂家基本处于过剩的状态,这倒逼厂家销售产品以后,转面向用户提供服务,这也是现代经济转型升级的必然发展趋势。现在的形势是卖产品送服务,提供各种各样的服务,甚至是全生命周期的服务。比如载货车,是整个物流解决方案的一个环节,不能单独卖产品,要在为用户提供服务的过程中,形成一种可持续的价值。

(八)网联化

物流设备的发展一开始是集成化,把所有的产品集成起来交给客户,让客户能够完整地运用设备体系。发展到今天,已经成为网联化,在供应链的过程中,必须通过物联网才能够实现其价值。比如,如果没有网联化,连带托盘进行运输很难实现,很难从仓库里面运出来,只有在网联化的基础上,才能够实现带托运输。尤其是5G发展起来以后,物联网将进一步推动网联化发展。

(九)绿色化

由于环境和资源的双重压力,物流发展的绿色化已迫在眉睫,这同时也对物流技术装备绿色化提出了更高的要求。货运车辆除在发动机燃油技术实现国四标准外,车辆轻量化以及推广使用LNG(液化天然机)都是未来的方向;叉车推广使用电瓶和天然气叉车;制定货架国家标准,避免货架在钢材方面的过度消耗。有远见的物流设备供应商也开始关注环保问题,采取有效措施使物流设备达到环保要求,如采用新的装置与合理的设计降低设备的噪声与能源消耗量等。

2021年中国物流技术装备行业分析报告

理论测评

一、选择题(不定项选择)

1.以下选项中,( )属于物流功能性设施。

A.交通枢纽　　　B.物流中心　　　C.仓库　　　D.配送中心

2.物流网络结构中的线包括( )。

A.铁路　　　　B.公路　　　　C.航道　　　D.航空线路　　　E.管道

3.装卸搬运设备包括(　　)等。

A.起重机　　　　B.输送机　　　　C.叉车　　　　D.自动导引运输车

4.以下不属于集装单元设备的是(　　)。

A.托盘　　　　B.叉车　　　　C.集装箱　　　　D.滑片托盘

5.截至2019年,起重机最大的起重量可达(　　)。

A.4000 t　　　　B.3000 t　　　　C.1600 t　　　　D.5000 t

二、简答题

1.物流设备有哪几大类?

2.物流设施包括哪些?

3.简述物流设施与设备在物流系统中的地位和作用。

4.简述物流设备的发展趋势。

任务工单

参观调研某物流实训基地

工作任务	根据现有的实训条件,参观某物流实训基地或者某物流仓库,并完成调研报告		
教学模式	任务驱动	教学地点	某物流实训基地
任务目标	能够对物流实训基地的设施设备进行简单区分		
设备器材			

任务分析思路

1.在老师的带领下参观、调研某物流实训基地

2.做好笔记,拍好照片,参观结束后,每人撰写一份500字左右的调研报告

调研报告参考格式:

调研地点:××

调研时间:××

调研人员:××

调研内容:××(物流实训基地的简单布局,具体的物流设备及作用)

调研总结:××

评价内容		配分	考核点	备注
作业(90分)	内容正确,逻辑清晰	60	对所见的设备进行正确分类,图文并茂	
	格式正确,无语病	30	内容格式正确,无语病等	
职业素养(10分)		10	听从老师安排,保持参观地的卫生清洁	工作场地脏、乱、差;严重违反纪律,造成恶劣影响的,本项记0分

项目二　集装单元设备

任务引入一

已知某仓库使用托盘式货架储存货物,货架为2排3列3层,货位承重≤500 kg。货位尺寸为1260 mm×1100 mm×1120 mm,使用托盘为1200 mm×1000 mm×150 mm。根据货物上架要求,托盘码放的货物上沿需要离货架不小于150 mm。现有入库单信息如表2-1所示。

表2-1　入库单

序号	商品名称	包装规格(长×宽×高)/mm	重量/kg	入库/箱
1	农夫山泉饮用天然水	480×325×200	20	118
2	康师傅牛肉面	490×230×230	18	20
3	婴儿营养米粉	295×245×240	12	32
4	光明酸奶	380×255×235	15	48
5	蛋白粉	495×395×320	35	36
6	利鑫达板栗	330×325×240	35	60

思考:请根据任务绘制出组托图,要求尽可能保证托盘使用最优,并在实训室进行托盘入库操作。

任务引入二

2020年2月26日,大连某渔业进出口公司与某集装箱运输公司签订了一份货物运输合同,双方约定:由该集装箱运输公司为大连该渔业公司运输一批冻黄鱼,货重10 t,目的地为鹿特丹港。

思考:什么是集装箱? 上述运输任务中可选择哪些类型的集装箱?

任务目标

一、知识目标

1.了解托盘的特点及标准化,熟悉托盘的种类,掌握托盘货物的码垛和捆扎方法,了解托盘的维护方法及选用;

2.熟悉集装箱的分类、规格,掌握集装箱的使用。

二、能力目标

1.能够绘制入库组托图;

2.能够在托盘上合理码垛货物;

3.能够根据货物特点选用集装箱。

现代提倡的"快速物流"要求物流活动必须提高速度,而提高物流作业效率的第一步就是要将被处理的货物规整成规格化的货物单元,以此提高货物装卸和搬运活性指数,实现集装单元化运输。

集装化单元设备可分为托盘、集装箱、集装袋及其他集装单元器具,其中集装箱可称为20世纪物流业最伟大的发明之一。

任务一 托盘的运用与管理

一、托盘概述

(一)托盘的概念

为了使物品能有效地装卸、运输、保管,将其按一定数量组合放置于一定形状的台面上,这种台面有供叉车从下部插入并将台板托起的插入口,以这种结构为基本结构的平板台板和在这种基本结构基础上所形成的各种形式的集装器具都可统称为托盘。我国国标把托盘定义为:用于集装、堆放、搬运和运输的放置作为单元负荷的货物和制品的水平平台装置。

(二)托盘的作用

(1)可以实现物品包装的单元化、规范化和标准化,保护物品,方便物流和商流。

(2)有效地保护商品,减少物品的磨损。

(3)节省包装材料,降低包装成本,节约运输费用。

(4)促进港口的现代化、机械化。

(5)加快装卸、运输的速度,减轻工人的劳动强度。

(三)托盘的特点

托盘和集装箱在许多方面是优点、缺点互补,往往难以利用集装箱的地方可利用托盘,托盘难以完成的工作可由集装箱完成。托盘主要有以下几个特点。

1. 自重量小

托盘自重量小,用于装卸、运输时,其本身所消耗的劳动较小,无效运输及装卸相比较集装箱小。

2. 返空容易

由于托盘造价不高,且很容易互相代用,买卖双方可互以对方托盘抵补,无须像集装箱那样必有固定归属者,其返空比集装箱容易。

3. 装盘容易

托盘不需像集装箱那样深入箱体内部,装盘后可采用捆扎、紧包等技术处理,使用简便。

4. 装载量有限

托盘的装载量虽较集装箱小,但也能集中一定数量,比一般包装的组合量大得多。

5. 保护性差

托盘的保护性比集装箱差,露天存放困难,需要有仓库等配套设施。

（四）托盘的分类

1. 平托盘

一般所称的托盘，主要指平托盘。平托盘是托盘中使用量最大的一种，可以说是托盘中的通用型托盘。木制平托盘基本构造如图 2-1 所示。

图 2-1　木制平托盘

（1）按台面分类。托盘按承托货物台面分成单面型、单面使用型、双面使用型、翼型托盘，如图 2-2 所示。

(a) 单面型托盘　　(b) 单面使用型托盘　　(c) 双面使用型托盘　　(d) 翼型托盘

图 2-2　按台面分类的托盘类型

（2）按叉车插入方式分类。托盘按叉车插入方式分为单向插入型、双向插入型和四向插入型托盘，如图 2-3 所示。叉车可从四向插入型托盘的四个方向进叉，其叉运较为灵活。

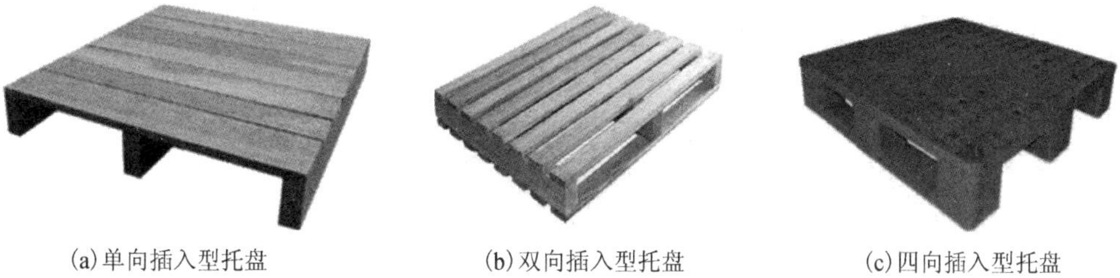

(a)单向插入型托盘　　　　(b)双向插入型托盘　　　　(c)四向插入型托盘

图 2-3　按插入方式分类的托盘类型

（3）按制造材料分类。托盘按照材质的不同可分为木托盘、塑料托盘、钢托盘、高密度合成板托盘以及纸托盘等，这几类托盘的优缺点见表 2-2。

表 2-2　不同制造材料托盘的优缺点

材质	优点	缺点
木托盘	木托盘制造方便，便于维修，自重也较轻，是使用广泛的平托盘	木材不同，质量不同；需要进行熏蒸处理；容易生虫腐烂

材质	优点	缺点
塑料托盘	塑料托盘质轻、平稳、美观、整体性好、无钉、无刺、耐酸、耐碱、耐腐蚀、易冲洗消毒、不腐烂、不助燃、无静电火花、可回收,使用寿命是木质托盘的5～7倍,是食品、水产品、医药、化学品、立体仓库等企业仓储的必备器材	废弃后污染比较大
钢托盘	钢托盘是用角钢等异型钢材焊接制成的平托盘,和木质托盘一样,也有插入型和单面、双面使用型等各种形式。钢托盘强度高,结构牢靠,不易损坏和变形,维修工作量较小	易腐蚀,价格较高,自重比较大,移动时费力
高密度合成板托盘	高密度合成板托盘是用各类废弃物经高温高压压制而成的。使用再生环保材料,具有抗高压、承重性能好、成本低等优点,可避免传统木托盘的木结、虫蛀、色差、湿度高等缺点。适合各类货物的运输,尤其是重货(化工、金属类等产品)成批运输,也是替代木托盘的最佳选择	制作工艺复杂
纸托盘	纸质托盘具有无虫害、环保、价格低廉以及承重能力强等优点,目前正成为业界关注的焦点。常见的纸质托盘有牛皮纸托盘、蜂窝纸托盘、瓦楞纸托盘、滑托盘(高质牛皮纸)	刚度不够,生命周期比较短,且遇水容易损坏

2. 柱式托盘

柱式托盘的四个角有固定式或可卸式的柱子,这种托盘的进一步发展可从对角的柱子上端用横梁联结,使柱子成门框型。柱式托盘的柱子部分用钢材制成,按柱子固定与否分为固定柱式托盘、可卸柱式托盘、折叠柱式托盘三种(见图 2 - 4)。

柱式托盘的主要作用有两个,其一是防止托盘上放置的货物在运输、装卸等过程中发生塌垛;其二是利用柱子支撑承重,可以将托盘货载堆高叠放,而不用担心压坏下部的货物。

(a)固定柱式托盘　　　　　(b)可卸柱式托盘　　　　　(c)折叠柱式托盘

图 2 - 4　柱式托盘

3. 箱式托盘

箱式托盘的基本结构是沿托盘四个边由板式、栅式、网式等各种平面组成箱体,有些箱体有顶板,有些箱体上没有顶板(见图 2 - 5)。箱式托盘的主要特点为:一是防护能力强,可有效防止塌垛,防止货损;二是由于四周的护板护栏的存在,使这种托盘装运范围较大,不但能装运可码垛的整齐形状包装货物,也可装运各种异型不稳定的物品。

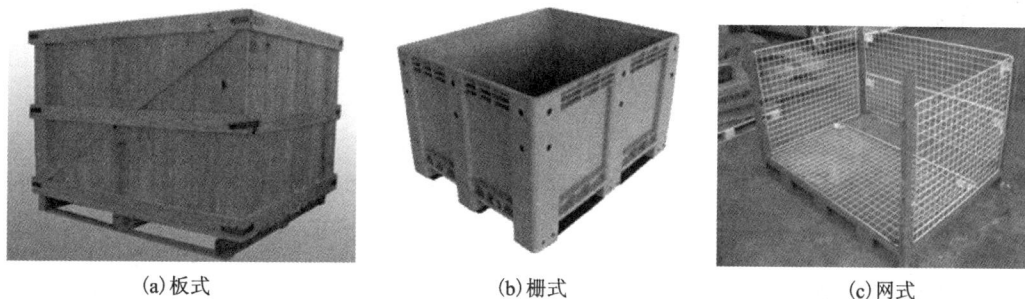

(a)板式   (b)栅式   (c)网式

图 2-5 箱式托盘

4. 轮式托盘

轮式托盘的基本结构是在柱式、箱式托盘下部装有小型轮子,这种托盘不但具有一般柱式、箱式托盘的优点,而且可利用轮子做小距离运动,不需搬运机具也可实现搬运(见图 2-6)。此外,轮式托盘在生产物流系统中,还可以兼做作业车辆。

图 2-6 轮式托盘

5. 特种专用托盘

上述托盘都具有一定的通用性,可适装多种中、小件和杂、散包装货物。由于托盘制造简单,造价低,所以某些运输数量较大的货物,都可使用装载效率高、装运方便、能满足物品特殊要求的专用托盘。现在各国采用的专用托盘种类数量众多,都在某些特殊领域发挥着作用。

(1)航空托盘。航空货运或行李托运用的托盘,一般采用铝合金制造,为适应各种飞机货舱及舱门的限制,一般制成平托盘,托盘上所载物品以网络覆罩固定。

(2)玻璃集装托盘,又称平板玻璃集装架。这种托盘能支撑和固定立放的平板玻璃,在装运时,平板玻璃顺着运输方向放置以保持托盘货载的稳定性。

(3)油桶专用托盘。它是专门装运标准油桶的异型平托盘,托盘为双面型,两个面皆有稳固油桶的波形表面或侧挡板(见图 2-7)。油桶卧放于托盘上面,由于波形槽或挡板的作用,不会发生滚动位移。同时,还可几层叠垛,解决桶形物难以堆高码放的困难,也方便储存。

图 2-7 油桶专用托盘

(4)货架式托盘。它是一种框架形托盘,框架正面尺寸比平托盘略宽,以保证托盘能放入架内,架的深度比托盘宽度窄,以保证托盘能搭放在架上。架子下部有四个支脚,形成了叉车进叉的空间。这种架式托盘也是托盘货架的一种,集货架与托盘于一体。

(5)长尺寸托盘。它是专门用于装放长尺寸材料的托盘,这种托盘叠高码放后便成了组装式长尺寸货架。

(6)轮胎专用托盘。轮胎本身有一定的耐水性、耐蚀性,因而在物流过程中无须密闭,且本身很轻,装放于集装箱中不能充分发挥集装箱的载重能力。其主要问题是储运时怕压、怕挤,故采用轮胎专用托盘是一种很好的选择。

二、托盘的标准化

(一)托盘标准化概述

托盘标准化可以将产品(或原材料)从生产线下来后直接装载到托盘上形成集装单元,以集装单元形式进行存储、运输,从而避免中途重复搬运,减少不必要的重复装卸和物品损坏。由于世界各国使用托盘的历史及其尺寸不同,为了达到国际联运的目的,托盘的尺寸规格应有国际统一标准,但目前很难做到。根据1988年国际标准化组织ISO 6780《联运通用平托盘重要尺寸及公差》规定,托盘现有以下四个系列。

1. 1200 系列

1200×800托盘也称欧洲托盘,它的应用范围最广;1200×1000托盘多用于化学工业(1200×800和1200×1000单位为mm,下同)。

2. 1100 系列(1100×1100)

该系列是由发展较晚的国际集装箱最小内部宽度尺寸2300确定形成的,主要用于集装箱海运中。

3. 1140 系列(1140×1140)

该系列是对1100系列的改进,目的是充分利用集装箱的内部空间。

4. 1219 系列(1219×1019)

该系列是考虑北美国家习惯,以英寸(in)为单位制定的系列,主要用于欧美国家。

随着世界经济的发展,为了推行中国标准化事业,我国专家在1996年首次对托盘尺寸标准进行了修订,等效采用了国际标准化组织ISO 1988年推荐使用的四种规格。但经过近10年的实践后发现,多数托盘规格主要集中在1200×1000和1100×1100两种上。2003年国际标准化组织ISO在难以协调世界各国物流标准利益的情况下,在保持原有四种规格的基础上又增加了两种规格(1100×1000和1067×1067),因此我国物流专家不得不重新制定托盘标准。

因此,我国2006年再次对托盘标准进行修订。充分考虑我国对欧美贸易、东北亚贸易和东盟贸易发展的现实需要,考虑我国托盘使用现状、当前物流设备之间的系统性、国际标准化组织ISO 2003年推荐的六种规格之间的互换性与相近性,考虑托盘规格多样降低物流系统运行效率的弊端,在充分借鉴国际经验和广泛听取托盘专家意见的基础上,最终选定了1200×1000和1100×1100两种规格作为我国托盘国家标准,并向企业优先推荐使用前者,以实现逐步过渡到一种托盘规格的理想目标。

(二)托盘标准化的意义

(1)托盘标准化是物流产业最为基础的标准,托盘的标准化直接决定了物流标准化进程和现代物流产业的运作成本,有利于改善物流服务质量,促进中国物流企业的健康发展。托盘的标准化和托盘联营体系的建立,能够使我国物流成本降低 9％～15％。

(2)托盘标准化可以实现物品包装的单元化、规范化和标准化,保护物品,方便物流和商流。

(3)实现托盘联运和机械化作业,既可以有效避免人工搬运造成的货物损毁,也可以避免货物未能有效集装所造成的计数差错。

(4)有利于降低全社会物流成本,迅速提高搬运效率和使材料流动过程有序化的有效手段,在降低生产成本和提高生产效率方面起着巨大的作用。

(三)影响托盘标准化的因素

影响托盘标准化实行的因素很多,根据市场分析总结,我国的国家托盘标准的不完善,托盘制造企业的杂乱,现有非标准托盘和标准化托盘推广的成本等都是影响我国托盘标准化实行的因素。

托盘标准
化的阻碍

1.国家托盘标准发布晚

国家托盘标准定义的是一个相对较大的范围,它不可能符合每一家企业的需求。多数企业为确保自己的利益最大化更趋向于定制符合自己企业的托盘尺寸。更重要的是,托盘的国家标准并非强制标准,生产企业可根据自己的产品尺寸,在合理利用托盘面积的前提下定制托盘;运输企业会根据运输车辆的大小、叉车类型、集装箱的尺寸制定相对应的托盘;仓储企业根据仓库大小、货架的尺寸制造出可以合理堆码、充分利用仓库空间的托盘。多数企业采取这种模式以便于使企业获得更大的利益,这是我国托盘生产无序化的根源。只有修订出更加符合我国多数企业利益的托盘标准,才能基本解决标准化托盘的推广问题,并且政府在这方面的监督力度是我国托盘标准化得以实施的保障。

2.托盘制造企业的杂乱

我国对于托盘制造企业并没有做出统一的要求,如今市场上小规模托盘生产企业众多,很难进行规范管理。很多托盘生产企业的生产观念落后,对托盘标准化认识不足,仅仅是依据企业的需求制造出适合的托盘。托盘标准化不仅在尺寸方面有要求,在制造精度方面也有一定的要求,而小企业制造厂商多数工人操作水平有限,操作设备不完善,托盘加工精度较低,使得标准化托盘的生产更难实现。很多托盘生产企业对原材料的质量监控不严格,尤其对于木托盘而言,需求量大,且木材成本较高,若不进行严格的质量控制,托盘质量将极不稳定。托盘制造企业的管理是我国推广托盘标准化的一个关键因素,若能对托盘制造企业进行统一管理,托盘标准化的实施将指日可待。

3.非标托盘的影响

我国现有非标托盘的种类已达到 30 余种,市场上的托盘可谓鱼龙混杂、种类繁多。若非标托盘直接退出市场,标准化托盘却并不能完全满足市场需求,所以在一定时期内,非标托盘在市场上还将占有很重要的地位。在物流业发展的开始阶段没有推行适合我国发展的托盘标准,使得现如今托盘种类无序化。非标准化托盘更能满足企业的需求和利益,这对于标准化托盘的推广是一个很大的阻碍。

4. 国外托盘标准对我国托盘的影响

随着经济的发展,国内外货物流通日益频繁,很多需要运输的进出口货物,大多会采用进出口国家的托盘标准。我国已成为国际贸易大国,很多国外托盘标准随着外资企业的入驻进入我国,使得我国托盘标准五花八门,更难推行我国的托盘标准。

5. 托盘标准化推广的成本

实施托盘标准化需要一套完整的方案,并且,这是一个短期内投资大、无收益的工程。尤其对于一些大型企业而言,托盘的拥有量已达上万个,若让其全部弃之而使用标准型托盘,势必造成很大的经济损失。这种经济损失在短时期内很难回升。并且如今使用的托盘材料90%多都为木托盘,一棵成材大树只能制作6个标准托盘,对于木材的浪费、经济的损失都相当大。初步实行标准化托盘以后,再建立托盘公用系统和回收系统,之后与相关物流设备匹配,逐渐形成一套完整的物流系统,这些项目的实施都将是一笔巨大的投资。在我国的物流发展中,为了不使托盘企业向畸形的趋势发展,改革是势在必行的。实施托盘标准化项目,将对我国的经济发展产生积极影响。

三、托盘的堆码与紧固

(一)托盘码垛的方式

在托盘上放装同一形状的立体形包装货物,可以采取各种交错组合的办法码垛,这可以保证足够的稳定性,甚至不需要再用其他方法加固。码放的方式有重叠式、纵横交错式、正反交错式和旋转交错式四种,如图 2-8 所示。

托盘堆码的方式

1. 重叠式

重叠式即各层码放方式相同,上下对应,各层之间不交错堆垛。这种方式的优点是工人操作速度快,包装物四角和边重叠垂直,承载力大。缺点是各层之间缺少咬合作用,稳定性差,容易发生塌垛。

2. 纵横交错式

纵横交错式是指相邻两层货物的摆放旋转 90°,一层成横向放置,另一层成纵向放置,层间纵横交错堆垛。这种方式层间有一定的咬合作用,但咬合强度不高。重叠式和纵横交错式适合自动装盘操作。

3. 正反交错式

正反交错式是指同一层中,不同列的货物以 90°垂直码放,相邻两层的货物码放形式是另一层旋转 180°的形式。这种方式不同层间咬合强度高,相邻层之间不重缝,码放后稳定性高,但操作较为麻烦。

4. 旋转交错式

旋转交错式是指第一层相邻的两个包装体互为 90°,两层间的码放又相差 180°,相邻两层之间咬合交叉,托盘货体稳定性高,不易塌垛。其缺点是码放难度大,而且中间形成空穴,会降低托盘装载能力。

(奇数层)　(偶数层)　　　(奇数层)　(偶数层)　　　(奇数层)　(偶数层)　　　(奇数层)　(偶数层)
(a)多层不交错堆码　　　(b)纵横交错堆码　　　　(c)砖砌体堆码　　　　(d)中心留孔堆码

图 2-8　托盘货物码放方式

(二)货物堆垛的基本要求

货物堆垛是一项技术性的工作,在堆垛设计中应满足以下基本要求。

1. 科学合理

应根据物品的性质、形状、大小、容重、数量、包装等不同情况,确定相应的堆码方式;要按照物品的不同品种、规格、型号、等级、生产厂、进货批次等分别堆垛;应贯彻先进先出的原则;做好下垫上苫,创造良好的保管条件。

2. 稳固安全

垛基要坚实牢固,能承受料垛的全部重量;单位面积的储存量应小于地坪(或楼层)最大承载能力;料垛高度要适宜,保证最下层的物品或包装不受损坏;降低料垛的重心,保持一定的垂直度;进行必要的加固,增强料垛的整体性和稳定性,防止料垛倒塌。

3. 简易方便

堆垛应尽量简化,使其容易堆码,省力省工,便于物品的收发查点,有利于实现装卸搬运机械化;人工作业时其料垛高度不宜过高,尽可能采取立柱式或框架式托盘堆码。

4. 整齐美观

料垛排列和料垛本身横竖成线,过目成数,标记料签明显可见,但要求过分追求形式,造成人力、物力的浪费。

(三)托盘的紧固方法

托盘货物的紧固是保证货物稳定性、防止塌垛的重要手段。托盘货物紧固方法大约有以下九种。

(1)捆扎。捆扎是指用绳索、打包带等对托盘货物进行捆扎以保证货物的稳固。捆扎方式有水平、垂直和对角等,如图 2-9 所示。捆扎打结的方法有扎结、黏合、热熔、加卡箍等。在实践中我们主要采用这种紧固方法。

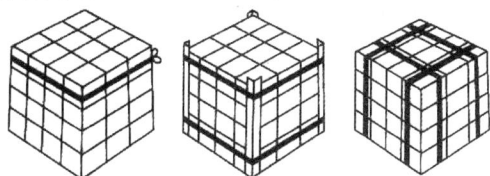

图 2-9　捆扎

（2）黏合紧固。黏合紧固是指货垛层间用胶水或双面胶条黏结，防止层间滑动散垛，如图2-10所示。

图 2-10　黏合紧固

（3）加框架紧固。加框架紧固是指将框架加在托盘货物相对的两面或四面上后进行捆扎，以增大货体刚性和稳定性，如图2-11所示。

（4）网罩紧固。网罩紧固主要用于装有同类货物托盘的紧固，如图2-12所示。

图 2-11　加框紧固　　　　　　图 2-12　网罩紧固

（5）专用金属卡固定。专用金属卡固定是指在货体上部用专用金属卡卡住包装物，防止散垛，如图2-13所示。

（6）中间夹摩擦材料紧固。中间夹摩擦材料紧固是指将具有防滑性的纸板、纸片或软塑料片夹在各层货体间，增大摩擦力，防止货体散垛，如图2-14所示。

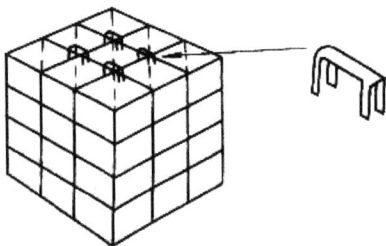

图 2-13　专用金属卡固定　　　　　　图 2-14　中间夹摩擦材料紧固

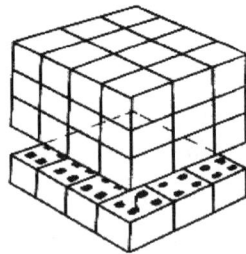

（7）收缩薄膜紧固。收缩薄膜紧固是指将热缩薄膜套在货体上，进行热缩处理，收紧货体，如图2-15所示。

（8）拉伸薄膜紧固。拉伸薄膜紧固是指用拉伸薄膜将货物和托盘一起缠绕包裹紧固，如图2-16所示。

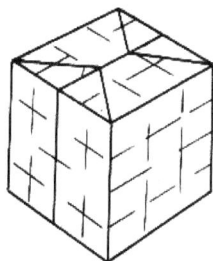

图 2-15　收缩薄膜紧固　　　　图 2-16　拉伸薄膜紧固

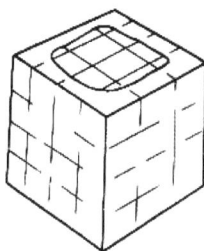

（9）周边垫高紧固。平托盘周边垫高紧固是指将平托盘四边稍垫高,货物向中心靠拢,如图 2-17 所示。

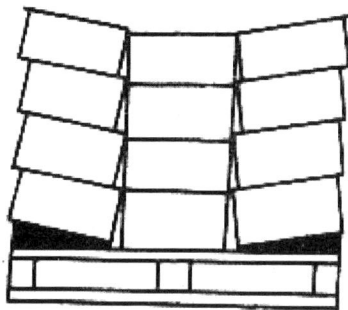

图 2-17　周边垫高紧固

四、托盘的选用

托盘选择应考虑的因素如下:

(1)托盘尺寸。根据托盘标准和存放物料的尺寸确定托盘的尺寸。

(2)承载要求。根据存放物料的质量及物流作业方式,考虑托盘的静载和动载能力需求。

(3)托盘材质。钢结构托盘一般只是为了解决较重货物的承载问题时使用,木托盘和塑料托盘在大部分物流作业场所均可使用。木托盘的刚性好,承载能力比塑料托盘强,不容易弯曲变形,但不适合潮湿和卫生要求较高的作业场所。塑料托盘是一个整体结构托盘,适合周转,不易损坏,方便清洁。

(4)托盘结构。根据货叉特点、承载要求以及其他应用工况要求选择托盘的结构。

(5)成本。木托盘成本低,维修方便,但其质量相差很大,市场价格变化大。塑料托盘的成本比木托盘要高很多,使用寿命比木托盘长,但损坏后不能维修。

企业选用托盘时需要考虑的因素众多,其中大多与所应用的行业有关。不同行业对托盘的性能要求略有不同侧重,如表 2-3 所示。

表 2-3　常见行业对托盘的选择要求

行业	性能要求	托盘选取
副食品	卫生、承载力	塑料托盘、木托盘、纸托盘
饮品	卫生、承载力	塑料托盘、木托盘

行业	性能要求	托盘选取
乳制品	卫生、承载力	塑料托盘、纸托盘
纸品	承载力、防潮、防虫、防刮破	木托盘、塑料托盘
机械	承载力、防锈	木托盘、纸托盘
电子	承载力、防静电、防锈	木塑组合托盘、塑料托盘、木托盘
化工	承载力、防静电	木托盘、塑料托盘、木塑组合托盘
汽车	承载力、防锈	木托盘、金属托盘、纸托盘
建筑	承载力	木托盘、塑料托盘、金属托盘
军用品	承载力	

任务二　集装箱的运用与管理

使用集装箱转运货物,可直接在发货人的仓库装货,运到后在收货人的仓库卸货,中途更换车、船时,无须将货物从箱内取出换装。能够让一个载重几十吨的庞然大物实现标准化,并且以此为基础逐步实现全球范围内的船舶、港口、航线、公路、中转站、桥梁、隧道多式联运相配套的物流系统。

一只集装的
奇幻漂流

一、集装箱的概念、分类与特点

(一)集装箱的定义

集装箱是一种具有以下特点的运输设备。

(1)具有耐久性,其坚固程度足以能反复使用。

(2)是为了便于商品运送而专门设计的,适用于在一种或多种运输方式中运输时使用,无须中途换装。

(3)设有便于装卸和搬运的装置,特别是从一种运输方式转移到另一种运输方式时。

(4)设计时要注意便于货物装满或卸空。

(5)内容积为 1 m^3 或 1 m^3 以上。

(二)集装箱的作用

集装箱作为一种集合运输包装,有着其他包装形式所无法比拟的优点,有着其他运输方式所无法比拟的优越性。

(1)保护被包装物品。对被包装物品施以相当可靠的保护,对贵重、易碎、怕潮的高档商品尤为重要。可有效防止货损、货差、偷盗,保证安全运输,可以最大限度地防止在流通中丧失生产中创造的价值。

(2)节约包装材料和包装费用。据调查,使用集装箱后易碎物品的破损率大大降低,平板玻璃自 8% 降到 1%,铁锅由 33% 降到 0.5%,暖水瓶由 2.5% 降到零。

(3)提高劳动生产率。尤其是杂货的运输,用机械搬运取代了人工搬运,为装卸运输和管理的自动化提供了必要条件。

（4）加快周转。加快了汽船和货物的周转,减少了船码头的需要量。

（5）降低费用。减少了理货手续,降低了运输费用。

（三）集装箱的分类

运输货物用的集装箱种类繁多,从运输家用物品的小型折叠式集装箱直到 40 ft(1 ft= 30.48 cm)标准集装箱以及航空集装箱等,其规格不一而足。

1. 按集装箱用途分

1）通用干货集装箱

通用干货集装箱是用来运输无须控制温度的一般件杂货最有代表性的一种箱型,也可称为杂货集装箱。这种集装箱通常为封闭式,在一端或侧面设有箱门。在全部集装箱中,此类集装箱所占比重最大,如图 2-18 所示。

图 2-18　通用干货集装箱

2）保温集装箱

保温集装箱是为了运输需要冷藏和保温的货物,所有箱壁都用导热率低的材料隔热而制成的集装箱。保温集装箱又可分为以下三种。

（1）冷藏集装箱。它是以运输冷冻食品为主,能保持所定温度的保温集装箱。箱内装有制冷机组的称为内藏式机械冷藏箱;箱内无制冷机而只在前端壁设有冷气吸入口和排气口的称为外置式机械冷藏集装箱。如图 2-19 所示。

（2）隔热集装箱。它是为载运水果、蔬菜等货物,防止温度上升过大,以保持货物鲜度而具有充分隔热结构的集装箱。通常用干冰作制冷剂,保温时间在 72 h 左右。

（3）通风集装箱。它是为装运水果、蔬菜等不需要冷冻而具有呼吸作用的货物,在端壁和侧壁上设有通风孔的集装箱。

3）罐式集装箱

罐式集装箱是为运输酒类、油类和化学品类等液体货物而设置的集装箱。罐式集装箱有单罐与多罐,罐体四角由支柱、撑杆构成整体框架,如图 2-20 所示。

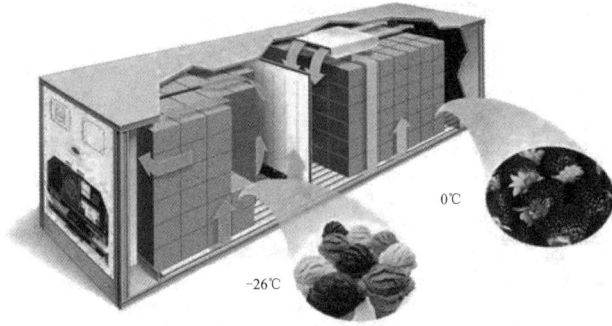

图 2 - 19　冷藏集装箱

图 2 - 20　罐式集装箱

4）散货集装箱

散货集装箱是顶部设有装货口，底部设有出货口，主要用于装运无包装的固体颗粒状和粉状货物的集装箱，常用于装载粮食，也可装载各种饲料、树脂、硼砂、水泥、砂石等货物。在装载粮食时，由于检疫的需要，有的散装集装箱的顶上还设有进行熏蒸用的附属装置，如图 2 - 21 所示。

图 2 - 21　散货集装箱

5)敞顶集装箱

敞顶集装箱是箱顶及侧壁和端壁上面的一部分可以打开,货物能从上面装卸的集装箱。为了保持开口部分的水密性,可用帆布等覆盖,适用于装载较高的大型货物和需吊装的重货。如图2-22所示。

图2-22 敞顶集装箱

6)平台集装箱

平台集装箱又称平板集装箱,是指没有任何上部结构,只有底部结构的集装箱,如图2-23所示。平台集装箱适合装载长而重的大件货物,其长度和宽度与国际标准集装箱的箱底尺寸相同,装卸作业时,可使用与其他集装箱相同的紧固件和起吊设备,从其前、后、左、右及上方进行装卸。

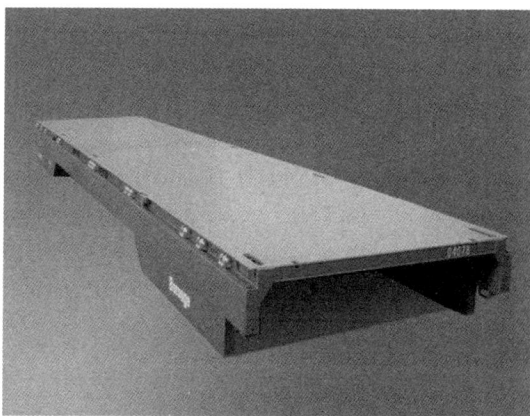

图2-23 平台集装箱

7)汽车集装箱

汽车集装箱是一种运输小型轿车的专用集装箱。其特点是在箱的框架内安有简易箱底,无侧壁,其高度与轿车一致,可载运一层或两层。

2. 按集装箱箱体材料分类

(1)铝合金集装箱。它是用铝合金型材和板材制成的集装箱,其特点是重量轻,造价高。

(2)钢质集装箱。它是用钢材制成的集装箱,其优点是强度大、价格低;但重量大,防腐蚀性较差。

(3)玻璃钢集装箱。它是用玻璃纤维和合成树脂混合在一起制成薄薄的加强塑料,再用黏合剂贴在胶合板的表面上形成玻璃钢板而制成的集装箱。它具有隔热性好、易清扫等特点。

（4）不锈钢集装箱。它与钢质集装箱相比，重量轻，防腐蚀性能高。

二、集装箱的结构与主要部件

集装箱的结构因种类不同而各有差异，下面主要介绍通用集装箱的结构与主要部件。

通用集装箱是一个六面的长方箱体，主要由侧壁、端壁、箱顶、箱底和箱门组成，其结构如图 2-24 所示。

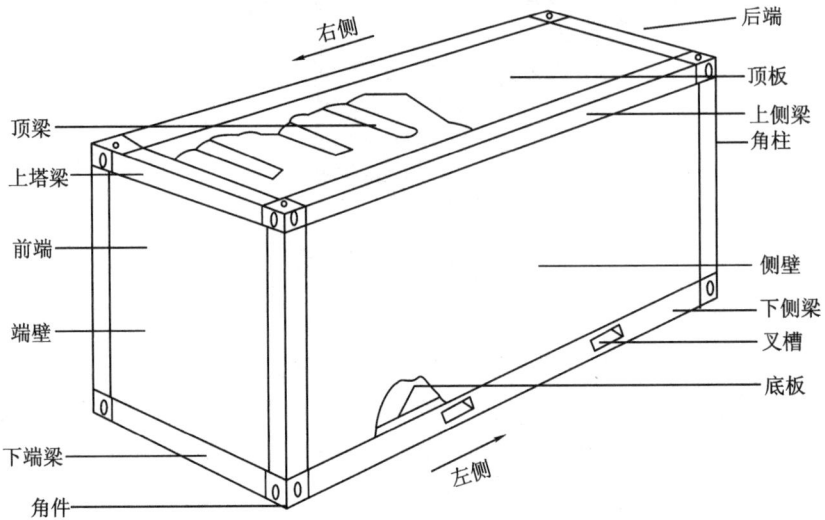

图 2-24　通用集装箱结构

（二）集装箱的主要部件

1. 角件

角件是集装箱非常重要的组配件，如图 2-25 所示。一般来说，集装箱上部的 4 个顶角件用于吊装作业，下部的 4 个底角件用于集装箱在卡车或火车上的紧固作业。用于支承、堆码、装卸和栓固集角件的面上各有一个长孔，孔的尺寸和集装箱装卸设备上的旋锁件相匹配。

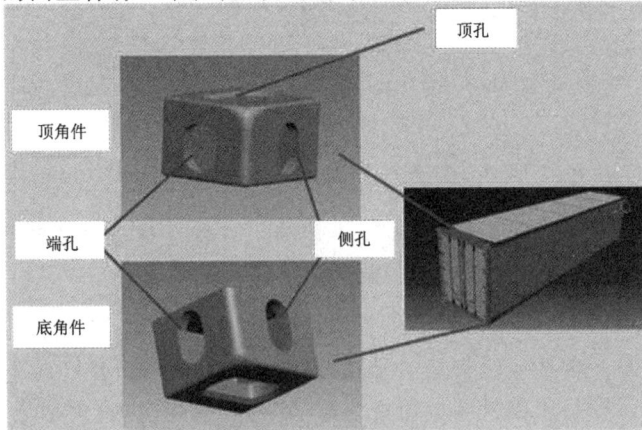

图 2-25　集装箱角件

2. 角柱

角柱是指连接顶角件与底角件的立柱,是集装箱的主要承重部件。

3. 箱梁

箱梁包括集装箱外部的上、下端梁(又称上、下横梁),上、下侧梁,以及集部的顶梁和底梁(底梁一般用坚固的型钢制作)。

4. 箱顶

箱顶是指在端框架上和侧梁范围内,由顶板和顶梁组合而成的组合件。箱顶必须有足够的抗压强度,且顶板要求用不易开裂、不易漏水的一张整板制成。

5. 底板

底板是指铺在底梁上承托载荷的板,一般由底梁和下端梁支承,是集装箱的主要承载部件。箱内装货的载荷由底板承受,因此底板必须有足够的强度,通常用硬木板或胶合板制成。

6. 底结构

底结构由集装箱底部的 4 个角件、左右两根下侧梁、下端梁、门槛、底板和底梁组成。有些集装箱的底结构上还设有叉槽或鹅颈槽。叉槽是指横向贯穿箱底结构、供叉车的叉齿插入的槽;鹅颈槽是指设在集装箱箱底前部,用以配合鹅颈式底盘车的回槽。

7. 箱壁

箱壁包括端壁和侧壁。在端壁里面一般设有端柱,在侧壁里面一般设有侧柱,以加强箱壁的强度。

8. 箱门

一般通用集装箱前端设端壁,后端设箱门。箱门通常为两扇后端开启的门,用铰链安装在角柱上,并用门锁装置进行关闭。

三、集装箱的尺寸和标准

(一)集装箱的尺寸

集装箱的尺寸包括外部尺寸、内部尺寸和内容积。例如,40GP 的集装箱外部尺寸为 12192 mm×2438 mm×2591 mm,内部尺寸为 12032 mm×2352 mm×2385 mm,内容积为 67.5 m³(正常装 58 m³)。

1. 集装箱外尺寸

集装箱外尺寸包括集装箱永久性附件在内的集装箱外部最大的长、宽、高尺寸。它是确定集装箱能否在船舶、底盘车、货车、铁路车辆之间进行换装的主要参数,是各运输部门必须掌握的一项重要技术资料。

由于在火车、货车的同一车皮、堆场的同一箱位、可装载(堆存)一个 40 ft 集装箱的位置,必须可同时装载(堆存)两个 20 ft 集装箱或一个 30 ft 与一个 10 ft 集装箱,所以,40 ft 集装箱的长度与 30 ft、20 ft、10 ft 的集装箱长度存在如图 2-26 所示的关系。

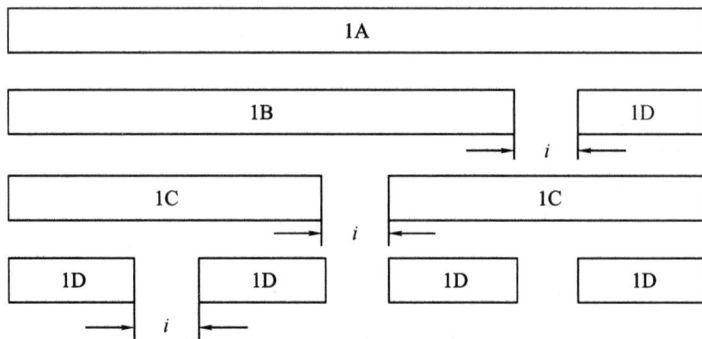

图 2-26　集装箱尺寸关系

不同箱型尺寸换算关系如下,其中间距 i 为 30 in(76 mm);

$1A = 1B + i + 1D = 9125 + 76 + 2991 = 12192$ (mm);

$1B = 1D + i + 1D + i + 1D = 3 \times 2991 + 2 \times 76 = 9125$ (mm);

$1C = 1D + i + 1D = 2 \times 2991 + 76 = 6058$ (mm)。

2. 集装箱内尺寸

集装箱内尺寸是指集装箱内部的最大长、宽、高尺寸。高度为箱底板面至箱顶板最下面的距离,宽度为两内侧衬板之间的距离,长度为箱门内侧板量至端壁内衬板之间的距离。它决定集装箱内容积和箱内货物的最大尺寸。为了保证能够合适地装载托盘和一定数量的货物,国际上对集装箱的内部尺寸也做了规定。

3. 集装箱内容积

集装箱内容积是指按集装箱内尺寸计算的装货容积。同一规格的集装箱,由于结构和制造材料的不同,其内容积略有差异。集装箱内容积是物资部门或其他装箱人必须掌握的重要技术资料。

(二)集装箱的标准

为了有效地开展国际集装箱多式联运,必须强化集装箱标准化,应进一步做好集装箱标准化工作。集装箱标准按其使用范围分,有国际标准、国家标准、地区标准和公司标准四种。

1. 国际标准集装箱

国际标准集装箱是指根据国际标准化组织(ISO 668—1995)第 104 技术委员会制定的国际标准来制造的。现行的国际标准第一系列共有 13 种规格,其宽都一样(2438 mm),长度有四种(12192 mm、9125 mm、6058 mm、2991 mm),高度有四种(2896 mm、2591 mm、2438 mm、2438 mm)。其中 1A 型 40 ft 集装箱长度为 12192 mm,1B 型 30 ft 集装箱长度为 9125 mm,1C 型 20 ft 集装箱长度为 6058 mm,1D 型 10 ft 集装箱长度为 2991 mm。表 2-4 是最常见的三种标准海运集装箱规格详解。

表 2-4 常见的三种标准海运集装箱规格

比较项		20GP(20 ft 普柜)	40GP(40 ft 普柜)	40HQ(40 ft 高柜)	备注
外径	长	20 ft(约 6.1 m)	40 ft(约 12.2 m)		20 是 40 的一半
	宽	8 ft(约 2.44 m)			外宽都一样
	高	8.5 ft(约 2.6 m)		9.5 ft(约 2.9 m)	高柜比普柜高 1 ft
内径	长	6 m	12 m		20 是 40 的一半
	宽	2.35 m			内宽都一样
	高	2.39 m		2.70 m	高柜比普柜高 1 ft
有效载荷		约 26 t	约 26 t	约 28 t	载重量都差不多
皮重		2.2 t	3.8 t	3.9 t	皮重即箱体自重
门高		2.28 m		2.56 m	高柜比普柜高 1 ft
门宽		2.34 m			门宽都一样
内体积		33.1 m³	67.5 m³	75.3 m³	20GP 约是 40GP 的一半
装货量		30 m³ 左右	63 m³ 左右	72 m³ 左右	

2. 国家标准集装箱

目前,随着贸易的发展,我国集装箱规格标准与国际标准基本相同。此外,我国还规定了 5D 和 10D 两种箱型,主要用于国内的运输,其标准规格如表 2-5 所示。

表 2-5 国内 5D 和 10D 集装箱的标准规格

箱型	长度/mm	宽度/mm	高度/mm	最大总重量/kg
5D	1968	2438	2438	5000
10D	4012			10000

3. 地区标准集装箱

此类集装箱标准是由地区组织根据该地区的特殊情况制定的,此类集装箱仅适用于该地区。如根据欧洲国际铁路联盟(VIC)所制定的集装箱标准而制造的集装箱。

4. 公司标准集装箱

此类集装箱标准是由某些大型集装箱船公司根据本公司的具体情况和条件而制定的,这类集装箱主要在该公司运输范围内使用。如美国海陆公司的 35 ft 集装箱。

此外,目前世界还有不少非标准集装箱。例如:非标准长度集装箱,此类集装箱有美国海陆公司的 35 ft 集装箱、总统轮船公司的 45 ft 及 48 ft 集装箱;非标准高度集装箱,此类集装箱主要有 9 ft 和 9.5 ft 两种高度的集装箱;非标准宽度集装箱,此类集装箱有 8.2 ft 宽度的集装箱等。

四、集装箱的使用

(一)集装箱类型的选择

要正确选择集装箱箱型首先要考虑以下内容。

1. 货物特性

货物特性决定了运输要求,如危险品、易碎品、鲜活品、易腐品等货物特点不一,对箱型选择也就不同。此外,还要了解货物有无包装,货物是否清洁,货物是否有异味等。

2. 货物包装尺寸

由于我国货物运输包装目前尚无通用的标准尺寸系列,包装规格繁多,要选择相应的集装箱型号,必须了解货物包装尺寸,以便选择合适的配置方法,充分利用集装箱容积。

3. 货物重量

任何集装箱可装货物的重量都不得超过集装箱的载重量,有时货物重量虽小于载重量,但由于该货物是集中负荷而可能造成箱底强度不足,这时就必须采取措施,利用货垫使集中负荷分散。

4. 集装箱运输过程

在整个运输过程中,需要考虑由哪几种运输工具运送,是否转运和换装作业,采用何种作业方式,运输过程中的外界条件如何,是否高温、多湿等。运输过程不同,箱型也应不同。因此,箱型选择还应遵循如下原则:①货物外部尺寸与集装箱内部尺寸相适应,以成公倍数为最佳;②按货物比容选择最有利比容(或地面)的集装箱;③优先选择自重系数较小的集装箱;④集装箱外部尺寸与运输工具尺寸相适应,亦以成公倍数为最佳。

箱型选择后,还应计算集装箱的数量。对于重货,即货物单位体积重量大于集装箱有效容积的单位容重,则用货物重量除以集装箱的额定载重量,即得出需要的集装箱数;对于货物单位体积重量等于集装箱的有效容积的单位容重,则无论按重量计算或按体积计算都可以求得集装箱的需要数量;对于暂不能判定是重货还是轻货时,可先按容积计算,求出每个集装箱可能装运的货物件数,再用货物件数乘以每件货物重量,并与集装箱的最大容重比较;如果货物重量小于集装箱的最大载重量,那么就按货物总体积除以集装箱容积计算出所需集装箱数;反之,则按货物总重除以每个集装箱的最大载重量,计算出所需集装箱个数;对于拼装货物,应当轻、重货物搭配。为使配装效果较好,配装货物的品种宜少,以一种重货与另一种轻货配装为宜。同时,拼装货物应是发至同一到达站的货物,必须使所装货物的加权平均单位体积重量等于或接近于集装箱的单位容重,从而使集装箱的容积装满,使标记载重量也得以充分利用。

(二)集装箱的管理

为了随时能够掌握和控制集装箱在周转使用过程中的各种状态,可采用高效率的集装箱管理信息系统——集装箱编目控制系统进行管理。集装箱编目控制系统将有关集装箱的固定特征,如箱号、箱类、箱型、尺寸、购(租)箱、地点、日期等资料,事先储存在计算机中,而集装箱的日常动态信息则使用特定的代码随时输入计算机。通过编目控制,不仅能够掌握及跟踪分布在

集装箱系固设备
使用注意事项

国内外集装箱码头堆场、集装箱货运站、内陆货站、货主仓库及运输途中的有关集装箱地理位置和使用状态变化的动态信息,而且还可对各个运输环节的箱子需求情况做出预测。此外,还可以汇总、统计、分析有关集装箱管理方面的各项经营指标。

理论测评

一、选择题（不定项选择）

1. 托盘的特点主要有（　　）。
A. 自重量小　　B. 返空容易　　C. 装盘容易　　D. 装载量有限　　E. 保护性差

2. 托盘按结构分类有哪几种？（　　）
A. 平托盘　　B. 柱式托盘　　C. 箱式托盘　　D. 轮式托盘

3. 托盘码放的方式有哪几种？（　　）
A. 重叠式　　B. 纵横交错式　　C. 正反交错式　　D. 旋转交错式

4. 以下属于集装单元设备的是（　　）。
A. 托盘　　B. 货架　　C. 集装箱　　D. 滑片托盘

5. 以下哪些托盘码垛方法货物摆放后相对来说最不稳定？（　　）
A. 重叠式　　B. 纵横交错式　　C. 反正交错式　　D. 旋转交错式

6. 我国托盘标准中常用的两种规格是（　　）。
A. 1200×1000　　B. 1200×800　　C. 1100×1100　　D. 1000×1000

7. 保温集装箱分为哪几种？（　　）
A. 冷藏集装箱　　B. 隔热集装箱　　C. 通风集装箱　　D. 散货集装箱

8. 20世纪物流业最伟大的发明是（　　）。
A. 托盘　　B. 集装箱　　C. 集装袋　　D. 集装网

9. 运送袋装大米，选用哪种集装箱更合适？（　　）
A. 冷藏集装箱　　B. 散货集装箱　　C. 杂货集装箱　　D. 通风集装箱

10. 集装箱按箱体材料分类分为哪几种？（　　）
A. 铝合金集装箱　　B. 钢质集装箱　　C. 玻璃钢集装箱　　D. 不锈钢集装箱　　E. 罐式集装箱

二、简答题

1. 托盘标准化的意义是什么？

2. 影响托盘标准化的因素有哪些？

3. 选用托盘时应考虑的因素有哪些？

4. 集装箱的选择应该考虑哪些内容？

5. 集装箱按用途分可分为哪些？

任务工单

货品组托图绘制

工作任务	已知某仓库使用托盘式货架储存货物，货架为2排3列3层，货位承重≤500 kg。货位尺寸为1260 mm×1100 mm×1120 mm，使用托盘尺寸为1200 mm×1000 mm×150 mm。根据货物上架要求，托盘码放的货物上沿需要离货架不小于150 mm。商品名称是农夫山泉饮用水，共118箱，每箱重20 kg，包装规格为480 mm×325 mm×200 mm 要求设计入库货物的组托方式，计算所需货位数量，画出奇数层、偶数层的组托示意图，并在物流实训基地完成堆垛

教学模式	任务驱动	教学地点	计算机房、物流实训基地
任务目标	能够根据托盘以及货物包装尺寸合理设计、绘制入库组托图 能够根据组托图快速堆垛货物		
设备器材	30~40台计算机、草稿纸、托盘、相应货品		

任务分析思路

根据托盘与货物包装尺寸的比例,选用合适的堆垛方法

运用 Word 的绘图功能,对托盘和货物按20:1的比例绘制

考虑到托盘堆码极限高度、货品高度以及离货架的高度,计算出堆码极限层数

形成任务实施报告,要求有分析过程

在物流实训基地按照组托图正确、快速地码垛货物

评价内容		配分	考核点	备注
作业 (80分)	内容正确, 逻辑清晰	40	分析过程正确,组托图绘制正确	
	正确码 垛货物	40	根据组托图正确、快速地码垛货物	
职业 素养 (20分)		20	整齐摆放操作工具,凳子、工作台面整洁	工作场地脏、乱、差;严重违反 考场纪律,造成恶劣影响的, 本大项记0分

项目三　运输设施设备

任务引入

某公司有以下运输业务委托你公司进行托运：

1. 把两箱急救药和一批鲜花从广州运到北京；
2. 有一台精密仪器要求在一天之内从上海浦东运至长沙某工厂；
3. 有一批 20 t 的紧急医疗物资从长沙运至武汉；
4. 把一批煤炭从山西运到秦皇岛；
5. 把一批新鲜蔬菜从郊区运到市区；
6. 把 1 万吨海盐从天津运到上海；
7. 把我国西部大量的天然气运到以上海为主的东部地区。

思考：为这些货物选择合适的运输方式并说明理由。运输过程中会有哪些设施与设备？

任务目标

一、知识目标

1. 了解公路线路的构造与分类，了解货运汽车的种类和功能特点，掌握货车的分类及特点，熟悉车辆的结构；

2. 了解高速铁路的发展，了解铁路线路的构造，掌握铁路货运车体分类与特点，熟悉铁路站场的功能；

3. 熟悉港口设施与设备的组成，熟悉航道和航线，了解船舶的结构，掌握货运船舶的类型及各自的特点；

4. 了解航空港的组成，了解飞行器及航空集装箱运输设备；

5. 了解管道运输的特点、分类及熟悉管道设备的维护。

二、能力目标

能够根据货物的特点以及运输的条件选用合适的运输设备。

任务一　公路运输设施设备

公路运输是综合运输系统中最机动灵活的一种运输方式，其突出特点是直达运输、中转少、便利、迅速、适应性强，主要承担近距离、小批量的货物运输，以及铁路、水路运输难以到达的地区。公路运输设施与设备主要包括公路线路、汽车货运站和载货汽车三大部分。

雅西高速公司

一、公路的基本构成

公路是由路基、路面、桥梁、涵洞、排水系统、防护工程和交通服务设施等构成的。路基和路面是公路的主要工程结构物。

1.路基

路基是在天然地面表面按照路线位置和设计断面的要求填筑或开挖形成的岩土结构物。路基是支撑路面结构的基础,起到与路面共同承受行车载荷的作用。路基一般包括车道、隔离带、路肩以及紧急停车带、爬坡车道、加速车道等部分,如图3-1所示。

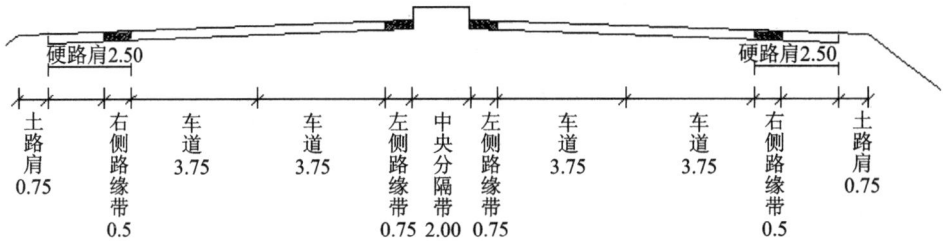

图3-1 公路路基示意图(单位:m)

路基可以分为路堤、路堑两种基本形式。其中:路堤是按照纵断面图的规定,路肩的设计标高高于天然地面,经填筑而成的路基,如图3-2(a)所示;路堑是按照纵断面图的规定,路肩的设计标高低于天然地面,经开挖而成的路基,如图3-2(b)所示。

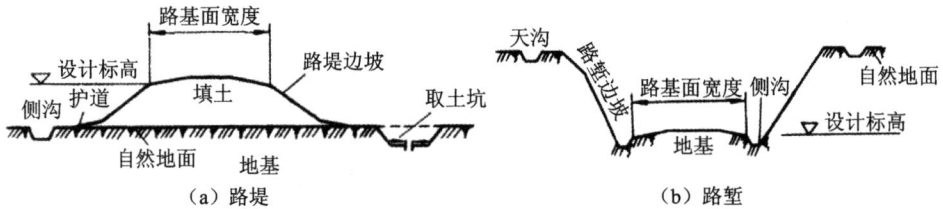

图3-2 路堤与路堑

2.路面

路面是在路基顶面的行车部分用各种筑路材料铺筑而成的层状结构物。路面结构一般由面层、基层、底基层与垫层组成。路面结构层对路基起保护作用,使路基不会直接承受车辆和大气的破坏作用,保持其长期处于稳定状态。

3.桥涵

桥涵是指公路跨越水域、沟谷和其他障碍物时修建的构造物。桥涵通常根据单孔跨径和多孔跨径总长两个指标进行分类:凡单孔跨径小于5 m或多孔跨径总长小于8 m的,一律称为涵洞;大于这一规定值的则称为桥梁。

4.隧道

公路隧道通常是指建造在山岭、江河、海峡和城市地面下,供车辆通过的工程构造物,按所处位置可分为山岭隧道、水底隧道和城市隧道。

5. 排水系统

公路排水系统是为了排除地面水和地下水而设置的,它由各种拦截、汇集、输送及排放等排水设施组成。

6. 防护工程

防护工程是为了加固路基边坡,确保路基稳定而修建的构造物。

7. 公路交通工程及沿线设施

公路交通工程及沿线设施是保证公路功能、保障汽车安全行驶的配套设施,是现代公路的重要标志。公路交通工程主要包括交通安全设施、监控系统、收费系统和通信系统四大类;沿线设施主要是指与这些系统配套的服务设施、房屋建筑等。

二、公路分类及编号

(一)公路分类

1. 根据交通量及其使用任务、性质分级分类

根据交通量及其使用任务、性质分级,公路可分为高速公路,一级、二级、三级、四级公路。公路技术等级划分的定量指标主要有交通量和行车速度。交通量是指单位时间内(每小时或每昼夜)通过两地间某公路断面处来往的实际车辆数。行车速度是指公路的设计行车速度,它是在保证行车安全的前提下,公路受限制部分(如弯地、曲线等)所允许的汽车达到的最高行驶速度。我国将公路划分为高速公路、一级公路、二级公路、三级公路、四级公路。

表 3 - 1　公路等级及其性质一览表

类别	年平均昼夜交通量	性质	行车速度/(km/h)
高速公路	25000 辆以上	具有特别重要的政治、经济意义,专供汽车分道高速行驶并全部控制出入的公路	≤ 120
一级公路	5000~25000 辆	连接重要的政治、经济中心,通往重点工矿区,可供汽车分道行驶,并部分控制出入,部分立体交叉的公路	干线公路:100 或 80 集散公路:80 或 60
二级公路	2000~5000 辆	连接政治、经济中心或大矿区等地的干线公路,或运输任务繁忙的城郊公路	80 和 40 两个档次
三级公路	2000 辆以下	为沟通县及县以上城市的一般干线公路	60 和 30 两个档次
四级公路	2000 辆以下	是沟通县、乡、村等支线公路	40 和 20 两个档次

2. 按使用性质分类

按使用性质分类,公路可分为国家公路、省公路、县公路和乡公路(简称为国、省、乡道),以及专用公路五个行政等级。

（1）国道是国家干线公路的简称，是国家综合交通网中的重要干线。我国的国道是由以下公路组成：一是首都北京通往各省、直辖市、自治区的政治、经济中心和30万人人口以上城市的干线公路；二是通向各港口、铁路枢纽、重要工农业生产基地的干线公路；三是大中城市通向重要对外口岸、开放城市、历史名城、重要风景区的干线公路；四是具有重要意义的国防公路。

（2）省道是指具有全省（自治区、直辖市）政治、经济意义，以省会城市为中心，连接省内重要城市、交通枢纽、主要经济区的干线公路，以及不属于国道的省际重要公路。

（3）县道是指具有全县政治、经济意义，连接县城和县内主要乡（镇）、主要商品生产地和集散地的公路，以及不属于国道、省道的县际间公路。

（4）乡道是直接或主要为乡村内部经济、文化、行政服务的公路以及乡村与外部联系的公路。

（5）专用公路是指专供或主要供某特定工厂、矿山、农场、油田、电站、旅游区、军事要地等与外部连接的公路，它由专用部门或单位自行规划、建设、使用和维护。

（二）国道编号方式

国道的编号是根据国道的地理走向进行编制的，可分为三类，以 G 开头编号。

一类是以北京为中心的放射线国道，首都放射线12条，编号范围为101～112，其编号格式为1××。其中通向东北3条、华北2条、华东1条、中南2条、西北1条。112线是以北京为中心的环线。目前这类国道主要为三级和四级公路。

二类是南北走向的国道（纵线国道）。南北纵线27条，编号范围为201～228（无226），其编号格式为2××，G228国道为台湾环线。其中 G207 锡林浩特—海岸线最长（3405 km）。

三类是东西走向的国道（横线国道），东西横线29条，编号范围为301～330（除313），其编号格式为3××。其中 G312 上海—霍尔果斯线最长（4451 km）。

中国高速公
路编号大全

三、公路货运站

货运站是货物运输过程中进行货物集结、暂存、装卸搬运、信息处理、车辆检修等活动的场所，一般设在公路运输货物集散点。其主要工作是组织货源、受理托运、理货、编制货车运行作业计划、签发行车路单、调度车辆运行。较大的汽车货运站可办理车辆的技术作业，如加油、加水、初级车辆维修等，并有装卸设备和人员办理货物装卸。有些货运汽车站也是货运组织中心和信息中心，为货物托运方与承运方提供车源或货源信息，为车、货双方搭桥。货运站具体有六大功能：运输组织功能、中转换装功能、装卸储存功能、多式联运和运输代理功能、通信信息功能、综合服务功能。

1.汽车货运站设施组成

（1）生产设施。生产设施包括业务办公设施、库（棚）设施、场地设施、道路设施。

（2）生产辅助设施。生产辅助设施包括维修维护设施、动力设施、供水供热设施、环保设施。

（3）生活辅助设施。生活辅助设施包括食宿设施、其他服务设施。

2.汽车货运站的类型

目前，我国汽车货运站大致可分为整车货运站、零担货运站和集装箱货运站三类。

(1)整车货运站。整车货运站是以货运商务作业机构为代表的汽车货运站,是调查并组织货源、办理货运商务作业的场所,包括托运、承运、业务受理、运费结算等各项工作。其主要特点为:整车货运站是运输企业调查、组织货源,办理货运业务等商务作业的代表机构;承担货运车辆在站内专用场地的停放和保管作业,主要提供运力,一般不提供仓储设备;采用大型载货汽车和高生产率的装卸机械。

(2)零担货运站。零担货运站是专门经营零担货物运输的汽车货运站。其主要特点为:多为货主自行运货到站或由车站业务人员上门办理手续,货运计划性差;站内业务工作量大而复杂;对车站的设施建设要求高;车站设施设备应满足零担货运的要求。

(3)集装箱货运站。集装箱货运站是主要承担集装箱中转运输任务的货运站。其主要办理以下业务:港口火车站与货主之间的门对门运输;中转集装箱的拆箱、装箱、仓储、接送;空、重集装箱的装卸、堆放,以及集装箱的检查、清洗、消毒、维修;车辆、设备的检查、清洗、维修和存放;代办报关、报检等货运代理业务。

3. 汽车货运站的选址

汽车货运站的主要任务是安全、方便、及时地完成公路货物的运输任务。汽车货运站的站址应符合公路主枢纽的总体布局规划和所在地区货运站(场)的发展规划,选址时须遵循以下原则:

(1)要符合城镇总体布局规划;

(2)要与综合运输网合理衔接,便于组织多式联运;

(3)要靠近较大货源点,并适应服务区域内的货物需求;

(4)尽量利用现有设施,并留有发展余地;

(5)具备良好的给排水、电力、道路、通信等条件;

(6)具备良好的地质条件。

4. 货运站的平面布局

在进行汽车货运站的平面布局时,要注意以下几点:

(1)按照工作性质的不同合理分区布置,并满足生产工艺要求和良好的生产联系。仓库是货运站生产作业的中心区,必须合理规划仓库的布置位置及其与各作业区的相互配合,使之满足生产工艺要求。

(2)要使车辆及货物在站内行驶的路线较短,避免发生相互交叉和拥挤,保证正常的秩序和运输安全。

(3)在满足城建部门对货运站建设要求的同时,应尽可能为货主提供方便。为方便货主,避免人流与车流发生交叉,托运和提货处一般设置在进、出站口附近。

(4)因地制宜,货运站的平面布局要重视技术经济论证,不仅要考虑占地面积的经济性,还应留有适当的发展余地。

四、货运车辆

货运车辆是指运载货物的汽车,又称载货汽车或卡车,货车通常采用前置发动机,车身由独立的驾驶室和货箱两部分构成。

（一）车辆识别代号

我国机械工业部于 1996 年发布了《车辆识别代号（VIN）管理规则》，规定 1999 年 1 月 1 日后，我国新生产的汽车都必须使用车辆识别代号（VIN），车辆识别代码由三部分组成，图 3-3 为车辆识别代码组成示意图。

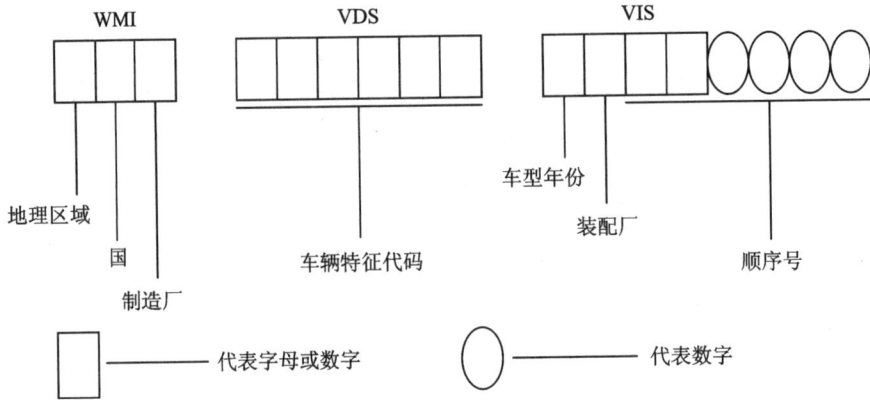

图 3-3　车辆识别代码组成

第一部分：世界制造厂识别代号。它由三位字码组成，必须经过申请、批准和备案后方能使用。世界制造厂识别代号的第一位字码是标明一个地理区域的字码或数字，第二位字码是标明一个特定地区内的一个国家的字母或数字，第三位字码是标明某个特定的制造厂的字母或数字。

第二部分：车辆说明部分。它由六位字码组成，由制造厂自己决定。

第三部分：车辆指示部分。它由八位字码组成，其最后四位字码应是数字。第一位字码指示年份，第二位字码指示装配厂，第三至第八位字码表示生产顺序号。

（二）货车的类型

"货车"二字是一个总称，在物流行业中货车被分成了很多类。目前国内市场上货车的分类很多，例如按使用范围分类，按车辆结构分类，按车厢箱型、车厢组合方式分类，按载重情况分类，按驱动类型分类等。

1. 按使用范围分类

（1）普通运输车辆。它主要运输日常的一些普通产品，如电子电器、食品、饮料、服装、机械等。

（2）保温或恒温车辆。保温车用于对温度有要求，但是要求不严格的食品类，车厢内温度在短时间内变化幅度小。恒温车通过冷却、加温、测温、通风等装置进行制冷、保温、加温，适用于对于温度要求较高的货品，如冷冻食品、奶制品、蔬菜水果、疫苗药品等。

（3）特殊用途运输车辆。它是用于特殊货物或者具有特殊结构的运输车辆，包括危险品车（如石油化工运输、液体运输、气瓶运输、腐蚀性品运输、杂项危险品运输等车辆）、特殊结构载货车（如运输小轿车的双层结构载货汽车、运输活禽畜的多层结构载货汽车等）。

2. 按车辆结构分类

（1）普通货车。它是指载货部位的结构为栏板的载货汽车，不包括具有自动倾卸装置的载货汽车，如图 3-4 所示。

（2）厢式货车。它是指载货部位的结构为封闭厢体且与驾驶室各自独立的载货汽车，如图

3-5 所示。

图 3-4　普通栏板式货车

图 3-5　厢式货车

（3）封闭货车。它是指载货部位的结构为封闭厢体且与驾驶室连成一体,车身结构为一厢式载货汽车,如图 3-6 所示。

（4）罐式货车。它是指载货部位的结构为封闭罐体的载货汽车,如图 3-7 所示。

图 3-6　封闭式货车

图 3-7　罐式货车

（5）平板货车。它是指载货部位的地板为平板结构且无栏板的载货汽车,如图 3-8 所示。

（6）集装箱车。它是指载货部位为框架结构且无地板,专门运输集装箱的载货汽车,如图 3-9 所示。

图 3-8　平板货车

图 3-9　集装箱货车

（7）自卸货车。它是指载货部位具有自动倾卸装置的载货汽车,如图 3-10 所示。

（8）特殊结构货车。它是指载货部位为特殊结构,专门运输特定物品的载货汽车。如运输小轿车的双层结构载货汽车,运输活禽畜的多层结构载货汽车,如图 3-11 所示。

图 3-10　自卸式货车　　　　　　　图 3-11　双层小车运输车

3. 按车厢厢形分类

（1）平板车。平板车没有车厢，只有不到 1 m 左右的车帮，常见的平板车都比较大，车长在 9～17.5 m，多用于运输一些大件的基础材料，主要用于运输钢材类、木材类等重货物，人工搬运不动，装卸需用铲车、航吊等机器操作，纯平板车需在车身的两边插入插桩或者在会滚动的货物两边放置枕木垫后稍做固定就可上路了。

（2）有车厢－高栏车。有车厢－高栏车的车厢四壁为彩钢，没有封闭的顶棚，顶棚是用帆布制作的，可以根据车厢内装的货品多少进行升降，故适用于大多数产品的运输，如袋装货物、箱装货物、瓜果蔬菜等，其围栏闭合、通风透气，如图 3-12 所示。

（3）有车厢－低栏车。有车厢－低栏车好装好卸，使用器械装卸，没有高栏阻挡；超长、超宽、超高的货物都能够装载，以运输钢材、木材、石材为主，如图 3-13 所示。

（4）封闭厢－厢车。封闭厢－厢车是全封闭式、集装箱车辆，车长 4～17 m，适合运输货值较高，或对车辆有较高要求的货物，目前此类车辆在货运市场几乎占到一半。其承载量为 2～35 t，主要用于全密封运输各种散装、零散货物（快递），具有密封性好、防水、防漏、防盗等特点，如图 3-14 所示。

图 3-12　高栏车　　　　　图 3-13　低栏车　　　　　图 3-14　厢式车

4. 按车厢组合方式分

大型载货车辆按车厢组合方式分可分为 9.6 m 及以下的大型货车，12 m 及以上的半挂车，还包括市场上少见的全挂车。

挂车是指设计和制造上需由汽车或拖拉机牵引才能在道路上正常使用的无动力道路车辆，包括全挂车、半挂车和中置轴挂车（见图 3-15）。全挂车在运行中摆动量大，稳定性差，高速行驶运行不安全，在我国被禁止上高速，因此，在国内货运行业较少使用。半挂车高速行驶稳定性较好，主挂匹配容易，驾驶难度较低，在我国公路货运领域占有较大份额。中置轴挂车在结构上介于全挂车与半挂车之间，具有重心低、自重轻、结构简单等特点，在国外得到广泛使用，在国内主要应用于车辆运输行业，目前在快递快运行业也有所使用。

| (a) 全挂车 | (b) 全挂车 | (c) 中置轴挂车 |

图 3-15　挂车

挂车的车厢结构有栏板式、厢式、仓栅式、平板式、自卸式、集装箱式、罐式、车辆运输、低平板、特殊结构等形式。

5. 按载重情况分类

在物流市场上,普通货车按照类型可分为重型货车、中型货车、轻型货车、微型货车四种。根据公路运行时厂定的最大总质量(GA)可做如表 3-2 所示的分类。其中

$$总质量/总重(GA)＝车自重(车皮)＋车载重(吨位)$$

表 3-2　货车按最大总质量分类表

微型货车	(GA≤1.8 t)
重型货车	(12 t＜GA≤100 t)
中型货车	(4.5 t＜GAS12 t)
轻型货车	(1.8 t＜GA≤4.5 t)

6. 按驱动类型(车轴)分类

车轴数的确定是由车辆的总重和轴重确定的。按照以前的标准,我国的超限标准为轴重 10 t,即每个轴 10 t,二轴车 20 t、三轴车 30 t、四轴车 40 t、五轴车 50 t、六轴及以上车 55 t。目前,不同轴数的货运车辆及超载认定标准如表 3-3 所示。

表 3-3　不同轴数的货运车辆及超载认定标准

轴数	车型	图例		总质量限值/吨
2 轴	载货汽车			18
3 轴	中置轴挂车列车			27
	铰接列车			
	载货汽车			25

轴数	车型	图例	总质量限值/吨
4 轴	中置轴挂车列车		36
			35
	铰接列车		36
	全挂汽车列车		
	载货汽车		31
5 轴	中置轴挂车列车		43
	铰接列车		43
			42
	全挂汽车列车		43
6 轴	中置轴挂车列车		49
			46
			49
			46
	铰接列车		49
			46
			46
	全挂列车		49
			46

(三)车辆的构造与功能

汽车总体构造由发动机、底盘、车身和电气设备四个部分组成。汽车基本结构如图3-16所示。

(1)发动机——向车辆提供运行动力的能量转换装置。内燃机动力装置——将燃料燃烧产生的热能转变为机械能。根据所用燃料的不同分为汽油机和柴油机两大类。汽油机由两大机构、五大系统组成。两大机构为曲柄连杆机构、配气机构,五大系统为燃料供给系、冷却系、润滑系、点火系、起动系。柴油机没有点火系,由两大机构四大系统组成,以下是发动机各组成部分的作用。

车辆结构常识

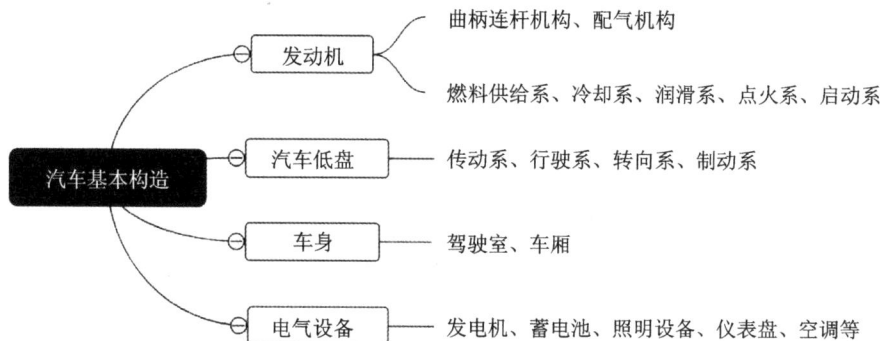

图 3-16 车辆结构图

①曲柄连杆机构:发动机的骨架,保证安装其上的各部件有正确的工作位置,实现热能向机械能的转换。

②配气机构:保证新鲜可燃混合气(汽油机)或纯净的空气(柴油机)及时进入气缸,废气及时排出气缸。

③燃料供给系:保证定时定量地向发动机提供合格的燃料,将废气进行处理并排出。

④冷却系:冷却发动机受热部件,保持发动机在最适宜的温度范围内工作(气体温度高达1800~20000 ℃)。

⑤润滑系:润滑、散热、清洗、保护、密封。

⑥起动系:汽车起动时向发动机提供必需的外部动力。车辆上多采用电力起动,由蓄电池供电,起动机产生启动时所需的转矩,从而使发动机获得初始能量而旋转。

⑦点火系:按照发动机的工作需要及时点燃气缸内的可燃混合气,使之迅速燃烧。

(2)汽车底盘。汽车底盘的基本作用是接受发动机的动力,保证汽车按照驾驶员的意愿正常行驶。汽车底盘的组成包括传动系、行驶系、转向系、制动系。

①传动系:接受发动机输出的动力,并将动力最终传递给驱动车轮。由离合器、变速器、万向传动装置、主减速器与差速器、半轴等组成。

②行驶系:是汽车的组装基础,承受全车的重量及各种外力。车辆行驶系主要由车架、车轿、悬架和车轮等部分组成。

③转向系:使汽车能够按照驾驶员的意愿改变行驶方向。

④制动系:使汽车减速或停车,并保证汽车能可靠地停驻。

(3)汽车车身。驾驶员工作的场所和装载乘客和货物的场所,提供车辆整体的支撑和强度,货车车身一般由驾驶室和货箱两部分组成。

(4)汽车电气设备。由电源和用电设备两大部分组成。电源包括蓄电池、发电机,用电设备主要是起动系、点火系、汽车的照明、信号装置和仪表、微机控制系统和人工智能装置等。

(四)车辆的使用性能

汽车的使用性能是指汽车能够适应使用条件而表现出的最大工作能力,它既是评价和选择汽车的主要标准,又是正确使用汽车的基本依据。使用性能主要包括动力性、经济性、操纵稳定性、制动性、通过性、舒适性、安全性、装载性能、装卸方便性、环保性等。

1. 动力性

动力性是汽车首要的使用性能,它是指汽车在规定条件下能够达到的最高车速,是进行加速及爬坡的能力。汽车的动力性好才能达到较高的平均速度,越过尽可能大的坡度,进行快速超车,单位时间内完成的货运周转量(吨公里)就越大,运输生产率就越高。

2. 燃油经济性

汽车的燃油经济性是指汽车以最小的燃油消耗量完成单位运输工作的能力。物流企业或货运企业对汽车燃油经济性考核的常用指标是 $L/100 \ t \cdot km$,表示每完成 1 百吨公里的货物周转量所消耗的燃油升数。

3. 操纵稳定性

汽车的操纵性是指汽车对驾驶员转向指令的响应能力,直接影响到行车安全。轮胎气压和弹性,悬架刚度,汽车重心位置等都影响汽车的操纵性。稳定性是汽车受到外界干扰后恢复原来运动状态的能力,以及抵御侧滑和倾翻的能力。对汽车而言,横向稳定性尤其重要。当汽车在横向坡道、弯道上高速行驶或装载过高过重时都容易发生侧滑或侧翻。因此,操作稳定性不仅影响到汽车是否如意地被驾驶员进行驾驶,而且也是保证汽车高速安全行驶的一个主要性能。

4. 制动性

良好的制动性能是汽车安全行驶的保障,也是汽车动力性能够很好发挥的前提。

5. 通过性

汽车的通过性是指汽车以足够高的平均速度通过不良道路、无路地带和克服障碍的能力。汽车尺寸参数的合理选择有利于提高汽车的通过性。如较大的最小离地间隙、接近角、离去角、车轮半径和较小的转弯半径等都有利于提高汽车的通过性。

6. 舒适性

舒适性包括汽车行驶平顺性、噪声、空气调节和居住性等内容。

7. 行驶安全性

汽车的行驶安全性包括主动安全性和被动安全性两大方面。主动安全性是指汽车本身防止或减少交通事故的能力;被动安全性是指汽车发生交通事故后,汽车本身能够减轻人员受伤和货物受损的能力。

另外,车辆的使用性能还包括装卸方便性、环保性等指标。

(五)汽车的尺寸参数(见图 3 - 17)

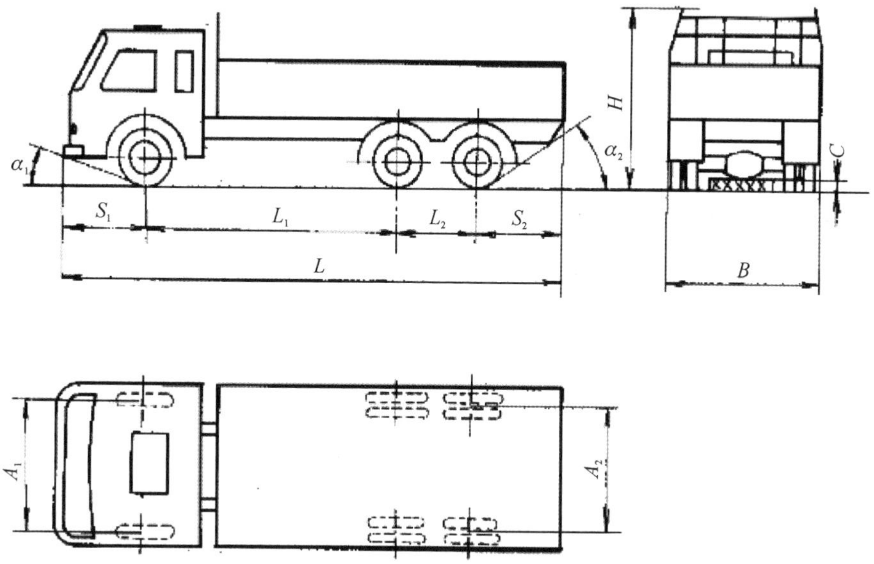

图 3 - 17 汽车尺寸参数示意图

(1)车长(L):垂直于车辆纵向对称平面并分别抵靠在汽车前、后的最外端突出部位的两垂直面距离。

(2)前轮距(L_1):前面两个轮中心平面之间的距离。

(3)后轮距(L_2):后面两个轮中心平面之间的距离。

(4)车宽(B):平行于车辆纵向对称平面并分别抵靠车辆两侧固定突出部位(除后视镜、侧面标志灯、方位灯、转向指示灯等)的两平面之间的距离。

(5)车高(H):车辆支承平面与车辆最高突出部位之间的垂直距离。

(6)轴距(Ln):汽车处于直线行驶位置时,同侧相邻两轴的车轮落地中心点到车辆纵向对称面的两条垂直线间的距离。

(7)轮距(A_1、A_2):在支承平面上,同轴左右车轮两轨迹中心线间的距离。

(8)最小离地间隙(C):满载时,车辆支承平面与车辆最低点之间的距离。

(9)货车前轴距(S_1):前轴中心与车头前的距离。

(10)货车轴距(S_2):后轴中心与车尾的距离。

(11)接近角(α_1):汽车满载静止时,汽车前端突出点向前轮所引切线与地面的夹角。接近角越大,通过性能越好。

(12)离去角(α_2):汽车满载时,自车身后端突出点向后车轮引切线与路面之间的夹角。同样,离去角越大,通过性能越好。

五、车辆的使用管理

车辆使用管理是指对车辆进行择优选配、正确使用、定期检测、强制维护、视情修理、合理改造、适时更新的一系列活动过程。对车辆管理的总体要求是:为运输和配送活动提供性能优良、高效低耗的运输车辆,不断保持和提高运输车辆的先进性和适用性。车辆管理包括两方面内容:一是车辆的技术管理,即对车辆物质运动形态的管理;二是车辆的经济管理,即对车辆价值运动形态的管理。

任务二　铁路运输设施设备

铁路运输是使用铁路列车运送客货的一种运输方式。铁路运输主要承担长距离、大数量的货运,是在干线运输中起主力运输作用的运输形态。铁路运输设施与设备主要包括铁路线路、铁路车站、铁路机车与车辆三大部分。

一、铁路线路与轨道

铁路线路承受机车、车辆的重量,并且引导它们的行走方向,所以它是运行的基础。铁路线路是由路基、桥隧建筑物和轨道组成的一个整体的工程结构。

京张高铁

(一)铁路线路构成

1. 路基

路基是铁路线路承受轨道和列车载荷的基础结构物。路基要求坚实而稳固,能承受沉重的压力并经常保持完好状态,使列车能按规定的最高速度安全、平稳、不间断地运行。路基由路基本体(包括路基面、路基基床、边坡等)、路基排水设备(包括地面排水和地下排水设备)、路基防护设备(包括护坡设施、冲刷防护设施等)和路基加固设施(包括支撑加固设施和防风、防雪、防沙设施)几部分组成。

2. 桥隧建筑物

铁路通过江河、溪流、谷地和山岭等天然障碍物,跨越公路、其他铁路线时需要修筑各种桥隧建筑物。桥隧建筑包括桥梁、涵洞、隧道等。有一定承载力的架空建筑物称为桥梁;埋设在路堤内的过水建筑物称为涵洞;供铁路线路克服高层障碍,穿过山岭河流、海底修筑的建筑物称为隧道。桥隧建筑物与路基连成一体,才能形成线路,因此,它是路基的重要组成部分。

3. 轨道

轨道由钢轨、轨枕、连接零件、道床、防爬设备和道岔等组成。它承受着机车车辆的垂直压力和水平压力,这些力由钢轨传给轨枕,再由轨枕传给道床,最后传给路基。轨道的构成如图3-18所示。

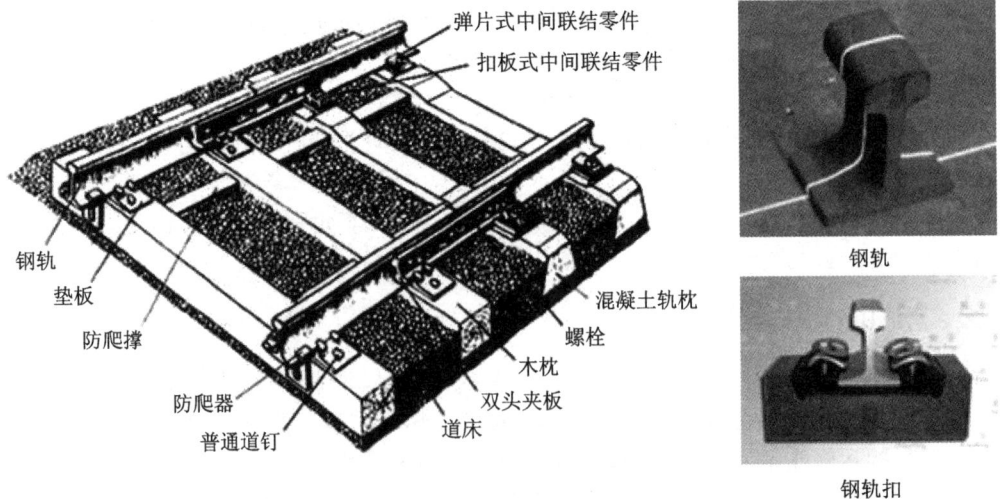

图 3-18　轨道的构成

4.道岔

道岔是一种使机动车辆从一股道转入另一股道的线路连接设备,每一组道岔由转辙器、岔心、两根护轨和岔枕组成,由长柄以杠杆原理拨动两根活动轨道,使车辆轮缘依开通方向驶入预定进路。道岔通常在车站、编组站大量铺设,如图 3-19 所示。

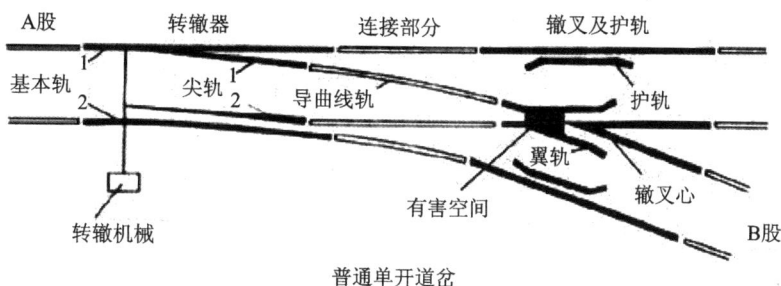

图 3-19 道岔

(二)铁路线路工程技术

1.铁路轨距

铁路轨距指铁路上两股钢轨头部的内侧距离。由于轨距不同,列车在不同轨距交接的地方必须进行换装或更换轮对。铁路轨距按照其大小不同,可分为宽轨、标准轨和窄轨三种,凡直线轨距为 1435 mm 的称为标准轨距,大于 1435 mm 的称为宽轨距,小于 1435 mm 的称为窄轨距。中国铁路主要采用标准轨距,只有台湾采用 1067 mm,昆明至河口采用 1000 mm 窄轨距。

铁路窄轨换宽轨

2.铁路限界

铁路限界是指为了确保机车车辆在铁路线路上运行的安全,防止机车车辆撞击邻近线路的建筑物和设备,而对机车车辆和接近线路的建筑物、设备所规定的不允许超越的轮廓尺寸线。铁路基本限界包括机车车辆限界和建筑接近限界(见图 3-20)。机车车辆限界是机车车辆横断面的最大极限,就是当机车车辆停留在平直铁道上,车体的纵向中心线和线路的纵向中心线重合时,其任何部分不得超出规定的极限轮廓线;建筑接近限界规定了保证机车车辆安全通行所需要的横断面的最小尺寸,凡靠近铁路线路的建筑物及设备,其任何部分(和机车车辆有相互作用的除外)都不得侵入此限界之内。货物装车后,货物的任何部分的高度和宽度超过机车车辆限界时,称为超限货物,按货物超限程度可将其分为一级超限、二级超限和超级超限三个级别。

(三)现代轨道技术

1.无缝线路

无缝线路是把标准长度的钢轨焊连而成的长钢轨线路,又称焊接长钢轨线路。因为长轨条没有轨缝而得名。无缝线路的优点是接头比普通线路大大减少,不仅节省了大量的接头零件和线路维修工作量,而且减少了列车的接缝震动,使列车运行平稳、噪声降低。另一方面,由于减少了在接头处的振动,又能延长线路设备和机车车辆的使用年限,是现代铁道发展的方向。

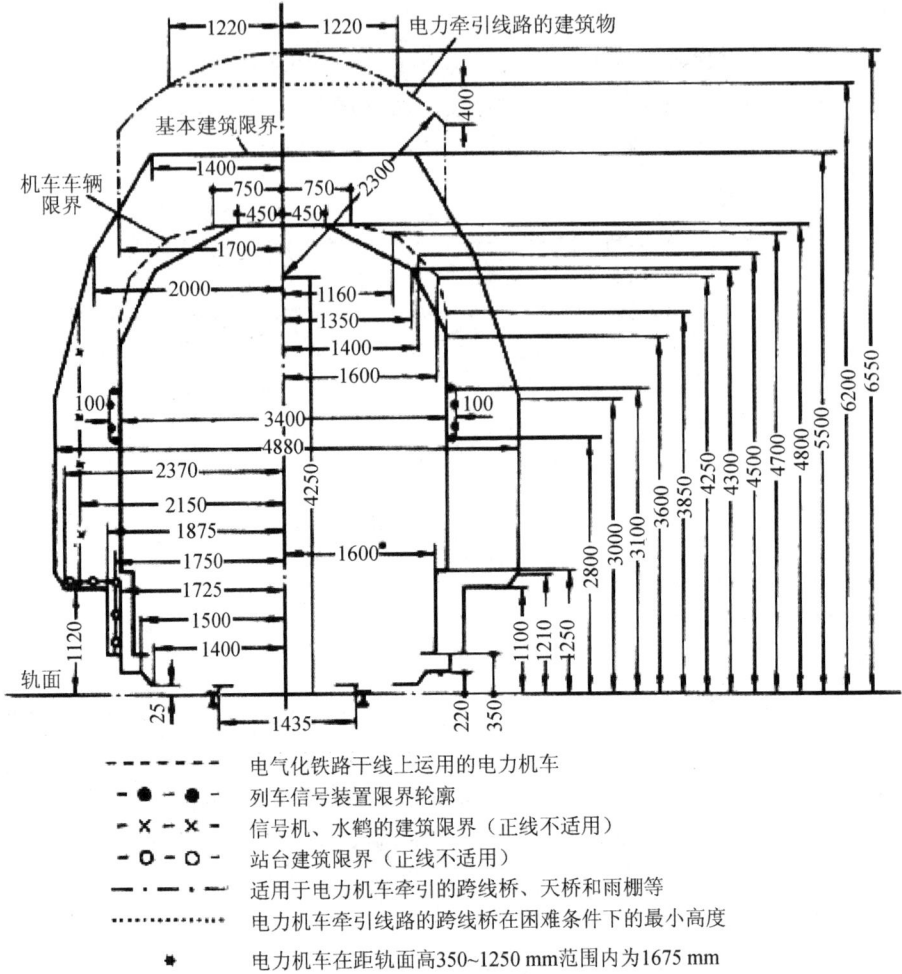

图 3-20 中国铁路机车车辆限界和基本建筑限界

2. 整体道床

整体道床由混凝土整体灌筑而成的道床,道床内可预埋木枕、混凝土枕或混凝土短枕,也可在混凝土整体道床上直接安装扣件、弹性垫层和钢轨,又称为整体轨道。整体道床具有维护工作量少、结构简单、整体性强及表面整洁等诸多优点,在国内外铁路上均已大量使用。

二、信号设备

信号设备是组织指挥列车运行,保证行车安全,提高运输效率,传递信息,改善行车人员劳动条件的关键设施。信号设备大体上可以分为铁路信号、车站联锁设备、区间闭塞设备、机车信号和列车运行控制设备、道口信号设备等。

(一)铁路信号的分类

1. 听觉信号

听觉信号也称音响信号,以发出不同强度、频率和时间长短的音响来表达信号的含义,如用号角、口笛、机车或轨道车的鸣笛及响墩发出的信号,都是听觉信号。

2. 视觉信号

视觉信号是指用颜色、形状、位置、显示数目和灯光状态等表达的信号。它包括:固定安装在一定位置用于防护固定地点的固定信号;在地面临时设置的可以移动的移动信号;手持信号旗、信号灯发出的手信号。

(二)铁路信号的颜色

我国铁路信号的基本显示系统由基本颜色和辅助颜色组成。基本颜色包括红色、绿色、黄色。红色表示停车,黄色表示注意或减速运行,绿色表示按规定速度运行。辅助颜色包括蓝色、月白色、透明白色和紫色。基本颜色及其灯光组合主要构成列车信号,用于指示列车运行。

(三)联锁设备

在车站上,为列车进站、出站所准备的通路称为列车进路。凡是为各种调车作业准备的通路,则称为调车进路。一般每一个列车、调车进路的始端都应设立一架信号机进行防护,以保证作业时的安全。利用机械、电气自动控制和远程控制的技术和设备,使车站范围内的信号机、进路和进路上的道岔相互具有制约关系,这种关系称为铁路车站的联锁。

(四)闭塞设备

列车在区间运行时以站间区间、所在区间及闭塞分区作为行车间隔,这种保证列车按照空间间隔运行的技术方法称为行车闭塞法,简称为闭塞,用以完成闭塞作用的设备称为闭塞设备。闭塞设备是保证区间行车安全、提高运输效率的信号设备。闭塞设备必须保证在一个区间内、在同一时间里只能允许一辆列车占用。

三、铁路运输机车

机车是铁路运输的基本动力。由于铁路车辆大都不具备动力装置,列车的运行和车辆在车站内有目的的移动均需机车牵引或推送。

(一)蒸汽机车

蒸汽机车是利用蒸汽机,把燃料(一般用煤)的化学能变成热能,再变成机械能,而使机车运行的一种火车机车,见图 3-21。

图 3-21 蒸汽机车

(二)内燃机车

内燃机车是以内燃机作为原动力,通过传动装置驱动车轮的机车,见图 3-22。在我国铁路上采用的内燃机绝大多数是柴油机。燃油(柴油)在气缸内燃烧,将热能转换为由柴油曲轴输出的机械能,但并不用来直接驱动动轮,而是通过传动装置转换为适合机车牵引特性要求的机械能,再通过走行部驱动机车动轮在轨道上转动。

图 3-22　内燃机车

(三)电力机车

电力机车是由牵引电动机驱动车轮的机车,见图 3-23。电力机车因为所需电能由电气化铁路供电系统的接触网供给,所以是一种非自带能源的机车。电力机车具有功率大、过载能力强、牵引力大、速度快、整备作业时间短、维修量少、运营费用低、便于实现多机牵引、能采用再生制动以及节约能量等优点。电力机车另一个优点就是能够在短时间内完成启动和制动,这个性能比蒸汽机车和内燃机车要优秀很多。所以在世界范围内,各国都正大力发展电气化铁路。

图 3-23　电力机车

四、铁路运输车辆

铁路车辆是铁路用以运输旅客、货物的运载工具。车辆一般本身没有动力装置,只有连挂起来在机车的牵引下才能在线路上运行。

(一)铁路车辆的分类

1. 敞车

敞车是指具有端壁、侧壁、地板而无车顶,向上敞开的货车,主要用来运送煤炭、矿石、矿建物资、木材、钢材等大宗货物,也可用来运送重量不大的机械设备,见图 3-24。若在所装运的货物上盖上防水帆布或其他遮篷物后,可代替棚车承运怕雨淋的货物。因此敞车具有很大的通用性,在货车组成中数量最多。

2. 棚车

棚车是有侧墙、端墙、地板和车顶,在侧墙上开有滑门和通风窗的铁路货车,见图 3-25。用来装贵重和怕日晒雨淋的货物。有的在车内安装火炉、烟囱、床板等,必要时可以运送人员和牲畜。

图 3-24　敞车

图 3-25　棚车

3. 平车

平车主要用于运送钢材、木材、汽车、机械设备等体积或重量较大的货物,也可借助集装箱运送其他货物,见图 3-26。平车还能适应国防需要,装载各种军用装备。装有活动墙板的平车也可用来装运矿石、沙土、石渣等散粒货物。平车因没有固定的侧壁和端壁,故作用在车上的垂直载荷和纵向载荷完全由底架的各梁承担,是典型的底架承载结构。

图 3-26　平车

4. 保温车

保温车(又叫冷藏车)是运送鱼、肉、鲜果、蔬菜等易腐货物的专用车辆,如图 3-27 所示。这些货物在运送过程中需要保持一定的温度、湿度和通风条件,因此保温车的车体装有隔热材料,车内设有冷却装置、加温装置、测温装置和通风装置等,具有制冷、保温和加温三种性能。

5. 罐车

罐车是车体呈罐形的运输车辆,如图 3-28 所示,用来装运各种液体、液化气体和粉末状货物等,这些货物包括汽油、原油、各种粘油、植物油、液氨、酒精、水、各种酸碱类液体、水泥氧化铅粉等。

图 3-27　保温车

图 3-28　罐车

各车辆类型代号如表 3-4 所示。

表 3-4　车辆类型代号表

车种	基本型号	车种	基本型号
棚车	P	保温车	B
敞车	C	罐车	G
平车	N	长大货物车	D

（二）车辆构造

铁路车辆类型很多,构造各不相同,但从结构原理分析,车辆一般由车体机车底架、车钩缓冲装置、行走部、制动装置、内部设备等部分组成。

(1)车体及车底架。车体是容纳旅客或货物的部分,固装在车底架上。车底架是车体的基础,由各种纵向梁和横向梁组成。车体与车底架构成一个整体,支撑在转向架上。

(2)转向架。由两个或两个以上的轮对组成,并安装弹簧及其他部件,组成一个独立结构的小车,称为转向架。转向架设在车底架下部,是车辆的走行部分,它承受车辆的重量并在钢轨上行驶。

(3)车钩缓冲装置。车钩缓冲装置由车钩及缓冲装置等部件组成,安装在车底架两端的中梁上。其作用是将机车车辆连挂在一起,成为一组列车,并传递牵引力,缓和各车辆之间的冲击。

(4)制动装置。制动装置的作用是保证高速运行的列车能减速,并在规定的距离内停车。

(5)车辆内部设备。车辆内部设备主要是指在客车上为旅客提供旅行必需的设备,如供水、暖气、通风、照明以及空气调节等装置。货车内部设备一般比较简单,主要是根据各货车的用途而设的附属装置。

五、铁路站场

铁路站场是组织铁路运输的基本生产单位,包括各种类型的车站以及作业场。按对外业务划分,分为客运站、货运站和客货运站;按等级分类,分为特等站和一、二、三、四、五共六个等级的车站;按车站的技术作业划分,车站因所办理的技术作业侧重不同,有中间站、区段站、编组站。

1. 中间站

中间站是为沿线城乡人民及工农业生产服务,提高铁路区段通行能力,保证行车安全而设立的车站。它主要办理列车的到发、会让和越行以及客货运业务。

中间站的主要作业包括:列车的到发、通过、会让和越行;旅客的乘降,行李、包裹的承运、保管与交付;货物的承运、装卸、保管与交付;摘挂列车甩挂车辆的调车作业。

中间站的设备包括:客运设备(售票室、候车室、行包房、站台、跨越设备等),货运设备(货物仓库、货物站台、货运室、装卸机械等),站内线路(到发线、牵出线、货物线等,用于接发列车、调车作业和货物装卸作业),通信及信号设备等。

2. 区段站

区段站多设在中等城市和铁路网上牵引区段的起点或终点。其主要任务是为邻接的铁路区段供应整备机车,为无改编中转货物列车办理规定的技术作业,并办理一定数量的列车解编作业及客货运业务。

区段站的客运业务和货运业务与中间站业务内容相同,只是作业量会大一些,除此以外还需完成机车业务(主要是换挂机车和乘务组,对机车进行整备、修理和检查等)和车辆业务(办理列车的技术检查和车辆的检修任务)。

3. 编组站

编组站是在铁路网上办理货物列车解体、编组作业,并为此设有比较完善的调车设备的车站,如图 3-29 所示。编组站和区段站统称为技术站。

编组站主要完成运转作业(包括列车达到作业、列车解体作业、列车编组作业和列车出发作业);整备检修及机车车辆的日常技术保养等作业。

图 3-29　编组站

编组站的设备主要包括调车设备(调查驼峰、调车场、牵出线、调车机车等)、行车设备(接发货物列车的到发线)、机务设备(机务段、整备设备等);车辆设备(列检所、站修所、车辆段);货运设备(整倒装设备、加冰设备、换水设备、货场等)及其他设备(客运设备、进出站线路、站内联络线和机车行走线等)。

任务三　水路运输设施设备

水路运输是交通运输的重要组成部分,国际货物运输大部分依靠水路运输。水路运输是指利用船舶及其他

航运工具,在江、河、湖、海及人工水道上运送旅客和货物的一种运输方式,是兴起最早、历史最长的运输方式,在多种运输方式联合运营中扮演着重要的角色。水路运输设施与设备主要包括航道与航线、港口、船舶等。

上海洋山港码头

一、港口

港口是具有水陆联运设备和条件,供船舶安全进出和停泊的运输枢纽。港口是水陆交通的集结点和枢纽,是工农业产品和外贸进出口物资的集散地,是船舶停泊、装卸货物、上下旅客、补充给养的场所。

(一)港口的分类

1. 按用途分

港口按用途可以分为商港、军港、渔港、工业港、避风港等。

(1)商港是供商船往来停靠、办理客货运输业务的港口,具有停靠船舶、上下客货、供应燃料和其他补给以及修理船舶所需的各种设备和条件,是水陆运输的枢纽和货物的集散地,其规模大小通常以吞吐量大小来表示,如上海港、天津港等。

(2)军港是专供海军舰艇使用的港口,如旅顺港。

(3)渔港是供渔船停泊、卸下渔获物和进行补给修理的港口。

(4)工业港是供工矿企业专用的港口。

(5)避风港是供船舶躲避风浪,亦可由此取得补给、进行小修等,如日本九州的六连港。

2. 按所在位置分

港口按所在位置可以分为河口港、海岸港、河港、湖港等。

(1)河口港位于河流入海口或受潮汐影响的河口段内,可兼为海船和河船服务。一般有大城市作依托,水陆交通便利,内河水道往往深入内地广阔的经济腹地,承担大量的货流量,故世界上许多大港都建在河口附近,如鹿特丹港、伦敦港、纽约港、彼得格勒港、上海港等。河口港的特点是,码头设施沿河岸布置,离海不远而又不需建防波堤。

(2)海岸港位于海岸、海湾内,也有离开海岸建在深水海面上的。位于开敞海面岸边或天然掩护不足的海湾内的港口,通常须修建相当规模的防波堤,如大连港、青岛港等。

(3)河港是沿河修建的港口,如南京港、武汉港依长江修建。

(4)湖港是沿湖边或水库修建的港口,如洞庭湖旁边的岳阳港。

3. 按国家贸易政策分

港口按国家贸易政策可分为国际贸易港、国内贸易港、自由港等。

(1)国际贸易港是政府指定对外开放的航运贸易港。有外交关系国家的船舶可以自由进出,无外交关系国家的船舶经批准也可通行。

(2)国内贸易港是专供本国船舶出入,外国船舶原则上不得驶入的港口。

（2）自由港是可在港内自由装船和卸船，不用缴纳关税的港口，如香港、新加坡港等。

（二）港口的组成

港口是连接水路运输的枢纽，由水域、陆域两大部分组成，如图3-30所示。

图3-30 港口的组成

1. 水域

水域通常包括进港航道、锚泊地和港池。

（1）进港航道要保证船舶安全方便地进出港口，必须有足够的深度和宽度、适当的位置、方向和弯道曲率半径，避免强烈的横风、横流和严重淤积，尽量降低航道的开辟和维护费用。当港口位于深水岸段，低潮或低水位时天然水深已足够船舶航行需要时，无须人工开挖航道，但要标示出船舶出入港口的最安全、最方便的路线。如果不能满足上述条件并要求船舶随时都能进出港口，则须开挖人工航道。人工航道分单向航道和双向航道。大型船舶的航道宽度为80～300 m，小型船舶的为50～60 m。

锚泊地是指有天然掩护或人工掩护条件能抵御强风浪的水域，船舶可在此锚泊、等待靠泊码头或离开港口。如果港口缺乏深水码头泊位，也可在此进行船转船的水上装卸作业。内河驳船船队还可在此进行编、解队和换拖（轮）作业。

港池是指直接和港口陆域毗连，供船舶靠离码头、临时停泊和调头的水域。港池按构造形式分，可分为开敞式港池、封闭式港池和挖入式港池。港池尺度应根据船舶尺度、船舶靠离码头方式、水流和风向的影响及调头水域布置等确定。

2. 陆域

陆域是指港口供货物装卸、堆存、转运和旅客集散之用的陆地面积。陆域上有进港陆上通道（铁路、道路、运输管道等）、码头前方装卸作业区和港口后方区。前方装卸作业区供分配货物，布置码头前沿铁路、道路、装卸机械设备和快速周转货物的仓库或堆场（前方库场）及候船大厅等之用。港口后方区供布置港内铁路、道路、较长时间堆存货物的仓库或堆场（后方库场）、港口附属设施（车库、停车场、机具修理车间、工具房、变电站、消防站等）以及行政、服务房屋等。为减少港口陆域面积，港内可不设后方库场。

（三）港口水工建筑物

港口水工建筑物一般包括防波堤、码头、修船和造船水工建筑物。防波堤是为阻断波浪的冲击力、围护港池、维持水面平稳以保护港口免受坏天气影响、以便船舶安全停泊和作业而修建的水中建筑物。防波堤还可起到防止港池淤积和波浪冲蚀岸线的作用。码头是海边、江河边专供乘客上下、货物装卸的建筑物。通常见于水陆交通发达的商业城市。人类利用码头作为渡轮泊岸上下乘客及货物之用,码头还可能是吸引游客、约会集合的地标。

(四)港口技术指标

1. 港口水深

港口水深是港口的重要指标之一,它表明了港口条件和可供船舶使用的基本界限。增大水深可接纳吃水更大的船舶,但将增加挖泥量,增加港口水工建筑物的造价和维护费用。在保证船舶行驶和停泊安全的前提下,港口各处水深可根据使用要求分别确定,不必完全一致。现代港口供大型干货海轮停靠的码头水深一般为 $10\sim15$ m,大型油轮码头 $10\sim20$ m。

2. 码头泊位数

码头泊位数根据货种分别确定。除了供装卸货物和上下旅客所需的泊位外,在港内还要有辅助船舶和修船码头的泊位。

3. 码头线长度

码头线长度根据可能同时停靠码头的船长和船舶间的安全间距确定。

4. 港口陆域高程

港口陆域高程根据设计高水位加超高值确定,要求在高水位时不淹没港区。为降低工程造价,确定港区陆域高程时,应尽量考虑港区挖、填方量的平衡。

二、航道

(一)航道分类

航道是指在内河、湖泊、港湾等水域内供船舶安全航行的通道,由可通航水域、助航设施和水域条件组成。

我国江河湖泊众多,海岸线漫长,航道流经的地质条件和水量补给等因素差异很大,同时,各地经济、技术发展不平衡,航道建设、航道管理的水平和投入程度不一。航道分类的方法主要有以下几种。

1. 按航道的等级划分

根据《内河通航标准》的规定,航道等级按可通航内河船舶的吨级分为 Ⅰ、Ⅱ、Ⅲ、Ⅳ、Ⅴ、Ⅵ、Ⅶ级航道,这 7 级航道均可称为等级航道。通航标准低于Ⅶ级的航道可称为等外级航道,划分标准如表 3-5 所示。

表 3-5 七级航道的划分标准

航道等级	Ⅰ	Ⅱ	Ⅲ	Ⅳ	Ⅴ	Ⅵ	Ⅶ
船舶吨级/t	3000	2000	1000	500	300	100	50

注:(1)船舶吨级按船舶设计载重吨确定;

(2)通航 3000 吨级以上的船舶的航道列入Ⅰ级航道。

2. 按航道所处地域划分

(1)海上航道。海上航道属自然水道,其通过能力几乎不受限制。每一海区的地理、水文情况都反映在该区的海图上。船舶每次的运行都是根据海图,并结合当时的气候条件、海况和船舶本身而进行的。

(2)内河航道。内河航道大部分是利用天然水道加上引航的导标设施构成的。内河航道与海上航道相比,其通行条件有很大差别,反映在不同的通航水深(如潮汐变化、季节性水位变化、枯洪期水深等)、不同的通行时间(如哪些区段不能夜行)和不同的通行方式(如单向或双向过船)等方面。

(3)人工航道。人工航道又称运河,是由人工开凿、主要用于船舶通航的河流。人工航道一般都开凿在几个水系或海洋的交界处,以便使船舶缩短航行里程,降低运输费用,扩大船舶通航范围,进而形成一定规模的水运网络。如京杭大运河、苏伊士运河、巴拿马运河等。

(二)航道的航行条件

1. 有足够的航道深度

航道深度是指全航线中所具有的最小通航保证深度,它取决于航道上关键性的区段和浅滩上的水深。航道深浅是选用船舶吃水量和载重量的主要因素。航道深度增加,可以航行吃水深、载重量大的船舶,但航道深度增加必然会使整治和维护航道的费用增高,因此,设计航道深度时应全面考虑。其计算公式为

$$最小通航深度＝船舶满载吃水＋富余水深$$

2. 有足够的航道宽度

航道宽度视航道等级而定,通常单线航行的情况极少,双线航行最普遍,在运输繁忙的航道上还应考虑三线航行。其计算公式为

$$所需航道宽度＝同时交错的船队或船舶的宽度之和＋富余宽度$$

3. 有适宜的航道转弯半径

航道转弯半径是指航道中心线上的最小曲率半径。一般航道转弯半径不得小于最大航行船舶长度的4～5倍。若河流转弯半径过小,将造成航行困难,应加以整治。若受自然条件限制,航道转弯半径最低不得小于船舶长度的3倍,而且航行时要特别谨慎,防止事故发生。

4. 有合理的航道许可流速

航道许可流速是指航线上的最大流速。船舶航行时,上水行驶和下水行驶的航线往往不同,下水行驶在流速大的主流区内行驶,上水行驶则尽量避开流速大的水区而在缓流区内行驶。船舶的航行速度与流速有如下关系:

下水时

$$航速＝船舶静水速度＋流速$$

上水时

$$航速＝船舶静水速度－流速$$

航道上的流速不宜过大,如果航道上的流速太大,上驶船舶必须加大功率才能通过,这样就不经济了。

5. 有符合规定的水上外廓

水上外廓是保证船舶水面以上部分通过时对航道高度和宽度的要求。水上外廓的尺度依航道等级来确定,一般一、二、三、四级航道上的桥梁的净空高度,取 20 年一遇的洪水期最高水位来确定。五、六级航道上的桥梁的净空高度,取 10 年一遇的洪水期最高水位来确定。由于水工建筑物如桥墩等下部比上部窄,故此桥梁等水面建筑物的净跨长度,应取枯水期最低水位来确定。

总的来说,航道应有与设计通航船舶相应的航道尺度,包括:①深度、宽度和弯曲半径;②流速和水面比降不能太大,流态不能太乱;③跨河建筑物如桥梁、电缆等都应符合水上净空要求。

由于航道只是水域的一部分,为了保证船舶安全方便地沿着航道行驶或者确认位置,就需用标志标示出航道的位置和范围,这种标志称为航标。

(三)航线

航线是指船舶航行起讫点的线路。船舶在海洋中航行时都有具体航线,各大船公司都有固定的航线图。目前世界上规模最大的三条集装箱航线是远东—北美航线、远东—欧洲地中海航线、北美—欧洲地中海航线。

1. 按船舶营运方式分类

(1)定期航线。定期航线是指使用固定的船舶,按固定的船期和港口航行,并以相对固定的运价经营客货运输业务的航线。定期航线又称班轮航线,主要装运杂货物。

(2)不定期航线。不定期航线是临时根据货运的需要而选择的航线。不定期航线的船舶、船期、挂靠港口均不固定,是以经营大宗、低价货物运输业务为主的航线。

2. 按航程的远近分类

(1)远洋航线。远洋航线是指航程距离较远、船舶航行跨越大洋的运输航线,如远东至欧洲和美洲的航线。我国习惯上以亚丁港为界,把去往亚丁港以西,包括红海两岸和欧洲以及南北美洲广大地区的航线划为远洋航线。

(2)近洋航线。近洋航线是指本国各港口至邻近国家港口间的海上运输航线的统称。我国习惯上把航线在亚丁港以东地区的亚洲和大洋洲的航线称为近洋航线。

(3)沿海航线。沿海航线是指本国沿海各港之间的海上运输航线,如上海/广州、青岛/大连等。

3. 按航行的范围分类

航线按航行的范围可以分为大西洋航线、太平洋航线、印度洋航线、环球航线。

三、船舶

水路运输的主要运载工具是船舶,船舶是各种船只的总称,是指能航行或停泊于水域进行运输或作业的交通工具。

(一)船舶的结构

船舶是由许多部分构成的,按各部分的作用和用途,船舶的结构可综合归纳为船体、船舶动力装置、船舶电气三大部分,如图 3 - 31 所示。

1. 船体

船体是船舶的基本部分,可分为主体部分和上层建筑部分。主体部分一般指上甲板以下的部分,它是由船壳(船底及船侧)和上甲板围成的具有特定形状的空心体,是保证船舶具有所需浮力、航海性能和船体强度的关键部分。船体一般用于布置动力装置、装载货物、储存燃油和淡水,以及布置其他各种舱室。

上层建筑位于上甲板以上,由左、右侧壁,前、后端壁和各层甲板围成,其内部主要用于布置各种用途的舱室,如工作舱室、生活舱室、贮藏舱室、仪器设备舱室等。上层建筑的大小、层楼和形式因船舶用途和尺度而异。

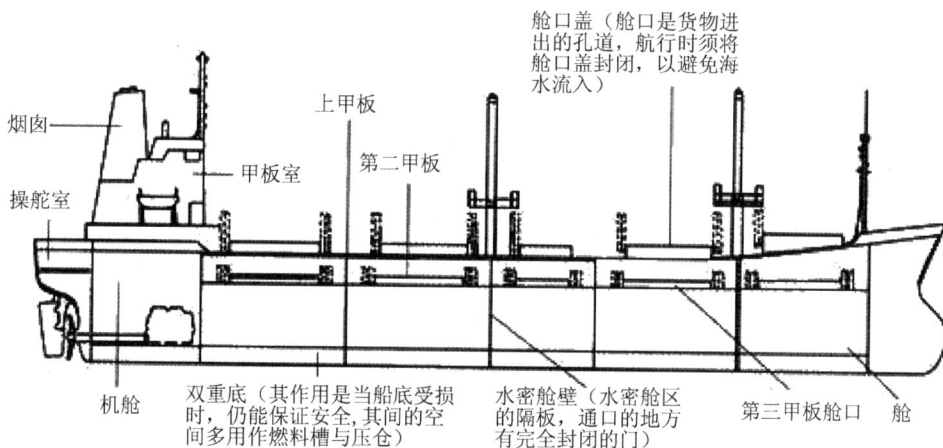

图 3-31 船体结构

2. 船舶动力装置

船舶动力装置是为保证船舶正常营运而设置的动力设备,它能为船舶提供各种能量并使用这些能量,以保证船舶正常航行,人员正常生活,完成各种作业。船舶动力装置是各种能量的产生、传递、消耗的全部机械和设备,是船舶的重要组成部分。船舶动力装置包括三个主要部分,即主动力装置、辅助动力装置、其他辅机设备。

主动力装置又称推进装置,是为船舶提供推进动力,保证船舶以一定速度巡航的各种机械设备,是全船的心脏。主动力装置包括主机、传动设备、轴系、推进器等。

辅助动力装置是用于提供除推进装置以外的各种能量,供船舶航行、作业和人员生活需要的装置,包括为全船提供电力和其他动力的装置,如发电机组、副锅炉等。通常把主机(及锅炉)以外的机械统称为辅机。

3. 船舶电气

船舶电气包括船上的主辅机及其他一些电气设备。船舶的其他装置和设备除推进装置外,还有锚设备与系泊设备、舵设备与操舵装置、救生设备、消防设备、船内外通信设备、照明设备、信号设备、导航设备、起货设备、通风、空调和冷藏设备、海水和生活用淡水系统、压载水系统、液体舱的测深系统和透气系统、舱底水疏干系统、船舶电气设备、其他特殊设备(依船舶的特殊需要而定)。

(二)船舶的主要性能

1. 浮性

浮性是指船在各种装载情况下,能浮于水中并保持一定的首、尾吃水和干舷的能力。根据船舶的重力和浮力的平衡条件,船舶的浮性关系到装载能力和航行的安全。

2.稳性

稳性是指船受外力作用离开平衡位置而倾斜,当外力消失后,船能恢复到原平衡位置的能力。稳性包括完整稳性和破舱稳性,其中,完整稳性包括初稳性和大倾角稳性。一般水面船舶的稳性主要是指横倾时的稳性。船宽、水线面系数、干舷、重心高度、水面以上的侧面积大小和高度,以及船体开口密封性的好坏等,是影响船舶稳性的主要因素。

3.抗沉性

抗沉性是指船体水下部分如发生破损,船舱淹水后仍能浮而不沉和不倾覆的能力。中国宋代造船时就首先发明了用水密隔舱来保证船舶的抗沉性。船舶主体部分的水密分舱的合理性、分舱甲板的干舷值和完整船舶稳性的好坏等,是影响抗沉性的主要因素。

4.快速性

快速性是表征船在静水中直线航行速度与其所需主机功率之间关系的性能。它是船舶的一项重要技术指标,对船舶使用效果和营运开支影响较大。船舶快速性涉及船舶阻力和船舶推进两个方面。合理地选择船舶主尺度、船体系数和线型,是降低船舶阻力的关键。

5.耐波性

耐波性是指船舶在波浪中的摇荡程度、失速和甲板溅浸(上浪、溅水)程度等。耐波性不仅影响船上乘员的舒适性和安全性,还影响船舶安全和营运效益等,因而日益受到重视。

6.操纵性

操纵性是指船舶能按照驾驶者的操纵保持或改变航速、航向或位置的性能,主要包括航向稳性和回转性两个方面,是保证船舶航行中少操舵、保持最短航程、靠离码头灵活方便和避让及时的重要环节,关系到船舶航行的安全性和营运的经济性。

7.经济性

经济性是指船舶投资效益的大小。它是促进新船型开发研究、改善航运经营管理、促进造船工业的发展的最活跃因素,日益受到人们重视。船舶经济性属船舶工程经济学研究的内容,它涉及使用效能、建造经济性、营运经济性和投资效果等指标。

(三)常见船舶类型

1.干散货船

干散货船是用以装载无包装的大宗货物的船舶。依所装货物的种类不同,又可分为粮谷船、煤船和矿砂船。这种船大都为单甲板,舱内不设支柱,但设有隔板,用以防止在风浪中运行的舱内货物发生错位,又称散装货船,如图3-32所示。

2.杂货船

杂货船是干货船的一种,它是装载一般包装、袋装、箱装和桶装的普通货物船,如图3-33所示。杂货船在运输船中占有较大的比重。杂货船一般都是双层甲板船,有4~6个货舱,每个货舱的甲板上有货舱口,货舱口两旁装有能起重的吊货杆。杂货船有较强的纵向结构,船体的底多为双层结构,船首和船尾设有前、后尖舱,平时可储存淡水或装载压舱水以调节船舶纵倾,受碰撞时可防止海水进入大舱,起到安全作用。

图 3-32 干散货船

图 3-33 杂货船

3. 冷藏船

冷藏船是使鱼、肉、水果、蔬菜等易腐食品处于冻结状态或在某种低温条件下进行载运的专用运输船舶,如图 3-34 所示。因受货运批量限制,冷藏船吨位不大,通常为数百吨到数千吨。冷藏船的货舱为冷藏舱,常隔成若干个舱室。每个舱室是一个独立的、封闭的装货空间。舱壁、舱门均为气密,并覆盖有泡沫塑料、铝板聚合物等隔热材料,使相邻舱室互不导热,以满足不同货种对温度的不同要求。冷藏舱的上下层甲板之间或甲板和舱底之间的高度较其他货船的小,以防货物堆积过高而压坏下层货物。

4. 油轮

油轮是油船的俗称,是指载运散装石油或成品油的液货运输船舶,如图 3-35 所示。从广义上讲,油轮是指散装运输各种油类的船舶,除了运输散装石油外,还可装运石油的成品油、各种动植物油、液态的天然气和石油气等。通常所称的油船,多数是指运输原油的船。装运成品油的船,称为成品油船。装运液态的天然气和石油气的船,称为液化气体船。

油轮很容易与其他轮船区别开来,油轮的甲板非常平,除驾驶舱外几乎没有其他耸立在甲板上的东西。油轮不需要甲板上的吊车来装卸它的货物,只有在油轮的中部有一个小吊车,这个吊车的用途在于将码头上的管道吊到油轮上来与油轮上的管道系统接到一起。

图 3-34 冷藏船

图 3-35 油轮

5. 集装箱船

集装箱船可分为全集装箱船和半集装箱船两种,它没有内部甲板,机舱设在船尾,船体其实就是一座庞大的仓库,可达 300 m 长,再用垂直导轨分为小舱。当集装箱下舱时,这些集装箱装置起着定位作用,船在海上遇到恶劣天气时,它们又可以牢牢地固定住集装箱。因为集装箱都是金属制成,而且是密封的,里面的货物不会受雨水或海水的侵蚀。集装箱船一般停靠专用的货运码头,用码头上专门的大型吊车装卸。图 3 - 36 所示为集装箱货轮。

图 3 - 36　集装箱货轮

6. 滚装船

滚装船是专门运载滚动车辆的运输船,如运载各种汽车、装满集装箱或货物的卡车和挂车等。图 3 - 37 所示为滚装船。

滚装船以装满集装箱或货物的车辆为运输单元。装载时,汽车及由牵引车辆拖带的挂车通过跳板开进舱内。到达目的港后,车辆可直接开往收货单位。滚装船的装卸效率很高,每小时可达1000~2000 t,而且实现了从发货单位到收货单位的"门—门"直接运输,减少了运输过程中的货损和差错。此外,船与岸都不需起重设备,即使港口设备条件很差,滚装船也能高效率装卸。

7. 载驳船

载驳船是载运货驳的运输船舶,又称子母船,如图 3 - 38 所示。载驳船用于河海联运。其作业过程是先将驳船(尺度统一的船,又称为子船)装上货物,再将驳船装上载驳船(又称母船),运至目的港后,将驳船卸下水域,由内河推船分送至目的港装卸货物并待另一次运输。载驳船的优点是不需码头和堆场,装卸效率高,停泊时间短,便于河海联运。其缺点是造价高,需配备多套驳船以便周转,需要泊稳条件好的宽敞水域作业,且适宜于货源比较稳定的河海联运航线。

图 3 - 37　滚装船

图 3 - 38　载驳船

任务四　航空运输设施设备

　　航空运输是指利用航空器及航空港进行空中客货运输的一种运输方式。航空运输由于其高速性在整个交通运输体系中具有特殊的地位。航空运输主要适合运载的货物有两类：一类是价值高、运费承担能力很强的货物，如贵重设备的零部件、高档次产品等；另一类是紧急需要的物资，如救灾抢险物资等。航空运输设施与设备主要包括飞机航线、航空港、飞机等。

北京大兴机场

一、航线

1. 航线的定义

　　经政府有关当局批准的、飞机能够在地面通信导航设施指挥下沿具有一定高度、宽度和方向在空中供飞机飞行的区域，称为航路。我国民用航路的宽度规定为 20 km，民航航路高度在 8 km 上下，这个高度在平流层，空气阻力小，省油。

　　民航运输企业在获得航空运输业务经营许可证之后，可在允许的一系列站点（即城市）范围内提供航空客运、货运服务。由这些站点形成的航空运输路线，称为航线。航线确定了飞机飞行的具体方向、起讫和经停地点，可分为国际航线、国内航线和地区航线三大类。

2. 世界主要航线

　　(1)西欧—北美间的北大西洋航空线。该航线主要连接巴黎、伦敦、法兰克福(德国)、纽约、芝加哥、蒙特利亚(加拿大)等航空枢纽。

　　(2)西欧—中东—远东航空线。该航线连接西欧各主要机场至香港、北京、东京等机场，途经雅典(希腊)、开罗(埃及)、德黑兰(伊朗)、卡拉奇(巴基斯坦)、新德里(印度)、曼谷(泰国)、新加坡等重要航空站。

　　(3)远东—北美间的北太平洋航线。这是北京、香港、东京等机场经北太平洋上空至北美西海岸的温哥华、西雅图(美国)、旧金山、洛杉矶等机场的航空线，可延伸至北美东海岸的机场。太平洋中部的火奴鲁鲁(檀香山)是该航线的主要中继加油站。

　　此外，还有北美—南美、西欧—南美、西欧—非洲、西欧—东南亚—澳新、远东—澳新、北美—澳新等重要国际航空线。

二、航空港

　　航空港是指位于航线上的、为保证航空运输和专业飞行作业用的机场及其有关建筑物和设施的总称，是空中交通网的基地。航空港由航空港飞行区、客货运服务区和机务维修区三部分组成。

1. 飞行区

　　飞行区是航空港面积最大的区域，设有指挥台、跑道、滑行道、停机坪、无线电导航系统等设施。

　　(1)跑道。跑道供飞机起落，是飞行区的主体，由道面、道肩、跑道端安全区和防吹坪等组成。跑道的长度是衡量飞行区能满足多重的飞机起降要求的关键参数。跑道的性能及相应的设施决定了起降飞机的能力,这种能力成为飞行区等级。对于跑道来说,飞行区等级的第一位数字表示所需的飞行场地长度,第二位字母表示相应飞机的最大翼展和最大轮距宽。

目前我国大部分开放机场飞行区等级均在4D以上,北京首都机场、上海虹桥、深圳宝安、重庆江北、成都双流、西安咸阳、乌鲁木齐等机场拥有目前最高飞行区等级4E。表3-6所示为机场等级。

表3-6 机场等级

第一位数字		第二位字母		
数字	跑道长度/m	字母	飞机翼展/m	飞机轮距/m
1	<800	A	<5	<4.5
2	800~1200	B	5~24	4.5~6
3	1200~1800	C	24~36	6~9
4	>1800	D	36~52	9~14
		E	52~60	9~14

(2)滑行道。滑行道是机场内供飞机滑行的规定通道。滑行道的主要功能是提供从跑道到候机楼区的通道,使已着陆的飞机迅速离开跑道,不与起飞滑跑的飞机相干扰,并尽量避免延误随即到来的飞机着陆。滑行道应有足够的宽度。由于滑行速度低于飞机在跑道上的速度,因此滑行道宽度比跑道宽度要小。

(3)停机坪。停机坪是陆地机场上供航空器停驻、客货邮件的上下、加油、维护工作所用的场地。

2.客货运服务区

客货运服务区是为旅客、货主提供地面服务的区域。其主体是候机楼,此外还有客机坪、停车场、进出港道路系统等。货运量较大的航空港还专门设有货运站。客机坪附近配有管线加油系统。

3.机务维修区

机务维修区是飞机维护修理和航空港正常工作所必需的各种机务设施的区域。区内建有维修厂、维修机库、维修机坪和供水、供电、供热、供冷、下水等设施,以及消防站、急救站、储油库、铁路专用线等。

三、航空器

航空器是指在大气层中飞行的飞行器,包括飞机、飞艇、气球及其他空气之反作用力得以飞行于大气中的器物。在生活中航空器一般主要指飞机。

1.飞机的分类

(1)根据运输对象不同,飞机可分为客机、货机和客货两用机。客机主要运送旅客,货机专门用于运送各类货物。

(2)根据飞机的航程长短,可以分为近程飞机、中程飞机和远程飞机。近程飞机的航程一般在1000 km以下,中程飞机的航程为3000~5000 km,远程飞机的航程在8000 km以上。

(3)根据发动机的类型,飞机可分为活塞式飞机、喷气式飞机和涡轮螺旋桨式飞机。

活塞式飞机是以活塞式航空发动机作为动力,通过螺旋桨产生推进力的飞机。由于活塞式发动机功率的限制和螺旋桨在高速飞行时效率的下降,活塞式飞机只适用于低速飞行。

喷气式飞机是一种使用喷气发动机作为推进力来源的飞机。喷气式飞机所使用的喷气发动机靠燃料燃烧时产生的气体向后高速喷射的反冲作用使飞机向前飞行,它可使飞机获得更大的推力,飞得更快。

涡轮螺旋桨式飞机是用涡轮螺旋桨发动机作为动力的飞机。其燃料消耗率低,适于中速(800~900 km/h)长距离飞行,旅客机、运输机、海岸巡逻机和反潜机大多为涡轮螺旋桨飞机。

2. 飞机的结构

大多数飞机由五个主要部分组成:机翼、机身、尾翼、起落装置和动力装置,如图3-39所示。

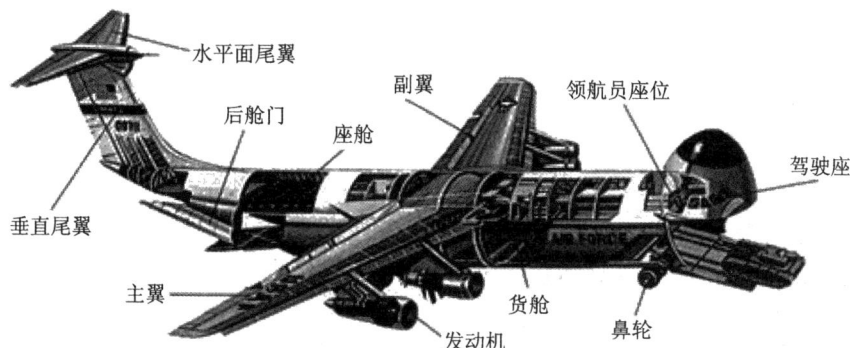

图3-39 飞机的基本结构

(1)机翼。机翼的主要功能是为飞机提供升力,以支持飞机在空中飞行,也起一定的稳定和操纵作用。在机翼上一般安装有副翼和襟翼。操纵副翼可使飞机滚转,放下襟翼能使机翼升力系数增大。另外,机翼上还可安装发动机、起落架和油箱等。机翼有各种形状,数目也各不相同。在航空技术不发达的早期,为了提供更大的升力,飞机以双翼机甚至多翼机为主,但现代飞机一般是单翼机。

(2)机身。机身的主要功用是装载乘员、旅客、武器、货物和各种设备,还可将飞机的其他部件如尾翼、机翼及发动机等连接成一个整体。

(3)尾翼。尾翼包括水平尾翼(平尾)和垂直尾翼(垂尾)。水平尾翼由固定的水平安定面和可动的升降舵组成,垂直尾翼则包括固定的垂直安定面和可动的方向舵。尾翼的主要功能是操纵飞机俯仰和偏转,以及保证飞机能平稳地飞行。

(4)起落装置。起落装置又称起落架,是用来支撑飞机并使它能在地面和其他水平面起落和停放。陆上飞机的起落装置一般由减震支柱和机轮组成,还有专供水上飞机起降的带有浮筒装置的起落架和雪地起飞用的滑橇式起落架。起落装置用于起飞与着陆滑跑、地面滑行和停放时支撑飞机。

(5)动力装置。动力装置主要用来产生拉力或推力,使飞机前进。另外,动力装置还可以为飞机上的用电设备提供电力,为空调设备等用气设备提供气源。

飞机除了上述五个主要部分之外,还装有各种仪表、通信设备、领航设备、安全设备和其他设备等。

飞机飞行原理

3. 飞机的基本参数

(1)机长。机长是指飞机机头最前端至飞机机尾翼最后端之间的距离。

（2）机高。机高是指飞机停放地面时，飞机尾翼最高点的离地距离。

（3）翼展。翼展是指飞机左右翼尖间的距离。翼展是确定飞机滑行路线、停放的位置和安全距离的重要指标。

（4）最大起飞重量。最大起飞重量是指飞机适航证上所规定的该机型在起飞时所许可的最大重量。

（5）最大着陆重量。最大着陆重量是指飞机在着陆时允许的最大重量，要考虑着陆时的冲击对起落架和飞机结构的影响。

四、航空集装箱运输设备

航空运输中的集装箱设备主要是指为提高飞机运输效率而采用的托盘、货网和集装箱等成组装载设备。

1. 航空集装运输的特点

（1）减少货物装运的时间，提高工作效率。

（2）以集装运输替代散件装机，减少地面等待时间。

（3）减少货物周转次数，提高完好率。

（4）减少差错事故，提高运输质量。

（5）节省货物的包装材料和费用。

（6）有利于组织联合运输和门到门服务。

2. 按种类划分的集装器

（1）集装板和网套。集装板是具有标准尺寸、四边带有卡锁轨或网带卡锁眼、中间带有夹层的硬铝合金制成的平板，以便货物在其上码放；网套用来把货物固定在集装板上，网套靠专门的卡锁装置来固定。

（2）集装棚。非结构的集装棚是一个非结构的棚罩（可用轻金属制成），罩在货物和网套之间。结构集装棚是指带有固定在底板上的外壳的集装设备，它形成了一个完整的箱，不需要网套固定，分为拱形和长方形两种。

（3）集装箱。集装箱类似于结构集装棚，如图 3-40 所示，它又可分为以下几种类型。

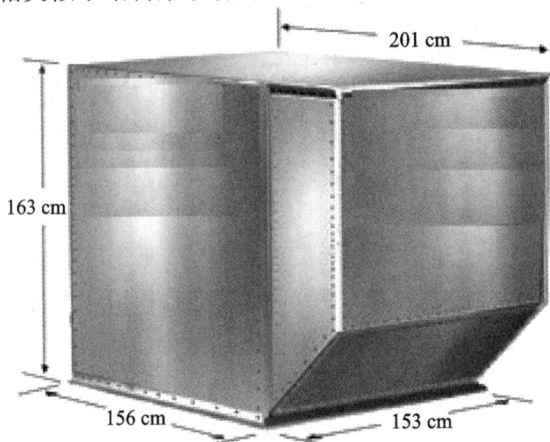

图 3-40　集装器

①空陆联运集装箱。它可分为长为 20 ft 或 40 ft、高和宽为 8 ft 等不同规格,其只能装于全货机或客机的主货舱,主要用于陆空、海空联运。

②主货舱集装箱。它只能用于全货机或客机的主货舱,高度是 163 cm。

③下货舱集装箱。它只能装于宽体飞机的下货舱。此外,还有一些特殊用途的集装箱,例如:保温箱,它可分为密闭保温箱和动力控制保温箱两种;运载活体动物和特种货物的专用集装箱,如马厩、牛栏、汽车运输设备。

3. 集装货物的基本原则

(1)检查所有待装货物,设计货物组装方案。

(2)一般情况下,大货、重装货在集装板上;体积较小、重量较轻的货物装在集装箱内。组装时,体积或重量较大的货物放在下面,并尽量向集装器中央集中码放;小件和轻货放在中间;危险物品或形状特异可能危害飞机安全的货物,应将其固定,可用填充物将集装器塞满或使用绳、带捆绑。合理码放货物,做到大不压小、重不压轻、木箱或铁箱不压纸箱。同一卸机站的货物应装在同一集装器上,一票货物应尽可能集中装在一个集装器上,避免分散装在集装器。

(3)在集装箱内的货物应码放紧凑,间隙越小越好。

(4)如果集装箱内没有装满货物,即所装货物的体积不超过集装箱容积的三分之二,且单件货物重量超过 150 kg 时,就要对货物进行捆绑固定,如图 3-41 所示。

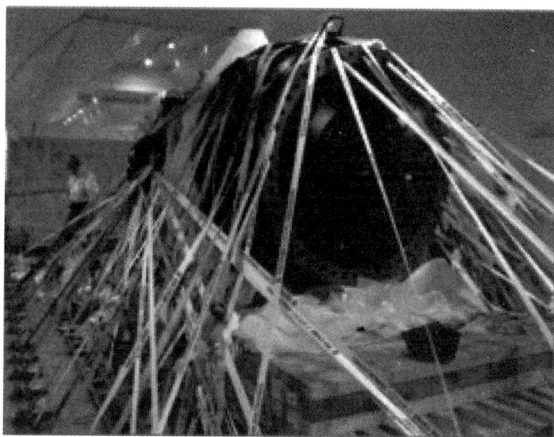

图 3-41 货物的捆绑固定

(5)特别重的货物放在下层,底部为金属的货物或底部面积较小、重量较大的货物必须使用垫板。

(6)装在集装板上的货物要码放整齐,上下层货物之间要相互交错,骑缝码放,避免货物与货物坍塌、滑落。

任务五 管道运输设施设备

管道运输是用管道作为运输工具的一种长距离输送液体和气体物资的运输方式。与其他运输方式相比,其主要区别在于驱动流体的输送工具是静止不动的。管道运输主要用于输送原油、成品油、天然气、固体料浆等大宗流体货物,输送的介质不同,所需要的设施与设备也有所不同。

一、输油管道设施

输油管道(也称管线、管路)是由油管及其附件所组成的,按照工艺流程的需要配备相应的油泵机组,设计安装而成的一个完整的管道系统,用以完成油料接卸及输转任务,如图 3-42 所示。

图 3-42　输油管道

1. 输油管道布置

常见的输油管道布置有三种,即单管系统、双管系统、独立管道系统。为了减少阻力,输油管道的敷设一般都尽量采取直线敷设,其方法有地上、管沟和地下三种。在油库围墙以内的管道,都应在地上敷设;原已埋在地下的管道或已敷设在管沟里的管道,要结合油库的技术改造,亦应尽可能地逐步地改为地上敷设;围墙以外的输油管道,为了不妨碍交通和占用农田,一般都把管道经过防腐处理后直接埋在地下,深度为 0.5~0.8 m。

"西伯利亚力量"管道

2. 输油管道的分类

(1)按距离分,输油管道可分为企业内部的输油管道和长距离输油管道。

企业内部输油管道主要是指油田内部连接油井与计量站、联合站的集输管道,炼油厂及油库内部的管道等,其长度一般较短,不是独立的经营系统。

长距离输油管道是长距离输送原油或成品油的管道。输送距离可达数百、数千公里,单管年输油量在数百万吨到数千万吨之间,个别有达 1 亿吨的,管径多在 200 mm 以上,当今最大的管径为 1220 mm。其起点与终点分别与油田、炼油厂等其他石油企业相连。由输油站(包括首站、末站、中间泵站及加热站等)和管道线路两大部分组成。后者包括干线管道部分,以及经过河流、峡谷、海底等自然障碍时的穿跨越工程,为防止管道腐蚀而设的阴极保护系统,为巡线、维修而建的沿线简易公路和线路截断阀室。输油企业大多还有一套联系全线的独立的通信系统,包括通信线路和中继站。

(2)按油品分,输油管道可分为原油输油管道和成品油输油管道。

原油管道主要是指输送原油产品的管道,它和成品油管道是有区别的。当今在我国运行的主要原油输油管道是中俄原油输油管道和中亚原油输油管道。

成品油输油管道是长距离输送成品油的管道,当今在我国有多条成品油输油管道已经在运营中或在建中,主要有兰成渝成品油输送管道、兰郑长成品油输送管道以及港枣成品油输送管道等。

二、浆体管道设施

浆体管道输送是将颗粒状的固体物质与液体输送介质混合,在管道中采用泵送的方式运输,并在目的地将其分离出来。

1. 浆体制备系统

浆体制备系统的作用是制备适宜于浆体管道输送系统的浆体。主要制浆系统包括破碎、磨矿、筛分、浓缩、储浆、pH酸碱度调整、除氧、监测等设备。

2. 中间输送系统

中间输送系统主要是泵站和输送管道,其作用是将合格的浆体输送到目的地。浆体输送系统包括喂料泵、主泵、阀门、输送管道、管道清洗水设施、清管器的投加与回收设施、管道消能减压设施、中间储浆和浓缩设施、数据传输和监控设施、管道阴极保护设施等。

3. 后期处理系统

浆体到达输送终点后通过一定的工序进行脱水,脱水后的物料可以直接使用或储存,污水经处理后可作为工业用水或循环使用。

三、天然气管道设施

天然气管道是将天然气(包括油田生产的伴生气)从开采地或处理厂输送到城市配气中心或工业企业用户的管道,又称输气管道。利用天然气管道输送天然气,是陆地上大量输送天然气的唯一方式。在世界管道总长中,天然气管道约占一半。

1. 天然气管道输送系统

天然气管道输送系统由管道输气站和线路系统两部分组成。

(1)管道输气站。管道输气站按其功能可分为压气站、调压计量站和储气库三种。压气站是以压力能的形式给天然气提供输送动力的作业站;调压计量站是调节天然气输送压力和测量天然气流量的作业站,其一般设置在输气管道的分输处和末站;储气库是为实现均衡输气、提高输气管道利用率和保证安全供气而建立的作业站。

(2)线路系统。线路系统包括管道、沿线阀室、穿跨越建筑物、阴极保护站、管道通信系统、调度和自动监控系统等。

2. 输气管道的分类

输气管道可按其用途分为集气管道、输气管道、配气管道三种。

(1)集气管道。集气管道是从气田井口装置经集气站到气体处理厂或起点压气站的管道,主要用于收集从地层中开采出来的未经处理的天然气。由于气井压力很高,一般集气管道压力约在$0.02\sim0.04$ Pa,管径为$50\sim150$ mm。

(2)输气管道。输气管道是从气源的气体处理厂或起点压气站到各大城市的配气中心、大型用户或储气库的管道,以及气源之间相互连通的管道,主要输送经过处理符合管道输送质量标准的天然气,是整个输气系统的主体部分。

输气管道是由单根管子逐根连接组装起来的。现代的集气管道和输气管道是由钢管经电焊连接而成的。钢管有无缝管、螺旋缝管、直缝管多种,无缝管适用于管径为 529 mm 以下的管道,螺旋缝管和直缝管适用于大口径管道。

(3)配气管道。配气管道是从城市调压计量站到用户支线的管道,其压力低,分支多,管网稠密,管径小,除大量使用钢管外,低压配气管道也可用塑料管或其他材质的管道。

理论测评

一、选择题

1. 公路运输设施与设备主要包括哪些?(　　)

A. 公路线路　　　　B. 汽车货运站　　　　C. 仓库　　　　D. 载货汽车

2. 根据交通量及其使用任务、性质分级,公路可划分为(　　)。

A. 一级公路　　　　B. 二级公路　　　　C. 三级公路　　　D. 四级公路　　　E. 高速公路

3. 公路按其使用性质可分为哪些?(　　)

A. 国道　　　　B. 省道　　　　C. 县道　　　　D. 乡道　　　　E. 专用道路

4. 汽车总体来说由哪些构造组成?(　　)

A. 发动机　　　　B. 底盘　　　　C. 车身　　　　D. 电气设备

5. G319 国道是什么方向的道路?(　　)

A. 东西　　　　B. 以北京为中心的走向　　C. 南北

6. 汽车货运站的类型分为哪几种?(　　)

A. 整车货运站　　　　B. 零担货运站　　　　C. 集装箱货运站

7. 铁路信号的颜色中,绿色代表什么意思?(　　)

A. 停车　　　　B. 注意或减速运行　　　C. 按规定速度行驶　　　D. 行驶

8. 大批量的矿石适合用什么列车运?(　　)

A. 敞车　　　　B. 棚车　　　　C. 平车　　　　D. 罐车

9. 铁路列车中的平车用哪个字母表示?(　　)

A. C　　　　B. P　　　　C. N　　　　D. G

10. 铁路车辆一般由哪几部分构造组成?(　　)

A. 车体机车底架　　B. 车钩缓冲装置　　C. 行走部　　　D. 制动装置　　　E. 内部设备

11. 按车站的技术作业划分,车站可分为(　　)。

A. 中间站　　　　B. 区段站　　　　C. 编组站　　　　D. 客运站

12. 铁路运输设施与设备包括(　　)。

A. 铁路线路　　　　B. 铁路车站　　　　C. 铁路机车　　　D. 铁路车辆

13. 水路运输设施与设备主要包括哪些?(　　)

A. 航道与航线　　　B. 航标　　　　C. 港口　　　　D. 船舶

14. 港口由哪两些部分组成?(　　)

A. 水域　　　　B. 陆域　　　　C. 航道　　　　D. 航线

15. 按航道所处地域划分,其分类有哪些?(　　)

A. 海上航道　　　B. 内河航道　　　C. 湖泊航道　　　D. 人工航道

16. 巴西的 10 万吨牛肉运至中国用什么货船?(　　)

A. 干散货船　　　B. 杂货船　　　　　C. 冷藏船　　　D. 油轮　　　E. 滚装船

17. 船舶是由许多部分构成的,按各部分的作用和用途,可综合归纳为哪些部分?（　　）

A. 船体　　　　　B. 船舶动力装置　　　C. 船舶电气　　D. 甲板

18. 运粮食、煤炭,最适宜使用（　　）。

A. 干散货船　　　B. 杂货船　　　　　C. 冷藏船　　　D. 油轮　　　E. 滚装船

19. 以下属于人工航道的是（　　）。

A. 京杭大运河　　B. 苏伊士运河　　　C. 巴拿马运河　D. 马六甲海峡

20. 香港属于什么港?（　　）

A. 国际贸易港　　B. 国内贸易港　　　C. 自由港

21. 航空港由哪些部分组成?（　　）

A. 航空港飞行区　B. 客货运服务区　　C. 机务维修区

22. 根据飞机的运输对象不同,其分类有哪些?（　　）

A. 客机　　　　　B. 货机　　　　　　C. 客货两用机

23. 根据飞机的航程长短不同,其分类有哪些?（　　）

A. 近程飞机　　　B. 中程飞机　　　　C. 远程飞机　D. 国际航班

24. 飞机的结构由哪几部分组成?（　　）

A. 机翼　　　　　B. 机身　　　　　　C. 尾翼　　　D. 起落装置　　E. 动力装置

25. 按照飞机飞行的起讫点,航线可分为（　　）。

A. 国际航线　　　B. 国内航线　　　　C. 地区航线　D. 省区航线

26. 根据发动机的类型飞机可分为（　　）。

A. 活塞式飞机　　B. 螺旋桨式飞机　　C. 喷气式飞机

27. 航空运输中的集装箱设备主要是指为提高飞机运输效率而采用的（　　）。

A. 托盘　　　　　B. 货网　　　　　　C. 集装箱

28. 输气管道可按其用途分为哪些类型?（　　）

A. 集气管道　　　B. 输气管道　　　　C. 配气管道

29. 以下选项中,适用于管道运输的有（　　）。

A. 木材　　　　　B. 钢铁　　　　　　C. 天然气　　D. 煤浆

30. 管道运输主要用于输送（　　）等大宗流体货物。

A. 原油、成品油　B. 天然气　　　　　C. 固体料浆

二、简答题

1. 简述汽车货运站选址须遵循的原则。

2. 简述公路货运站的功能。

3. 简述公路的分类及编号规则。

4. 简述铁路运输设施设备的组成。

5. 简述区段站的作业内容。

6. 简述航道的航行条件。

7. 简述港口陆域的组成。

8. 简述航空港的组成。

9. 输油站按其所在位置可分为哪些类型?

10.简述输气管道运输过程及其相关设施设备。

✎ 任务工单

为某货物选择运输方式及工具

工作任务	选定某一货物,拟订运输的出发地、目的地,运输以及相应的运输条件(运达时间、货运量等),综合考虑,为其选择适合的运输方式、运输设备,并说明理由。以团队形式完成,分工要明确,要具体到个人		
教学模式	任务驱动	教学地点	计算机房
任务目标	能够根据货物的特点以及运输的条件选用合适的运输设备		
设备器材	30~40 台计算机、草稿纸		

任务分析思路

1.根据货物的运输条件(重点考虑运量、运达时间等要求)选用合适的运输方式,并进行评价

2.根据货物的特点(重点考虑运输成本,装卸搬运的便利性等)选用运输设备

3.形成任务实施报告,以 Word 和 PPT 的形式提交

评价内容		配分	考核点	备注
作业 (90 分)	内容正确,逻辑清晰	60	能根据货物特点、运输条件正确选取运输方式及运输设备	
	格式正确无语病	30	Word 内容格式正确,无语病,PPT 简洁美观	
职业素养 (10 分)		10	整齐摆放操作工具及凳子,工作台面整洁	工作场地脏、乱、差;严重违反考场纪律,造成恶劣影响的,本大项记0分

项目四　物流装卸搬运设备

任务引入

云南烟草烟叶公司在云南省有最大的云烟原料加工基地,在烟草行业新的机遇与挑战面前,该公司为了降低物流成本、实现物流系统管理思路,改进了烟草基地现有的生产物流系统,主要采取的措施包括以下几个方面。

1.取消或合并装卸搬运环节,降低次数

公司在生产物流系统设计中研究了各项装卸搬运作业的必要性,千方百计地取消、合并装卸搬运环节,降低装卸搬运次数。

2.优化生产物流作业中的集散点

公司在安排存储保管物流系统的卸载点和装载点时尽量集中。在货场内部,同一等级、产地的烟叶尽可能集中在同一区域进行物流作业,如建立专业货区、专业卸载平台等。

3.对烟笼、托盘等物流载体进行技术改造,并充分利用机械作业

公司在烟笼原结构基础上加装"斜三角支撑",堆码高度由原来的三层增加到四层,并实现了烟叶物流的"托架一体化运输",有效地降低了烟叶的"综合碎耗"和生产成本。在实施物流系统作业的过程中充分利用和发挥机械作业,如叉车、平板货车等,增大操作单元,提高作业效率和生产物流"活性",实现物流作业标准化。

4.提高生产物流的快速反应能力

公司通过烟叶数据库的建设,促进网络信息的发展,将物流的各个环节连成整体,按照统一的生产计划,准时地实现烟叶物资的流动。

通过物流体系管理的建立,烟草基地逐渐加强了现场管理,减少了生产工艺流程,引进了不少新的装卸搬运设备等,从而降低了烟叶的综合损耗以及物流成本。

思考:装卸搬运活动在物流中有什么意义?各类装卸搬运设备的特点有哪些?其适用范围又是什么?

任务目标

一、知识目标

1.了解装卸搬运设备的概念、分类和特点;

2.了解起重机械的概念、工作特点、组成,熟悉起重机的分类和适用范围,了解起重机的安全操作;

3.了解输送设备的特点、分类,掌握常见输送设备的特点及适用范围;

4.掌握叉车的概念、分类、特点、主要参数和操作方法;

5.了解手推车、搬运车和牵引车的特点。

二、能力目标

1.能够根据具体的物流任务，选择合适的装卸搬运设备；

2.能够根据物流情况为叉车进行初步选型；

3.能够正确操作地牛、叉车等设备。

任务一　物流搬运设备概述

装卸搬运是物流系统的重要环节,其基本功能是改变物品的存放状态和空间位置。在物流作业中装卸与搬运可分为三种作业活动,货物在发运地要装上各类运输设备,称为"装上";货物到达接收地要卸下各类运输设备,称为"卸下";通常把物品在指定地点以人力或机械装上运输设备或卸下运输设备统称为"装卸",它一般是以垂直位移为主的实物运动形式。装卸作业要讲求合理化,装卸合理化的主要目标是:节省时间,节约劳动力和装卸费。货物在装卸过程中有时需进行短距离的移动,这种在同一场所内对物品进行以水平移动为主的物流作业称为"搬运"。货物的装卸和搬运是运输和仓储的必要环节。

装卸搬运设备是指用来搬移、升降、装卸和短距离输送货物或物料的机械。它是物流系统中使用频率最大、数量最多的一类机械设备,是物流机械的重要组成部分。它不仅用于船舶与车辆货物的装卸,还用于库场货物的堆码、拆垛、运输以及舱内、车内、库内货物的输送和搬运。

在物流系统中,装卸搬运作业的工作量和所花费的时间、消耗的人力物力占有很大的比重。为此,必须合理地配备和选择装卸搬运设备。

一、装卸搬运设备的作用

大力推广和应用装卸搬运设备,不断更新装卸搬运设备,实现现代化管理,对于加快现代化物流发展、促进国民经济发展,均有着十分重要的作用。

1.改善劳动条件,提高装卸效率

广泛运用装卸搬运机械设备,可节约劳动力,减轻装卸工人的劳动强度,提高装卸搬运效率。

2.缩短作业时间

运用装卸搬运机械设备,可加速车辆周转,加快货物的送达和发出。

3.提高装卸质量,保证货物的完整和运输安全

对于大型货物的装卸特别是长大笨重货物的装卸,依靠人力是难以完成的,同时也保证不了装卸质量,容易发生货物损坏或偏载,危及行车安全。采用机械作业可避免这种情况的发生。

4.降低装卸搬运作业成本

装卸搬运机械设备的运用,势必会提高装卸搬运作业效率,效率提高使每吨货物平摊到的作业费用相应减少,从而使作业成本降低。

5.充分利用货位,加速货位周转,减少货物堆码的场地面积

采用机械作业,堆码高度大,装卸搬运速度快,可以及时腾空货位,减少场地占用面积。

随着现代物流的不断发展,装卸搬运机械将会得到更为广泛的应用。发展多类型的专用装卸搬运机械来适应货物的装卸搬运作业要求是今后装卸搬运机械的发展趋势。

二、装卸搬运设备的分类

装卸搬运机械设备所装卸搬运的货物,其种类非常多,来源也很广泛,外形和特点各不相同,如箱类货物、袋装货物、桶装货物、散装货物、易燃易爆货物及剧毒货物等。为了适应各种类型货物的装卸搬运和满足装卸搬运过程中各个不同环节的不同要求,各种装卸搬运机械设备应运而生。目前,装卸搬运机械设备的机型和种类已达数千种,而且各国仍在不断地研制新机型和新机种。

装卸搬运设备的种类很多,分类方法也很多,为了运用和管理的方便,可按以下方法进行分类。

(一)按主要用途和结构特征分类

按主要用途和结构特征分类,装卸搬运设备可分为起重机械、输送机械、装卸搬运车辆、专用装卸搬运机械。其中专用装卸搬运机械是指带有专用取物装置的装卸搬运机械,如托盘专用装卸搬运机械、集装箱专用装卸搬运机械、船舶专用装卸搬运机械、分拣专用机械等。

(二)按作业性质分类

按作业性质分类,装卸搬运设备可分为装卸机械、搬运机械、装卸搬运机械。前两种机械结构简单,专业作业能力强,作业效率高,作业成本低,但作业前后需要烦琐的衔接,会降低整个系统的效率。第三种机械兼有装卸、搬运两种功能,可将两种作业合二为一。常见的装卸机械有手动葫芦、固定式起重机等,常见的搬运机械有各种搬运车、带式运输机等,常见的装卸搬运机械有叉车、龙门起重机等。

(三)按装卸搬运货物的种类分类

按装卸搬运货物的种类分类,装卸搬运设备可分为四大类:长大笨重的装卸搬运机械、散装货物的装卸搬运机械、成件包装货物的装卸搬运机械、集装箱货物的装卸搬运机械。

1. 长大笨重货物的装卸搬运机械

长大笨重货物如大型机电设备、各种钢材、原木等具有长大、重及结构、形状复杂的特点。这类货物的装卸搬运机械作业通常采用轨行式起重机和自行式起重机两种,轨行式起重机有龙门起重机、桥式起重机、轨道起重机等;自行式起重机有汽车起重机、轮胎起重机和履带起重机等。在长大笨重货物运量较大并且货流稳定的货场、仓库,一般配备轨行式起重机;在运量不大或作业地点经常变化时,一般配备自行式起重机。

2. 散装货物的装卸搬运机械

散装货物如煤、焦炭、沙子、矿石等一般采用抓斗起重机、装卸机、链斗装车机和输送机等进行机械装车;机械卸车主要用链斗式卸车机、螺旋式卸车机和抓斗起重机等;散装货物搬运主要用连续输送机。

3. 成件包装货物的装卸搬运机械

成件包装货物如日用百货、五金器材等一般采用叉车,并配以托盘进行装卸搬运作业,还可以使用牵引车和挂车、带式输送机等解决成件包装货物的搬运问题。

4.集装箱货物的装卸搬运机械

集装箱装卸搬运设备主要包括集装箱正面调运机、集装箱叉车、集装箱跨运车、集装箱牵引车、岸边集装箱起重机、集装箱搬运车等,它在港口等地方起到了重要作用。

任务二 起重机械认知与操作

起重机械是吊运或顶举重物的物料搬运机械,是一种间歇工作、提升重物的机械。多数起重机械在吊具取料之后即开始垂直或垂直兼有水平的工作行程,到达目的地后卸载,放空后再行驶到取料地点,完成一个工作循环,然后再进行第二次吊运。一般来说,起重机械工作时,取料、运移和卸载是依次进行的,各相应机构的工作是间歇性的。起重机械主要用于搬运成件物品,配备抓斗后可搬运煤炭、矿石、粮食之类的散状物料,配备盛桶后可吊运钢水等液态物料。

在一个现代化的港口,年货物吞吐量在几千万吨以上,这些货物要靠各类起重设备进行装卸转运;在机械加工厂中,大量的原料、半成品与成品都要依靠各类起重机进行装卸和搬运。所以说,起重设备是机械化作业的重要物质基础,是企业的主要生产力之一。

一、起重机械分类

起重机械按其功能和运动方式可分为四类。

(一)轻小型起重设备

轻小型起重设备包括千斤顶、滑车、起重葫芦、卷扬机、绞车等。其特点是轻便、构造紧凑、动作简单,作业范围投影以点、线为主。

(二)桥式类起重机

普通桥式起重机一般由起重小车、桥架运行机构、桥架金属结构组成。可在整个长方形场地及上空作业,适用于车间、仓库、露天堆场等场所。桥式类起重机包括悬挂梁式起重机、通用桥式起重机、龙门起重机(分为轨道龙门起重机和轮胎龙门起重机)、装卸桥(分为抓斗装卸桥、集装箱装卸桥和多用途装卸桥)和缆索起重机。

全球起重量最大的路带起重机

(三)臂架型起重机

臂架型起重机配有起升机构、旋转机构、变幅机构和运行机构,液压起重机还配有伸缩臂机构。依靠这些机构的配合动作,可在圆柱形场地及上空作业。臂架式起重机可装在车辆上或其他运输(移动)工具上,构成运行臂架式起重机,这种起重机具有良好的机动性,适用于码头、货场、工场等场所。臂架类起重机包括固定式回转起重机、塔式起重机、汽车起重机、轮胎起重机、履带起重机、门座起重机、浮式起重机、轮胎式集装箱起重机等。

(四)缆索类起重机

缆索类起重机是以柔性钢索为大跨距架空承载结构,供悬吊重物的载重小车在承载索上往返运行,其具有垂直和水平运输功能,用于较大空间范围内的运输作业,对货物进行起重、运输作业。

二、起重机械的组成

尽管各类起重机外观形式千差万别,但其组成都有共同点,即各类起重机主要由驱动装置、金属结构、工作机构、取物装置和控制系统五部分组成。

(一)驱动装置

驱动装置是用来驱动工作机构的动力设备。常见的驱动装置有电力驱动、内燃机驱动和人力驱动等。电力驱动是现代起重设备的主要驱动方式,几乎所有的在有限范围内运动的有轨起重机、升降机、电梯等都采用电力驱动;对于可以远距离移动的流动式起重机(汽车起重机、轮胎起重机和履带起重机),多采用内燃机驱动;人力驱动适用于一些轻型起重设备,也用作某些设备的辅助、备用驱动和意外(或事故状态)的临时动力。

(二)金属结构

金属结构是以金属材料轧制的型钢(如角钢、槽钢、工字钢、钢管等)和钢板作为基本构件,通过焊接、铆接、螺栓连接等方法,按一定的组成规则连接,承受起重机的自重和载荷的钢结构。金属结构的重量约占整机重量的 $40\%\sim70\%$,是整台起重机的骨架,它将起重机的机械、电气设备连接组合成一个有机的整体,承受和传递作用在起重机上的各种载荷并形成一定的作业空间,以便将起吊的重物顺利搬运到指定地点。

(三)工作机构

能使起重机发生某种动作的传动系统,统称为起重机的机构。因起重运输作业的需要,起重机要做升降、移动、旋转、变幅、爬升及伸缩等动作,而这些动作必然要由相应的机构来完成。

起重机最基本的机构,是人们早已公认的四大基本机构——起升机构、运行机构、旋转机构(又称为回转机构)和变幅机构。除此之外,还有塔式起重机的塔身爬升机构和汽车、轮胎等起重机专用的支腿伸缩机构。

(四)控制系统

起重机的控制系统包括操纵装置和安全装置。驱动装置是解决起重机做功所需要的能源,而控制系统则解决各机构怎样运动的问题。控制装置能改善起重机的运动特性,实现各机构的起动、调速、转向、制动和停止,保证起重机安全作业。常见的起重机安全防护装置有各种类型的限位器、缓冲器、防碰撞装置、防偏斜和偏斜指示装置、夹轨器和锚定装置、超载限制器和力矩限制器等。

三、起重机械的主要参数

起重机的技术参数是表征起重机的作业能力,是设计起重机的基本依据,也是所有从事起重作业人员必须掌握的基本知识。

起重机的基本技术参数主要有起重量、起升高度、跨度(属于桥式类型起重机)、幅度(属于臂架式起重机)、机构工作速度、利用等级、载荷状态和工作级别等。其中臂架式起重机的主要技术参数还包括起重力矩等,轮胎、汽车、履带、铁路起重机的爬坡度和最小转弯半径也是其主要技术参数。

(一)起重量(G)

起重量是指被起升重物的质量。一般分为有效起重量、额定起重量、总起重量、最大起重量等,单位为千克(kg)或吨(t)。

（二）起升高度(H)

起升高度是指起重机水平停车面至吊具允许最高位置的垂直距离。对于吊钩和货叉,要算至它们的支承表面;对于其他吊具,要算至它们的最低点(闭合状态),单位为米(m)。对桥式起重机,应空载置于水平场地上方,从地面开始测定其起升高度。

（三）跨度(S)

跨度是指桥架型起重机支承中心线之间的水平距离,单位为米(m)。

（四）幅度(L)

幅度是指起重机置于水平场地时,空载吊具垂直中心线至回转中心线之间的水平距离,单位为米(m)。

(1)最大幅度 L_{max}。它是指起重机工作时,臂架倾角最小或小车在臂架最外极限位置时的幅度。

(2)最小幅度 L_{min}。它是指臂架倾角最大或小车在臂架最内极限位置时的幅度。

（五）工作速度(V)

工作速度包括起升速度、运行速度、变幅速度和旋转速度等。

(1)起升(下降)速度(V_n)是指在稳定运动状态下,额定载荷的垂直位移速度,单位为 m/min。

(2)运行速度包括大车运行速度(V_k)和小车运行速度(V_t),单位为 m/min。前者是指起重机在水平路面或轨道上带额定载荷的运行速度;后者是指在稳定运动状态下,小车在水平轨道上带额定载荷的运行速度。

(3)变幅速度(V_r)是指在稳定运动状态下,在变幅平面内吊挂最小额定载荷,从最大幅度至最小幅度的水平位移平均线速度,单位为 m/min。

(4)旋转速度(w)是指在稳定运动状态下,起重机绕其旋转中心的旋转速度,单位为 r/min。

（六）利用等级(U)

起重机在有效寿命期间有一定的工作循环总数,单位为次数。起重机作业的工作循环是从准备起吊物品开始,到下一次起吊物品为止的整个作业过程。工作循环总数表征起重机的利用程度,它是起重机分级的基本参数之一。工作循环总数是起重机在规定使用寿命期间所有工作循环次数的总和。

确定适当的使用寿命时,要考虑经济、技术和环境因素,同时也要涉及设备老化的影响。工作循环总数与起重机的使用频率有关。为了方便起见,工作循环总数在其可能范围内,分成10个利用等级($U_0 \sim U_9$),如表4-1所示。

表 4-1　利用等级

利用等级	总的工作循环次数 N	附　　注
U_0	1.6×10^4	
U_1	3.2×10^4	不经常使用
U_2	6.3×10^4	
U_3	1.25×10^5	

续表 4 - 1

利用等级	总的工作循环次数 N	附　注
U_4	2.5×10^5	经常轻闲地使用
U_5	5×10^5	经常中等地使用
U_6	1×10^6	不经常繁忙地使用
U_7	2×10^6	繁忙地使用
U_8	4×10^6	
U_9	$> 4 \times 10^6$	

(七)载荷状态(Q)

载荷状态是起重机分级的另一个基本参数,它表明起重机的主要机构——起升机构受载的轻重程度。表 4 - 2 列出了起重机载荷状态。

表 4 - 2　载荷状态

载荷状态	名义载荷谱系数 K_P	说明
Q_1-轻	0.125	很少起升额定载荷,一般起升轻微载荷
Q_2-中	0.25	有时起升额定载荷,一般起升中等载荷
Q_3-重	0.5	经常起升额定载荷,一般起升较重载荷
Q_4-特重	1.0	频繁起升额定载荷

(八)工作级别(A)

起重机的工作级别,是反映起重机繁忙程度和载荷轻重程度的参数,是考虑起重量和时间利用程度以及工作循环次数的工作特性。为了使起重机具有先进的技术经济指标,保证其安可靠、经久耐用,在设计和选用起重机时必须考虑工作级别。随着起重机技术的发展,工作级别已成为起重机一项重要的技术参数。起重机的工作级别用符号 A 表示,其工作级别分为 8 级,即 A1—A8 级,如表 4 - 3 所示。

表 4 - 3　工作级别

载荷状态	名义载荷谱系数 K_P	利用等级									
		U_0	U_1	U_2	U_3	U_4	U_5	U_6	U_7	U_8	U_9
Q_1-轻	0.125			A1	A2	A3	A4	A5	A6	A7	A8
Q_2-中	0.25		A1	A2	A3	A4	A5	A6	A7	A8	
Q_3-重	0.5	A1	A2	A3	A4	A5	A6	A7	A8		
Q_4-特重	1.0	A2	A3	A4	A5	A6	A7	A8			

起重机工作级别与安全有着十分密切的关系,起重机工作级别与起重机的起重量是两个不同的概念,两者不能混为一谈。起重量是指一次起升货物的最大质量,工作级别是起重机综合工作的特性参数。起重量大,工作级别未必高;起重量小,工作级别未必低。即使起重量相同的两台同类型起重机,只要工作级别不同,零件、部件和构件采用的安全系数就可能不相同,型号、尺寸和规格也不相同。如果仅看起重吨位而忽略工作级别,把工作级别轻的起重机频

繁、满负荷使用,就会加速易损零部件报废,使故障频发,甚至引起事故,影响安全。

四、常见起重设备

(一)轻小型起重设备

轻小型起重设备包括千斤顶、滑车、手动葫芦、电动葫芦、气动葫芦、液动葫芦和卷扬机等。其特点是机构紧凑、自重轻、操作方便。

1. 千斤顶

千斤顶又称举重器,是由高压油或机械传动使刚性承重件在小行程内顶举或提升重物的起重工具(见图4-1),包括螺旋千斤顶、爪式千斤顶、卧式千斤顶、分离式千斤顶、油压千斤顶等。千斤顶是按液压原理工作的,其特点是结构紧凑、体积小、重量轻、携带方便。千斤顶只需用较小的外力就能顶住较重的物体,并可找正设备安装的偏差和构件的变形等。千斤顶主要应用于

图4-1 千斤顶

厂矿、工地、车辆修理厂及其他起重、支撑等工作场合,被广泛应用于载重车辆或移动设备上,用来支承设备自重、调整设备水平,如用作汽车、拖拉机等的随车工具。

2. 手动葫芦

手动葫芦是一种使用简单、携带方便的手动起重设备,如图4-2所示。手动葫芦的起重装置为一个带逆向刹车的减速器和链条滑轮组的组合。其起重量一般不超过10 t,具有结构紧、手拉力小等特点,适用于小型设备和货物的短距离吊运。

3. 电动葫芦

电动葫芦简称电葫芦,如图4-3所示。电动葫芦由电动机、传动机构和卷筒或链轮组成,多安装于天车、龙门吊之上,具有体积小、自重轻、操作简单、使用方便等特点。其起重量一般为0.1~80 t,起升高度为3~30 m,多用于工矿企业、仓储码头等场所。

图4-2 手动葫芦

图4-3 电动葫芦

4. 卷扬机

卷扬机又称绞车,是由人力或机械动力驱动卷筒、卷绕绳索来完成牵引工作的装置,可以垂直提升、水平或倾斜拽引重物,如图4-4所示。卷扬机分为手动卷扬机和电动卷扬机两种,以电动卷扬机为主。电动卷扬机由电动机、联轴节、制动器、齿轮箱和卷筒组共同安装在机架上。

图4-4 卷扬机

(二)通用桥式起重机的应用

1. 桥式起重机的应用场合

桥式起重机是横架于车间、仓库及露天堆场的上方,用来吊运各种货物的机械设备,通常称为"桥吊""天车"或"行车"。如图4-5所示,它放置在固定的两排钢筋混凝土栈桥上,可沿栈桥上的轨道做纵向运移,起重小车可在桥架上的小车轨道上做横向移动。这样,吊钩、抓斗就可以在一个长方体(起升高度×跨度×走行线长度)的空间内的任意位置上做升降、搬运物件的运动。

桥式起重机起重量大、速度快、作业面辐射大,效率高、通用化程度高,广泛用于车间、仓库、货场,用来装卸搬运货物。由于桥式起重机须在装卸作业场地修建桥墩,建造费用较高,作业不够方便,加上其只能在跨度范围内布置货位,货位面积较小。

图4-5 桥式起重机

2. 桥式起重机的分类

桥式起重机的类别很多,按桥架结构不同可分为单梁桥式起重机和双梁桥式起重机两种。单梁桥式起重机主梁多采用"工"字型钢或型钢与钢板的组合截面,其主梁强度和刚度较小。起重小车通常采用葫芦,通常起重量在 10 t 以下,跨度为 5～15 m。双梁桥式起重机通常由起升机构、大车运行机构、小车运行机构、桥与小车架等组成,其应用范围广,技术参数的变动范围也较大,因此在构造上亦有多种形式。按用途和取物装置分类,桥式起重机常分为吊钩桥式起重机、抓斗桥式起重机、电磁桥式起重机、桥式两用起重机、桥式三用起重机等。

3. 桥式起重机的结构

桥式起重机由桥架、大车运行机构、起重小车和驾驶室组成,如图 4-6 所示。依靠这些机构的配合动作,可以使重物在一定的立体空间内起升和搬运。

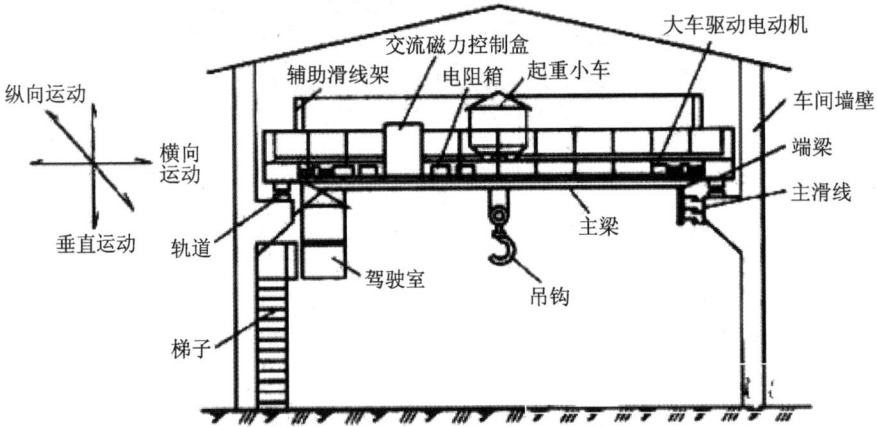

图 4-6 桥式起重机的结构

(1)桥架是整个起重机的基础构件,承受各种载荷,应具有足够的刚度和强度。

(2)大车运行机构为驱动车轮提供驱动力,使整个起重机沿着固定的轨道实现水平方向的运行。

(3)起重小车安装于桥架上,由起升机构、小车运行机构和起重小车架组成。起升机构用来实现货物的升降;小车运行机构用于驱动起重小车沿桥架上的轨道水平横向运行;起重小车架用来支撑整个小车,承受载荷。

(4)驾驶室是驾驶员工作的场所,设有控制设备(大车、小车、吊钩等控制器)、信号装置和照明装置。

4. 桥式起重机的特点

(1)与其他类型起重机相比,桥式起重机本身无支腿,稳定性较好。工作速度稍高些,单机生产率高。

(2)桥式起重机用电动机提供动力,电动机的故障率远远低于内燃机。各机构分别驱动,传动方法简单,使用、保养、维修都比较方便。

(3)桥式起重机的桥墩是一种永久性建筑物,给货场的扩建、改建带来困难。受桥墩限制,桥吊主架无法带悬臂,不仅货位得不到充分利用,也给装卸作业带来影响。

(三)龙门式起重机的应用

1.龙门式起重机的应用场合

龙门式起重机又称龙门吊或门式起重机,如图4-7所示。它是由支承在两条刚性或一刚一柔支腿上的主梁构成的门形框架。它的起重小车在主梁的轨道上行走,而整机则沿着地面轨道行走,为了增加作业面积,主梁两端可以具有外伸悬臂。

龙门式起重机具有场地利用率高、作业范围大、适应面广、通过性强等特点,主要用于库场、车站、港口、码头等场所,担负着生产、装卸、安装等作业过程中的货物装卸搬运任务,是企业生产经营活动中实现机械化和自动化的重要生产力。龙门式起重机运用十分普遍,其使用数量仅次于桥式起重机。

图4-7　龙门式起重机

2.龙门式起重机的分类

(1)按照门架结构分类,龙门式起重机可分为半门架式、L型单主梁双悬臂门架、双主梁箱型门架、Ⅱ型桁架式门架、单主梁梯形截面一刚一柔支腿门架、双主梁无悬臂门架、三角形截面桁架门架等。

(2)按使用场合分类,龙门式起重机可分为普通门式起重机、水电站门式起重机、造船门式起重机、集装箱门式起重机。

(3)按运行方式分类,龙门式起重机可分为轨道门式起重机、轮胎门式起重机。

(4)按支腿形状分类,龙门式起重机可分为L型、折线型、C型、A型、O型等支腿形状的起重机。

3.龙门式起重机的特点

(1)与桥式起重机相比,龙门式起重机的走行轨道直接铺设在作业场地,并且走行轨道面的高度可与作业场地在同一平面上,因此,龙门式起重机下的货位面积、通道等能得到充分利用。

(2)龙门式起重机没有固定的永久性建筑物(只有走行轨道的基础埋置于地表面以下),如果货场改建、变迁,则影响不大。

(3)大多数龙门式起重机两端带有一定长度的悬臂,不仅增大了作业面积,使货位得到充分利用,而且汽车等短途搬运设备与铁路车辆可直接进行装卸或换装,提高了装卸效率,加速了车辆和货位的周转。

(四)门座式起重机的应用

1.门座式起重机的应用场合

门座式起重机又称门机,是有轨运行的臂架型移动式起重机,如图4-8所示。在现代的港口、车站库场装卸设备中,门座式起重机占据着重要的地位,其主要原因是它具有较好的工作性能和独特的优越结构。门座式起重机的额定起重能力范围很宽,额定起重范围一般在 5～100 t。门座式起重机的工作机械具有较高的运动速度,起升速度可达 70 m/min,变幅速度可达 55 m/min。使用效率高,每昼夜可工作 22 h,台时效率也很高,一般能达 100 t/h 以上。

图 4-8 门座式起重机

2.门座式起重机的分类

(1)装卸用门座式起重机。它主要用于港口和露天堆料场,用抓斗或吊钩装卸。起重量一般不超过 25 t,不随幅度变化。工作速度较高,生产率常是其重要指标。

(2)造船用门座式起重机。它主要用于船台、浮船坞和舾装现场,进行船体拼接、设备舾装等吊装工作,用吊钩作为吊具。最大起重量达 300 t,幅度大时起重量相应减小。有多档起升速度,吊轻货时可提高起升速度。有些工作机构还备有微动装置,以满足安装要求。门座高度大者,可适应大起升高度和大幅度作业的要求,但工作速度较低,作业生产率不高。

(3)建筑安装用门座式起重机。它主要用在水电站进行大坝浇灌、设备和预制件吊装等,一般用吊钩。起重量和工作速度一般介于前两类起重机之间。它具有整机装拆运输性好、吊具下放深度大、能较好地适应临时性工作和栈桥上工作等特点。

3.门座式起重机的特点

门座式起重机起重量大,效率较高,且结构是立体的,不用多占码头、货场的面积,具有高大的门架和较长距离的伸臂,因而具有较大的起升高度和工作幅度,能满足港口码头船舶和车辆的机械化装卸、转载以及充分使用场地的要求。此外,还具有高速灵活、安全可靠的装卸能力,对提高装卸生产率,减轻劳动强度都具有重大的意义。但门座起重机也有它的缺点,如:造价高,需用钢材多,需要较大电力供给,一般轮压较大,需要坚固的地基,附属设备也较多。

(五)流动式起重机的应用

1.流动式起重机的应用场合

流动式起重机是指在带载或空载情况下,能在无轨道路或专用轨道行驶,机体靠重力保持稳定的臂架式旋转起重机。这类起重机机动灵活,稳定性较好,操纵简单方便,移动迅速,广泛用于港口、车站、厂矿、货场等场所的装卸和安装作业。

2.流动式起重机的种类

流动式起重机按运行部分的结构不同,可分为汽车起重机、轮胎起重机、履带起重机和轨道起重机,其中轮胎起重机、汽车起重机拥有量大,使用普遍。

3. 流动式起重机的运用

(1)汽车起重机。它是安装在标准的或专用的载货汽车底盘上的全旋转臂架起重机,其车轮采用弹性悬挂,行驶性能接近于汽车。一般在车头设有司机室,此外,绝大多数还在转台(或转盘等)上设有起重司机室,如图 4-9 所示。汽车起重机行驶速度高,越野性能好,作业灵活,可迅速改变作业场地,特别适合于流动性大、不固定的作业场所。汽车起重机一般作业时都放下支腿,不能带负荷行驶,且不能配套双绳抓斗使用,因而其使用受到一定限制。

图 4-9 汽车起重机

(2)轮胎起重机。同汽车起重机相比,轮胎起重机的主要区别在于:①底盘不同。汽车起重机用标准或专用汽车底盘,轮胎起重机用专用底盘,其轴距和轮距配合适当,从而稳定性好,能在平坦的地面上吊货行驶,但走行速度较低,适合于固定在一个货场内作业。②司机室的数目不同。轮胎起重机只有一个司机室,位于转台上,四个机构都通过这个司机室进行操纵。汽车起重机有两个司机室,一个在转台上,操纵起升、旋转和变幅机构;另一个在起重机前方,操纵起重机的行驶和转向。轮胎起重机如图 4-10 所示。

图 4-10 轮胎起重机

由于轮胎起重机的起重量大,稳定性好,在一定的起重范围内可以不用支腿作业,灵活方便,能配套双绳抓斗进行散货作业,因而在装卸作业中,它比汽车起重机应用更为广泛。

（3）履带起重机。它是将起重机作业部分装在车架上的臂架式旋转起重机。这种起重机可在路面不好的情况下作业,稳定性好,可不打开支腿进行作业,但运行速度较低(一般不超过6 km/h),并且在行驶时会损坏路面。另外,履带起重机维修操作也较复杂,配件不易解决,在使用中受到一定的限制,一般只适用于建筑、建设施工工地,如图 4 - 11 所示。

图 4 - 11　履带起重机

五、起重机作业的安全事项

起重机属于特种设备之一,其特殊的结构形式存在着诸多危险因素,危险因素是事故发生的起源。各种危险有显现的、潜在的,不同形态的危险因素往往交织在一起。起重事故的主要类型有:重物坠落的打击伤害、起重机丧失稳定性、金属结构的破坏、人员高处跌落伤害、夹挤和碾轧伤害、触电伤害、其他机械伤害。驾驶员必须持有政府有关部门核发的与所操作的机械设备相对应的有效操作证件,必须熟悉所操作机械的性能和结构特点,经考核合格后方可上岗。许多公司也针对起重机作业制定了以下"十不准"制度:

（1）监督检验、定期检验不合格不准作业,超过定期检验周期、未经单位组织验收不准作业。

（2）操作人员未经培训、未持证不准作业。

（3）起吊现场没有指挥人员不准作业。

（4）无起重吊装方案、吊装方案未经审批不准作业。

（5）起吊现场周边环境不清、防护不到位不准作业。

（6）安全保护装置检查不合格不准作业。

（7）制动装置检查不合格不准作业。

（8）吊具检查不合格不准作业。

起重机械
典型事故

（9）起吊现场不平坦坚实,起重机支腿未全部伸出、未垫方木不准作业。

（10）六级及以上大风、大雨、大雪、大雾等恶劣天气下不准作业。

任务三　连续输送设备

连续输送设备简称输送机,是以连续、均匀的方式沿着一定线路输送散货和成件包装的机械设备。连续输送设备是机械化、连续化和自动化流水作业运输线不可缺少的组成部分,是自动化立体仓库、配送中心和大型货场的生命线。

一、连续输送设备概述

(一)连续输送的特点

1. 高效性

连续输送设备的输送路线固定,加上散料具有的连续性,所以装货可以连续进行;输送过程中极少进行紧急制动和启动,因此具有较高的工作效率,而且不受距离远近的影响。

2. 自动控制性好

由于输送路线固定、动作单一,而且载荷均匀、速度稳定,所以容易实现自动控制。

全向蜂窝
输送机

3. 适应性差

一般地讲,一种机型只能适用于一种或几种同类型的货物,对于重量很大的货物,通常的输送设备都是不适用的。

(二)连续输送设备的分类

1. 按照安装方式分类

按安装方式的不同,连续输送设备可分为固定式输送设备和移动式输送设备两大类。

(1)固定式输送设备是指整个设备安装在一个地方,不能再移动,主要用于固定输送场合。它具有输送量大、单位能耗低、效率高等特点。

(2)移动式输送设备是指整个设备安装在车轮上,可以移动,具有机动性好、利用率高、能及时布置输送作业达到装卸要求的特点。这类设备输送量不太高,输送距离不长。

2. 按结构特点分类

按输送机械结构特点划分,连续输送设备可分为有挠性牵引构件的输送设备和无挠性牵引构件的输送机械。

(1)有挠性牵引构件的输送设备的工作特点是物料在牵引构件的作用下,利用牵引构件的连续运动使货物向一定方向输送。牵引构件是往复、循环的一个封闭系统,通常是一部分输送物料,另一部分牵引构件返回。常见的有挠性牵引构件的输送设备有带式输送机、斗式提升机等。

(2)无挠性牵引构件的输送设备的工作特点是利用工作构件的旋转运动或振动,使物料向一定方向输送,它的输送构件不具有往复循环形式。常见的无挠性牵引构件的输送设备有螺旋输送机、气力输送机等。

(三)连续输送设备的主要性能指标

连续输送设备的性能指标是表征其工作性能的主要参数,是选用和管理连续输送设备的重要依据。连续输送设备的性能指标主要有生产率、输送速度、充填系数、输送长度、提升高度等。

(1)生产率是指输送机在单位时间内输送货物的质量,用 Q 表示。它是反映输送机工作性能的主要指标,其大小取决于输送机承载构件上每米长度所载货物的质量和工作速度。

(2)输送速度是指被运货物沿输送方向的运行速度,主要包括带速、链速、主轴转速等。其中,带速是指输送带或牵引带在被输送货物前进方向的运行速度,链速是指牵引链在被输送货物前进方向的运行速度,主轴转速是指传动滚筒转轴或传动链轮轴的转速。

(3)充填系数是表征输送机承载构件被货物填满程度的系数。

(4)输送长度是指输送机装载点与卸载点之间的展开距离。

(5)提升高度是指货物在垂直方向上的输送距离。

二、常见的连续输送设备

物流作业中常见的连续输送设备有带式输送机、链板输送机、辊道输送机、刮板输送机、螺旋输送机、气力输送机等。

(一)带式输送机

带式输送机是由电动机作为动力、胶带作为输送带,利用摩擦力连续输送货物的机械,如图 4-12 所示。

图 4-12　带式输送机

1. 带式输送机的特点及应用场合

根据工作的需要,带式输送机可做成工作位置不变的固定式和可以运行的移动式输送机,也可做成输送方向可变的可逆式输送机,还可做成机架伸缩以改变距离的可伸缩式输送机。

带式输送机的特点是:输送距离大,输送能力大,生产率高;结构简单,基建投资少,营运费用低;输送线路呈水平、倾斜布置或在水平方向、垂直方向弯曲布置,因而受地形条件限制小;工作稳定可靠;操作简单,安全可靠,易于实现自动控制。正是由于其优越的特点,其应用场合遍及仓库、港口、车站、煤矿、工厂、矿山、建筑工地等。但是,带式输送机不能自动取货,当货流变化时,需要重新布置输送线路,输送角度不大。

带式输送机主要用于输送水平方向或坡度不大的倾斜方向连续输送散粒货物,也可以用于输送重量较轻的大宗成件货物。

2. 带式输送机的结构及原理

带式输送机由金属结构机架、装在头部的驱动滚筒和装在尾部的张紧滚筒,绕过头滚筒、尾滚筒和沿输送机全长安置的上支承托辊、下支承托辊的无端的输送带,以及包括电动机、减速器等在内的驱动装置、卸载装置和清扫装置等组成,如图 4-13 所示。

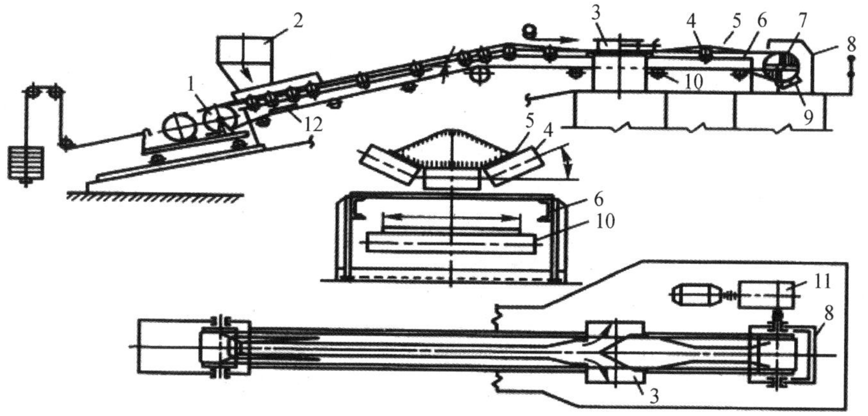

1—张紧滚筒;2—装载装置;3—犁形卸载挡板;4—槽形托带;5—输送带;6—机架;
7—驱动滚筒;8—卸载罩壳;9—清扫装置;10—平托盘;11—减速箱;12—空段清扫器。

图 4-13 带式输送机的结构示意图

带式输送机工作时无端输送带绕过驱动滚筒和张紧滚筒,利用输送带与驱动滚筒之间的摩擦力来驱使输送带运动,物料通过装载装置送到输送带上,随着输送带的运动一起被输送到卸载地点,通过卸载装置或端部滚筒,物料从输送带上卸出。输送带经清扫装置和下托辊返回进料处。

带式输送机的输送长度受输送带本身强度和运动稳定性的限制。输送距离越大,驱动力越大,输送带所承受的张力也越大,带的强度要求就越高。当输送距离长时,若安装精度不够,则输送带运行时很容易跑偏成蛇形,使输送带的使用寿命降低。所以采用普通胶带输送机,单机长度一般不超过 40 m,而采用高强度的夹钢丝绳芯胶带输送机和钢丝绳牵引的胶带输送机,单机长度可达 10 km 以上。

3. 带式输送机工作的注意事项

带式输送机在工作时,应注意以下事项:

(1)应经常检查胶带的松紧程度,并进行空载起动以降低起动阻力。

(2)应经常检查所有托辊的回转情况,如托辊不转,将造成胶带运动阻力增大、功率消耗增大,同时还将造成胶带和托辊的严重磨损。

(3)带式输送机必须保持均匀。

(4)带式输送机必须在停止进料且待机上的物料卸完后才能停机。如果中途突然停车,应在事故排除后,卸下带上的物料,再启动。

(5)多台带式输送机联合工作时,开机从卸料端那台输送机开始起动,停机时先停止进料,将进料端那台输送机停机,然后逐一向前停机。如中间某台机器发生故障,则应先停止供料,停止进料端的输送机,进行维修,否则会造成物料的堵塞。

(6)带式输送机不工作时,应盖上油布,防止因日晒夜露和雨淋而使输送机腐蚀和生锈。

若较长时间不使用,应调松胶带,入库保存。

(二)辊筒式输送机

辊筒式输送机是由一定间距排列的辊筒组成的用于输送成件货物或托盘货物的输送机械,利用辊子的转动来实现货物搬运。

1. 辊筒式输送机的特点及应用场合

与其他输送成件货物的输送机相比,它除了结构简单、运转可靠、布置灵活、输送平稳、使用方便、经济节能之外,最突出的是它与生产过程和装卸搬运系统能很好地衔接和配置,并有功能的多样性,易于组成流水线作业,可并排组成大宽度的输送机,以运送大型成件物品。由于其独特的特点,因而在仓库、港口、货场得到了广泛的应用,如图4-14所示。

图4-14 辊筒式输送机

2. 辊筒式输送机的分类

辊筒式输送机的种类很多,按照动力方式其可以分为以下两种。

(1)无动力式辊筒输送机。它自身无驱动装置,辊筒转动呈被动状况,物品依靠人力、重力或外部推拉装置移动,有水平和倾斜两种布置形式。①水平布置依靠人力或外部推拉装置移动物品,人力推动用于物品重量较轻、输送距离短、工作不频繁的场合。外部推拉采用链条牵引、胶带牵引、液压气动装置推拉等方式,可以按要求的速度移动物品,便于控制运行状态,用于物品重量大、输送距离长、工作比较频繁的场合。②倾斜布置依靠物品重力进行输送,结构简单,经济实用,但不易控制物品运行状态,物品之间易发生撞击,不宜输送易碎物品,适用于重力式高架仓库及工序间短距离输送。

(2)动力式辊筒输送机。它本身有动力装置,辊筒转动呈主动状态,可以严格控制物品运行状态,按规定的速度精确、平稳、可靠地输送物品,便于实现输送过程的自动控制。链传动辊筒输送机是最常用的动力式辊筒输送机,它承载能力大,通用性好,布置方便,对环境适应性强,可在经常接触油、水及湿度较高的地方工作。但在多尘环境中工作时链条容易磨损,高速运行时噪音较大。

(三)刮板式输送机

用刮板链牵引、在槽内运送散料的输送机叫刮板输送机,如图4-15所示。

1. 刮板式输送机的特点及应用场合

刮板式输送机的主要优点是:结构简单,当两个分支同时成为工作分支时,可以同时向两个方向输送物料,可同时方便地沿输送机长度上的任意位置进行装载和卸载。

刮板式输送机的缺点是：物料在输送过程中会被捻碎或者挤压碎，所以不能用来输送脆性物料。由于物料与料槽、刮板与料槽的摩擦（尤其是输送摩擦性大的物料时），会使料槽和刮板的磨损加速，同时也增大了功率的消耗。因此，刮板输送机的长度一般不超过 50～60 m，生产率不超过 150～200 t/h。

刮板式输送机可以用来输送各种粉末状、小颗粒和块状等流动性较好的散粒物料。

2. 刮板式输送机的结构及原理

刮板式输送机的结构如图 4-16 所示，在牵引构件（链条）2、5 上固定着刮板，其一起沿着机座槽在槽内运动。牵引链条环绕着头部 1 处有驱动链轮，尾部 9 处有张紧链轮，牵引链条环绕着两轮。被输送的物料可以在输送机长度上的任意一点装入敞开槽内，并由刮板推动前移。输送机的卸载同样可以在槽底任意一点所打开的洞孔来进行，这些洞孔是用闸门关闭的。

图 4-15 刮板式输送机

刮板输送机
伤人事故

刮板式输送机分为上下工作分支。上工作分支供料比较方便，可在任何位置将物料供入敞开的导槽内，下工作分支的输送机在卸料方面较为方便，因为物料可以直接通过槽底的洞孔卸出。

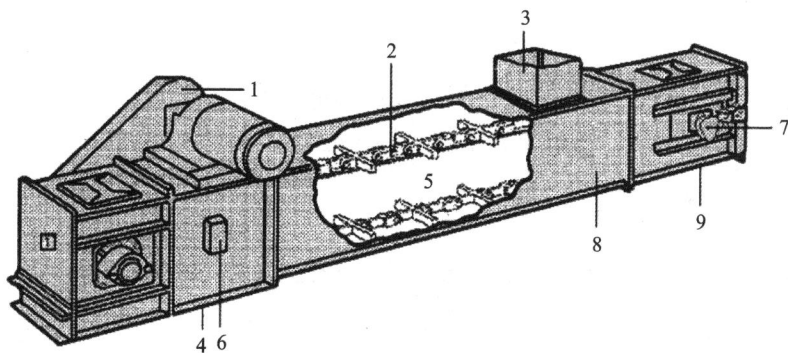

1—头部；2—上刮板链条；3—加料口；4—卸料口；5—下刮板链条；
6—加料堵料探测器；7—断链指示器；8—中间段；9—尾部。

图 4-16 刮板式输送机

刮板式输送机的工作原理是：将敞开的溜槽作为煤炭、矿石或物料等的承受件，将刮板固定在链条上（组成刮板链），作为牵引构件。当机头传动部启动后，带动机头轴上的链轮旋转，使刮板链循环运行带动物料沿着溜槽移动，直至机头部卸载。刮板链绕过链轮作无级闭合循环运动，完成物料的输送。

（四）埋刮板式输送机

埋刮板式输送机是借助于在封闭的壳体内运动着的刮板链条而使散体物料按预定目标输送的运输设备，如图 4-17 所示。

1. 埋刮板式输送机的特点及应用场合

埋刮板式输送机结构简单可靠，体积小，维修方便，进料、卸料简单。埋刮板式输送机分为

普通型和特殊型。普通型埋刮板式输送机用于输送物料特性一般的散粒物料,而特殊型埋刮板式输送机用于输送有某些特殊性能的物料。

埋刮板式输送机既适用于水平或小倾角方向输送物料,也适用垂直方向输送物料。水平输送距离最大为80～120 m,垂直提升高度为20～30 m,通常用于生产率不高的短距离输送。所运送的物料以粉状、粒状或小块状为佳,物料的湿度以用手捏团后仍能松散为宜;不宜输送磨损性强、块度大、黏性大、腐蚀性大的物料,以避免对设备造成损伤。

图 4-17　埋刮板式输送机

此外,还有为化工、粮食、电站、港口等部门设计的各种专用系列的机型。特殊型和专用型埋刮板式输送机的输送原理同普通型完全相同,只是在普通型的基础上,有针对性地加强了某一方面的结构或材料,使之更加适应于某一种或某一类物料,以满足其特殊输送要求。

2. 埋刮板式输送机的结构及原理

埋刮板式输送机是由刮板式输送机发展而来的,但其工作原理与刮板式输送机不同,在其机槽中,物料不是一堆一堆地被各个刮板刮运向前输送的,而是以充满机槽整个断面或大部分断面的连续物料流的形式进行输送。其结构如图 4-18 所示。

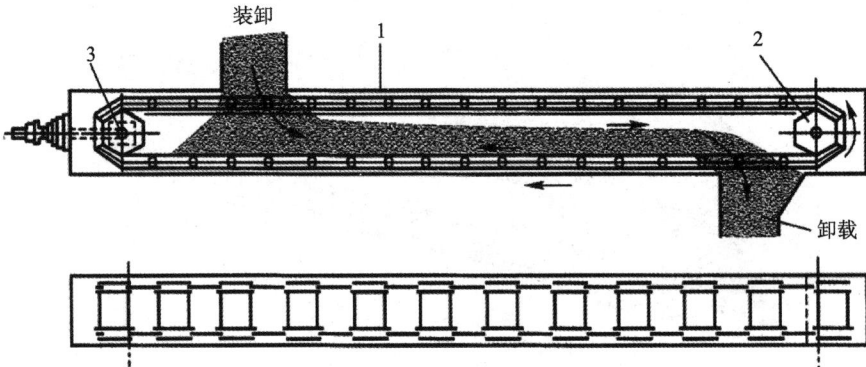

1—封闭的料槽;2—驱动装置;3—张紧装置。
图 4-18　埋刮板式输送机结构

由于刮板链条埋在被输送的物料之中,与物料一起向前移动,故而称为埋刮板式输送机。刮板链条既是牵引构件,又是带动物料运动的输送元件,因此,它是埋刮板输送机的核心部件。

埋刮板式输送机除了可进行水平、倾斜输送和垂直提升之外,还能在封闭的水平或垂直平面内的复杂路径上进行循环输送。

埋刮板式输送机的工作原理是利用散粒物料具有内摩擦力以及在封闭壳体内对竖直壁产生侧压力的特性来实现物料的连续输送的。在水平输送时,由于刮板链条在槽底运动,刮板之间物料被拖动向前成为牵引层。当牵引层物料对其上的物料层的内摩擦力大于物料与机槽两侧壁间的外摩擦力时,上层物料就随着刮板链条向前运动。

在垂直输送时,机槽内的物料不仅受到刮板向上的推力和下部不断供入的物料对上部物料的支撑作用,同时,物料的侧压力会引起运动物料对周围物料产生向上的内摩擦力。当以上的作用能够克服物料与槽壁间外摩擦力及物料自身的重力作用时,物料就形成连续整体的物料流随刮板链条向上输送。

(五)斗式提升机

斗式提升机是一种在垂直方向或大于70°倾斜方向输送粉粒状物料的输送设备,如图4-19所示。

1.斗式提升机的特点及应用场合

斗式提升机的优点是:结构简单,形式尺寸小,占地面积小,提升高度和输送能力强;在全封闭的机身内工作,对环境的污染小,耗用的动力小。其缺点是:过载时容易堵塞,需要均匀供料,料斗容易磨损等。

图4-19　斗式提升机

斗式提升机根据牵引构件的不同,分为带斗式提升机和链斗式提升机。带斗式提升机适用于粉末或块度磨损性较小的物料,有很高的工作速度,但其强度较低,不能用于承载力很大、工作繁忙的场合;链斗式提升机工作速度较低,但具有很高的强度,可用于提升中等或大块度的物料,大型货场采用的卸煤机、卸矿石装砂机等都采用链斗式提升机。斗式提升机在港口、仓库、粮食加工厂、油厂、食品厂等场所中得到广泛的应用。

2.斗式提升机的结构及原理

斗式提升机的构造如图4-20所示,通常是由牵引构件、料斗、机头、机座、机筒、驱动装置等组成。它是由牵引构件环绕并张紧于斗轮与底轮之间。在牵引构件上每隔一定的间距固定着承载物料的料斗。全部构件都封闭在密闭的外壳中,防止灰尘的飞扬和撒料。外壳上端称为机头,下端为机座,中间称为机筒。机筒的长短可根据提升高度由若干节组成。提升机的驱动装置与头轮轴相连,提供给提升机必要的动力,以保证提升机正常运转。

斗式提升机的工作过程分为三个阶段:装料、提升、卸料,其中装料与卸料尤为重要,对提升机的生产率起决定性作用。提升较为简单,只要胶带或链条强度保证,输送过程无打滑或抖动现象,基本上可保证提升平稳、不撒料。下面着重介绍装料与卸料两个过程。

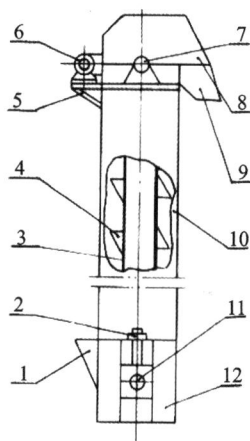

1—进料口；2—拉紧装置；3—牵引机构；4—料斗；
5—驱动平台；6—驱动装置；7—传动轮；8—头部罩壳；
9—卸料口；10—中间罩壳；11—拉紧轮；12—底座。

图4-20　斗式提升机结构

斗式提升机的装料方式有注入式和挖取式两种。注入式装料由前方的加料料斗加料,物料迎着向上运动的料斗注入,主要适用于输送较重、大块的物料,如砾石、矿石等;挖取式装载的料斗,是从料堆中采用挖取的办法装料,适用于高速输送粉状、粒状或中小块磨损性小的物料,如煤粉、谷物、水泥等。

物料从料斗中卸出,根据物料受力情况的不同,卸料的方式可分为离心式、重力式和混合式三种。在离心式卸载中,物料主要是在料斗绕过驱动链轮时产生的离心力的作用下卸载的,这种卸载方式适用于运送流动性良好的粉末状、粒状和小块状物料,如水泥、砂等,带斗式提升机常采用这种方式卸载。重力式卸载是当物料绕过驱动链轮的顶部时,物料在重力的作用下从料斗中卸出,这种卸载方式适用于输送较重、磨损性大的块状物料,如砾石、矿石、焦炭等,链斗式提升机常采用这种方式卸载。当物料卸载时部分是由于重力的作用,部分是由于离心力的作用,这种卸载方式称为混合式,它适用于卸载流动性不良的粉状和潮湿的物料,如煤粉、石灰等。

(六)螺旋式输送机

螺旋式输送机又称绞龙,是指借助原地旋转的螺旋叶片将货物推移向前的输送设备,如图4-21所示。

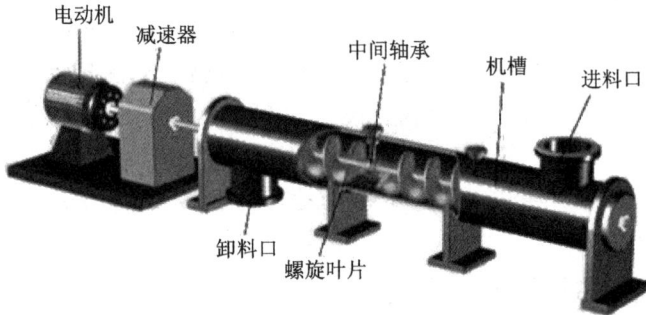

图 4-21 螺旋式输送机

1. 螺旋式输送机的特点及应用场合

螺旋式输送机的优点是:结构简单,成本较低;工作可靠,易于维修;横截面尺寸小,占地面积小;能实现密封输送,有利于输送易飞扬、炽热及气味强烈的物料;可以在多处装货或卸货。它的缺点是:由于物料对螺旋、物料对料槽的摩擦和物料的搅拌,在运送过程中阻力大,单位功率能耗较大;螺旋和料槽容易磨损,物料也可能破碎;对超载很敏感,易产生堵塞现象。因此,螺旋式输送机一般输送距离不太长、生产率较低、摩擦小的物料,不宜输送黏性大、易结块及大块的物料。

螺旋式输送机广泛应用于各行各业,用来输送各种粉状、粒状、小块状物料,所输送散粒物料有谷物、豆类、面粉等粮食产品,水泥、黏土、沙子等建筑材料,盐类、碱类、化肥等化学品,以及煤、焦炭、矿石等大宗散货。螺旋式输送机不宜输送易变质、黏性大、块度大及易结块的物料。除输送散货外,螺旋式输送机也可输送各种成件物品。螺旋式输送机输送物料的同时,还可对物料进行混合、搅拌等作业。

2. 螺旋式输送机的结构及组成

螺旋式输送机是利用带有螺旋叶片的螺旋轴的旋转,使物料产生沿螺旋面相对运动,物料受到料槽或输送管道的摩擦力与螺旋叶片一起旋转,从而将物料轴向推进,实现物料的输送。

螺旋式输送机的结构如图4-22所示,主要由封闭的料槽、由螺旋叶片和轴组成的螺旋体、轴承和驱动装置等组成。螺旋由电动机通过减速器带动,物料由进料口进入料槽,被螺旋叶片推动沿轴向运动,直到从卸料口卸出。

在水平输送中,料槽的摩擦力是由物料的自重引起的;在垂直螺旋输送中,输送管壁的摩擦力主要是由物料的旋转离心力引起的。

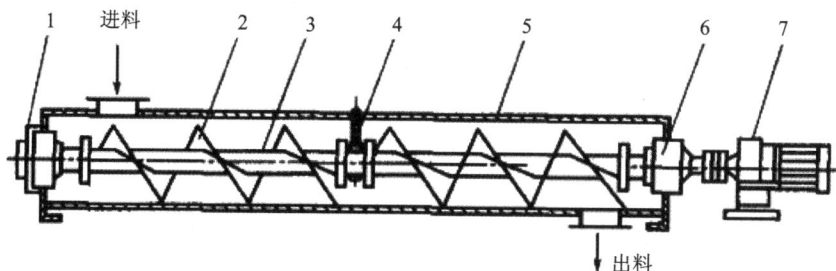

1—尾端轴承；2—螺旋叶片；3—螺旋轴；4—悬挂轴承；5—料槽；6—首端轴承；7—驱动装置。

图 4 - 22 螺旋式输送机的结构

(七)气力式输送机

气力式输送机是采用风机使管道内形成气流来输送散粒物料的机械设备,如图 4 - 23 所示。

图 4 - 23 气力式输送机

1. 气力式输送机的特点及应用场合

(1)气力输送机和其他输送机相比,具有以下优点:

①可以改善劳动条件,提高劳动生产率,有利于实现自动控制。采用气力式输送机只需要很少的工人操作管理,操作简便。对于像粮谷之类比较松散的货物,可以将吸粮机的吸料软管伸到舱内不易到达的地方进行清舱,从而大大减轻了工人的劳动强度。气力式输送装置可用来输送水泥,由于在密封的系统内运输,灰尘可大大减少。气力式输送机只要加装一些控制设备,很易实现自动操作。

②可以减少货损,保证货物质量。例如采用吸粮机卸船,不仅避免了抓斗操作中的撒漏,还可使粮食避免受潮,减少虫害。又如袋装水泥常因纸袋破损或倒不干净,使平均耗损达 2%～3%,用气力式输送机输送可将平均产耗损降低到 1%以下。

③结构简单,输送管道截面尺寸较小,没有牵引构件。各部件加工方便,重量轻,投资少,且机械故障少,维修方便。

④生产率高,不受管路周围条件和气候的影响。

⑤输送管路能灵活布置,适应各种装卸工艺。

⑥有利于实现散装运输,节约包装费用,降低成本。

(2)气力输送机的缺点有以下几方面:

①动力消耗比其他输送机大;

②鼓风机的噪声大,若消声设备不好,会造成噪声污染;

③被输送的物料有一定的限制,不宜输送潮湿、黏性和易碎的物料;

④输送磨损性大的物料时,管道等部件很容易磨损。

气力输送机的输送原理是:将物料加到具有一定速度的空气中,空气和物料形成悬浮的混合物,通过管道输送到卸料地点,然后将物料分离出来卸出。它主要用于输送粉状、粒状及块度不大于20～30 mm的小块物料,有时也输送成件货物。对于不同的物料,选择不同的风速,既要保证物料在管道内形成悬浮状态,不堵塞管道,又要尽可能多地输送物料,做到既经济又合理。

2. 气力式输送机的结构及种类

气力输送机主要由送风装置(抽风机、鼓风机或气压机)、输送管道及管件、供料器、除尘器等组成。

物料和空气的混合物能在管路中运动而被输送的必要条件是:在管路两端形成一定的压力差。按压力差的不同,气力式输送机可分为吸送式、压送式和混合式气力输送机三种。

(1)吸送式气力输送机。吸送式气力输送机是利用风机对整个管路系统抽气,使管道内的气体压力低于外界的大气压,形成一定的真空度,进料口处外界空气在压力差的作用下透过料层间隙和物料形成混合物进入吸嘴,并沿管道输送,如图4-24所示。它可以装多根吸料管同时在多处吸取物料,但是输送距离不能过长。供料装置简单,吸料点不会有粉尘飞扬,对环境污染小,但对管道系统封闭性要求较高,进入风机的空气必须除尘,这是为了保证风机能正常工作,减少零件的磨损。

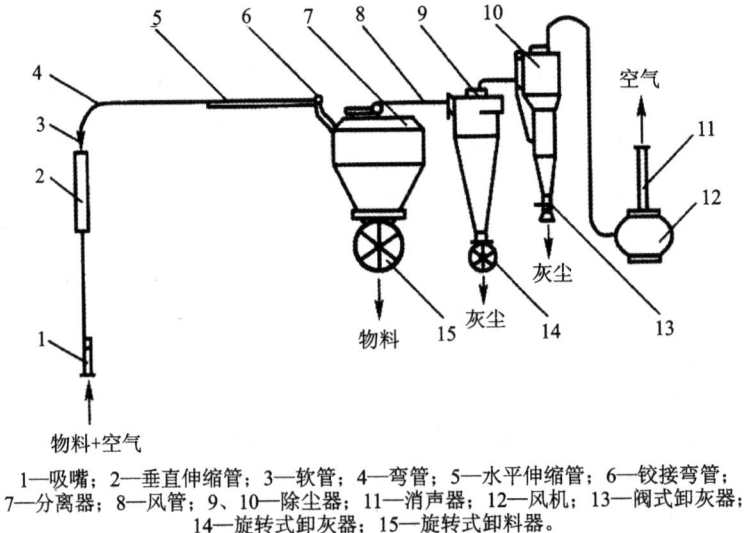

1—吸嘴;2—垂直伸缩管;3—软管;4—弯管;5—水平伸缩管;6—铰接弯管;
7—分离器;8—风管;9、10—除尘器;11—消声器;12—风机;13—阀式卸灰器;
14—旋转式卸灰器;15—旋转式卸料器。

图4-24 吸送式气力输送机

(2)压送式气力输送机。压送式气力输送机的风机安在整个系统的最前端,利用风机将空气的压力提高,输送入管道,使管道中的气体压力高于外界大气压,如图 4-25 所示。物料从供料器进入输送管道与空气形成混合物,并沿管道输送到卸料点。压送式气力输送机可实现长距离输送,生产率较高,并可由一个供应点向几个卸料点输送,风机的工作条件较好。但要把物料送入高于大气压的管道中去,供料器比较复杂。

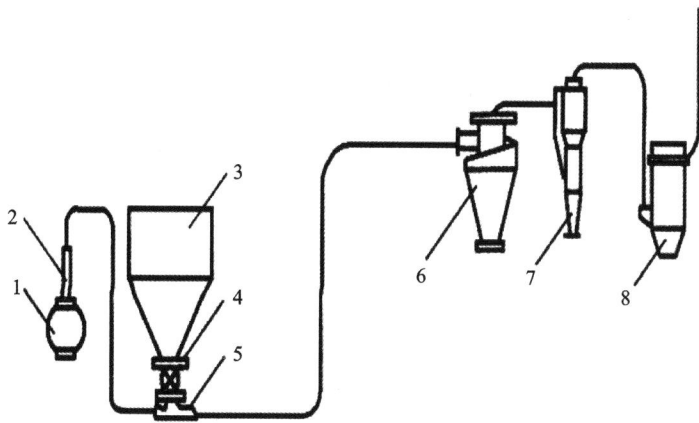

1—风机；2—消声器；3—料斗；4—旋转式供料器；5—喷嘴；6—分离器；
7—第一级除尘器；8—第二级除尘器。

图 4-25 压送式气力输送机

(3)混合式气力输送机。混合式气力输送机的风机安在整个系统的中间,既吸气又压气,在吸送区,管道内是负压,空气和物料混合物由吸嘴吸入管道,输送一段距离后,经风机压入压送区,然后输送到卸料点,如图 4-26 所示。混合式气力输送机综合了吸送式和压送式的优点,即吸取物料方便,能长距离输送,可以由几个地点吸取物料,同时向几个地点输送物料,其缺点是结构复杂。

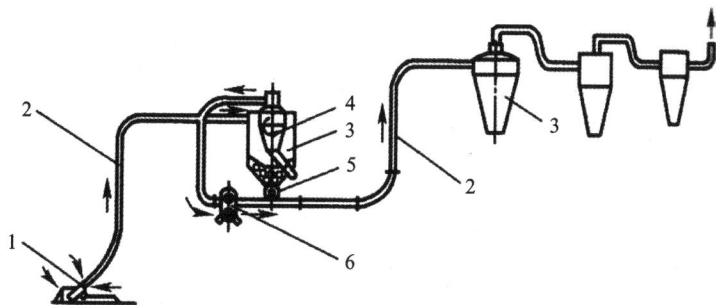

1—吸嘴；2—管道；3—分离器；4—除尘器；5—旋转式供料器；6—风机。

图 4-26 混合式气力输送机

任务四 叉车认知与操作

一、叉车概述

叉车是指以各种叉具作为主要取货装置,依靠液压起升机构升降货物,由轮胎式行驶系统实现货物水平搬运,装卸和搬运功能同时兼得的搬运设备。

叉车的作业可使货物的堆垛高度大大增加(可达 4～5 m);在立体货架仓库中,堆垛高度甚至还可以达到 10 m 左右;仓库容积利用系数可提高 30%～60%。其主要作用是:①实现装卸、搬运作业机械化,减轻劳动强度,节约劳动力,提高工作效率。②缩短装卸、搬运、准码的作业时间,加速物资、车辆周转。③提高仓库的利用率,促进库房向多层货架和高层货架仓库的发展。④减少货物的破损量,提高作业的安全程度等。

叉车主要用于物流中心、配送中心、仓储中心、厂矿企业、各类仓库、车站、港口等场所,对成件、包装件以及托盘等集装件进行装卸、堆码、拆垛、短途运输等作业。叉车的主要工作属具是货叉,在换装其他工作属具后,还可对散堆货物、非包装货物、长大件货物等进行装卸作业,以及对其进行短距离运输作业。

二、叉车分类

(一)按品牌分类

1. 国产品牌

国产品牌叉车主要有合力、杭州、大连、巨鲸、湖南叉车、靖江、柳工、佳力、天津叉车、洛阳一拖、上力重工、玉柴叉车等。

2. 进口品牌

进口品牌叉车主要有林德(德国)、海斯特(美国)、丰田(日本)、永恒力(德国)、BT(瑞典)、小松(日本)、TCM(日本)、尼桑(日本)、现代(韩国)、三菱(日本)等。

(二)按动力装置分类

1. 内燃叉车

内燃叉车一般采用柴油、汽油、液化石油气或天然气作为动力,行驶速度快,爬坡能力强,载荷能力大。考虑到尾气排放和噪声问题,通常用在室外、车间或其他对尾气排放和噪声没有特殊要求的场所。由于内燃叉车燃料补充方便,因此可实现长时间的连续作业,而且能胜任在恶劣的环境下(如雨天)工作。但其结构复杂,维修困难。

2. 蓄电池叉车

蓄电池叉车以电动机为动力、蓄电池为能源,承载能力一般小于内燃叉车。由于没有污染、噪音小,因此它广泛应用于对环境要求较高的企业,如医药、食品等行业。由于每个电池一般在工作约 8 h 后需要充电,因此对于多班制的行业需要配备备用电池。蓄电池叉车虽然结构简单、操作方便,但其驱动功率和起重量都较小。

3. 手动托盘叉车

手动托盘叉车是以人工操作为动力,适合短距离频繁作业,尤其适合装卸货物区域的短距离频繁作业。

(三)按结构特点分类

1. 平衡重式叉车

平衡重式叉车应用最为普遍,占叉车总量的 80% 左右。其货叉装在车体前端,伸出前轮中心线外,如图 4-27 所示。为了平衡货物重量产生的倾覆力矩,在车体尾部装有平衡重,作业时依靠叉车前后移动进行叉卸货物。

图 4 - 27 平衡重式叉车

2. 插腿式叉车

插腿式叉车的两条臂状的支腿伸向前方,支腿前端装有小直径的车轮,作业时货叉连同支腿一起插入货物底部,然后使货叉起升,如图 4 - 28 所示。由于货物位于车轮的支承面内,所以整车稳定性好。它的作业特点是起重小、车速低、结构简单、外形小巧,适用于通道狭窄的仓库内作业,起重量一般在 2 t 以下。

3. 前移式叉车

前移式叉车是插腿式叉车的变形,前移式叉车有两条前伸的支腿,与插腿叉车比较,前轮较大,支腿较高,作业时支腿不能插入货物的底部,而门架可以带着整个起升机构沿支腿内侧的轨道移动,即货叉可在叉车纵向前后移动,卸载货物时货叉伸出,行驶时则退回到车体中部,

图 4 - 28 插腿式叉车

整车稳定性好,如图 4 - 29 所示。目前,其最大起重量为 5 t,起重高度最大为 3 m,最高速度为 15 km/h,适用于车间、仓库内作业。

图 4 - 29 前移式叉车

4. 高货位拣选式叉车

高货位拣选式叉车的主要作用是高货位拣货,如图 4 – 30 所示。操作台上的操作者可与装卸装置一起上下运动,并拣选存储在两侧货架内的货物,适用于多品种少量出库的拣选式高层货架仓库。起升高度一般为 4～6 m,最高可达 13 m,可大大提高仓库空间的利用率。

5. 侧面式叉车

侧面式叉车的门架和货叉在车体的一侧,如图 4 – 31 所示。其作业的主要特点有:①适合于窄通道作业在出入库作业的过程中,车体进入通道,货叉面向货架或货物,这样在进行装卸作业时不必转弯后再作业,这个特点使侧面叉车适合于窄通道作业。

图 4 – 30 高货位拣选式叉车

②有利于条形长尺寸货物,因为长尺寸货物与车体平行,不受通道宽度的限制。侧面叉车能以较快的速度搬运长件货物,目前,最大起重量为 40 t,最大起升高度为 3 m,最高速度为 30 km/h。

图 4 – 31 侧面式叉车

6. 高架堆垛机

通常把高架堆垛机及高位拣料车称为 VNA(very narrow aisle),其最主要的特点是货叉可作三向旋转,或直接从两侧叉取货物,在巷道中无须转弯,因此所需的巷道空间是最小的。目前,VNA 系列最大提升高度超过 14 m,巷道宽度通常在 1600 mm 左右,载重量最大为 1.5 t,它在制药行业、电子电器行业使用普遍。图 4 – 32 为上人式高架堆垛机。

7. 集装箱叉车

集装箱叉车是集装箱码头和堆场上常用的一种集装箱专用装卸机械,如图 4 – 33 所示。它主要用作堆垛空集装箱等辅助性作业,也可在集装箱吞吐量不大(年低于 3 万标准箱)的综合性码头和堆场进行装卸与短距离搬运。

图 4 – 32 上人式高架堆垛机

图 4-33 集装箱式叉车

8. 越野式叉车

越野式叉车又叫野战叉车,是在码头、机场、车站等路况条件较差的物资集散地装卸物资的设备,如图4-33所示。其突出的特点是具有良好的机动性、越野性和可靠性。越野叉车的速度高于普通叉车,目前已发展到 72 km/h,其机动性显而易见;越野叉车发动机功率大,采用全轮驱动和越野轮胎,因而能够在丘陵、山地、滩头、沙地、雪地、冰上及泥泞道路上行驶,具有良好的越野性能。

图 4-34 越野式叉车

三、叉车工作装置基本结构与作用

叉车的类型有很多种,其构造大致相同,主要由发动机、底盘、电气设备、起重工作装置和车体五部分组成,如图 4-35 所示。

图 4-35 叉车结构示意图

(一)发动机

发动机是内燃叉车的动力系统。它将燃油产生的热能转化为机械动力,通过底盘的传动系统和行驶系统驱动叉车行进,并通过液压系统驱动工作系统,完成装卸货物的任务。

(二)底盘

底盘用来支承整部车身,传递发动机发出的动力,使叉车产生运动,并保证叉车能够正常行驶。它由传动系、行驶系、转向系和制动系组成。

(1)传动系将发动机发出的动力传给驱动车轮。它由离合器(液力变矩器)、变速器(动力换挡变速器)、万向传动装置和驱动桥等组成。

(2)行驶系把叉车各总成、部件连接成一个整体,并支持全车,使之适应行驶和作业需要。

(3)转向系用以保证叉车能按照驾驶员所操纵的方向行驶。它由转向器和转向传动装置组成。

(4)制动系是根据行驶和作业需要降低车速,直到停车。它由制动器和制动传动机构组成。

(三)电气设备

叉车的电气设备由电源部分(包括蓄电池、发电机和发电机调节器)、用电部分(包括起动机、汽油机的点火系)、照明装置和信号装置等组成。

(四)起重工作装置

叉车的起重工作装置是叉车进行装卸作业的工作部分,承受全部的货重,并完成货物的叉取、升降、堆放和码垛等工序。其主要由工作装置和液压系统组成。

1. 工作装置

工作装置用于完成货物的叉取、升降、堆放和码垛等工序,主要由货叉、货叉架、内外门架、起重链条、滚轮、滑轮、起升油缸、倾斜油缸等组成。

2. 液压系统

液压系统的作用是控制叉车的工作装置,实现货物的起升、降落和门架的倾斜,由油箱、齿轮、液压泵、换向阀、限速阀、液压缸、油管等组成。它是利用工作液体传递能量的传动机构,即通过油液的压力使工作液压缸产生推力,将货叉升降、门架前后倾斜,以达到装卸堆垛货物或转向的目的。

(五)车体

叉车的车体与车架合为一体,由型钢组焊而成。置于叉车后部、与车型相适应的铸铁块(平衡重)为配重,其重量根据叉车额定起重量的大小而决定,在叉车载重时起平衡作用,以保持叉车的稳定性。

四、叉车的主要技术参数

1. 载荷中心距

叉车的载荷中心在设计时,规定有一个标准位置,即货叉上放上标准货物时,其重心到货叉垂直段前臂的水平距离。载荷中心距以字母 C 表示,单位为 mm。

2. 额定起重量

额定起重量是指货物的重心处于载荷中心距以内时,允许叉车举起的最大重量,以字母 Q 表示,单位为 t。叉车作业时,如果货物的实际重心超过了载荷中心距,或者当起升高度超过了一定数值时,为了保证叉车的稳定性,其最大起重量就要相应减小,否则叉车就有倾翻的危险。货物实际中心距超出载荷中心距越远,则允许起重量越小。某型号叉车载荷示意图如图 4-36 所示。

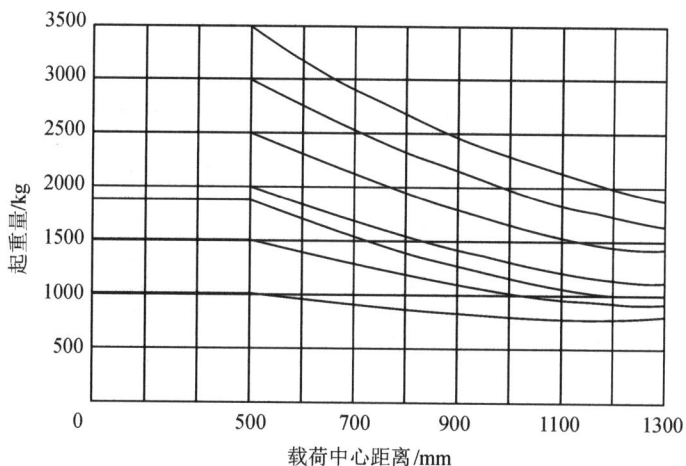

图 4-36 某型号叉车载荷图

3. 最大起升高度

最大起升高度是指叉车在额定起重量下,门架垂直地把货物举升到最高位置时,货叉水平段的上表面到地面的垂直距离,以字母 H 表示,单位为 m。

4. 最大起升速度

最大起升速度是指叉车在额定起重量下,门架垂直时货物起升的最大速度,单位为 m/min。

5. 门架倾角

门架倾角是指叉车在平坦、坚实的路面上门架相对于垂直位置所能进行的前、后倾斜的最大角度。前倾角主要是方便叉取货物,后倾角是保持叉取货物后的稳定性。

6. 满载最高行驶速度

满载最高行驶速度是指叉车在平直、干硬的路面上满载行驶时所能达到的最高速度,单位为 km/h。

7. 满载最大爬坡度

满载最大爬坡度是指叉车在良好的干硬路面上,能够爬上的最大坡度,以垂直位移和水平位移的百分比表示。一般内燃式叉车的爬坡度为 20%～30%。

8. 制动性能

叉车的制动性能反映了叉车的工作安全性,我国的内燃平衡重式叉车标准对制动性能做出的规定为:如果采用脚制动、叉车车速为 20 km/h、空载行驶时,紧急制动的制动距离不大于 6 m;叉车车速为 10 km/h、满载行驶时,紧急制动的制动距离不大于 3 m。如果采用手制动,空载行驶能在 20% 的下坡上停住,满载行驶时能在 15% 的上坡上停住。

9. 最小转弯半径

最小转弯半径是指叉车在无载低速行驶时,转向轮偏转最大角度时,瞬时转向中心距叉车最外侧的距离,以字母 r_{min} 表示,单位为 mm。α_{max} 表示转向轮偏转最大角度,L 表示叉车轴距,如图 4-36 所示。

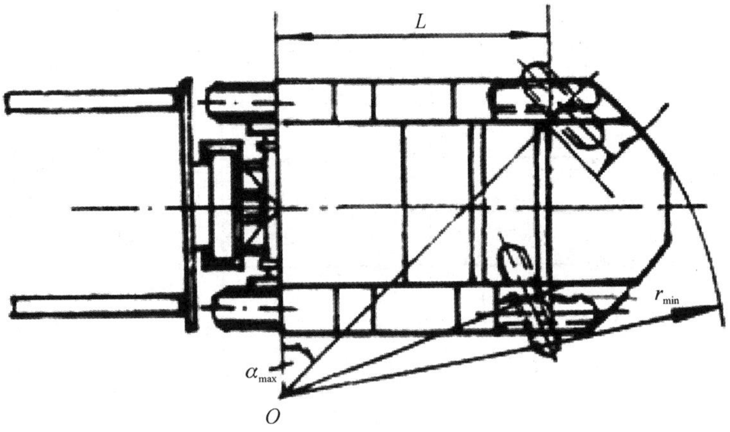

图 4 - 37　最小转弯半径

10. 直角通道最小宽度

直角通道最小宽度 S 是指可供叉车往返行驶的、成直角相交的通道的最小理论宽度,如图 4 - 38 所示。直角通道最小宽度越小,叉车的机动性越好,库场的利用率越高。

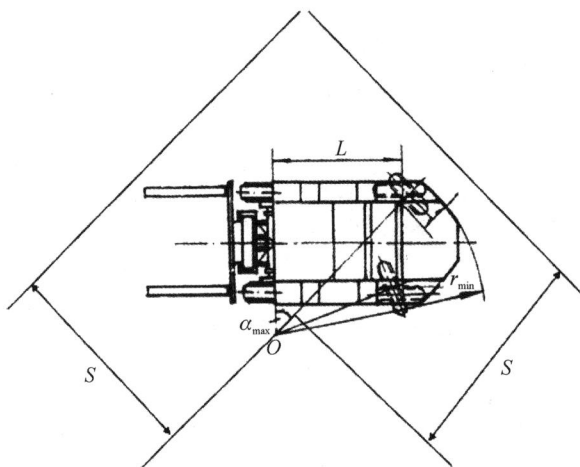

图 4 - 38　直角通道最小宽度

11. 直角堆垛通道宽度

直角堆垛通道宽度(RASA)是叉车进入工作场地后能否有足够空间作业的重要指标,即叉车直行进入两个障碍物(比如两排货架)之间,然后旋转 90°后进行叉取货物时,两个障碍物之间的距离,如图 4 - 39 所示。理论上直角堆垛通道宽度越小越好,其计算公式为

直角堆垛通道宽度 RASA ＝ 转弯半径(R)＋前悬距(X)＋货叉或托盘的长度(b)＋安全间隙(a)

12. 最小离地间隙

最小离地间隙是指叉车在轮压正常时,除车轮外车体上最低点至地面的距离,单位为 mm。最小离地间隙表示了叉车无碰撞地越过地面凸起障碍物的能力,离地面间隙越大,通过性越好,但离地间隙过大会影响叉车的稳定性。

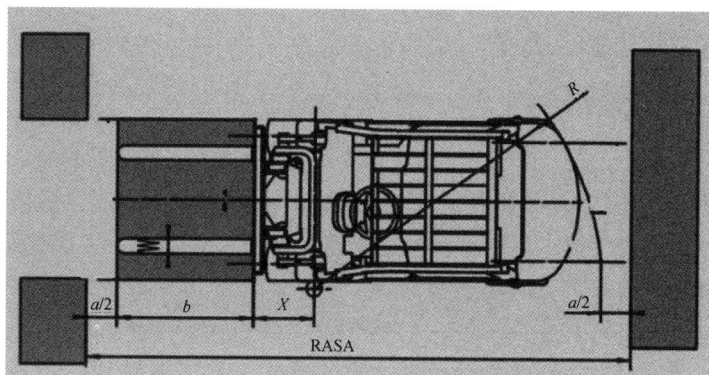

图 4 - 39 直角堆垛通道宽度

五、叉车的型号

目前国内内燃叉车的型号标注由动力种类、起重量、传动形式、结构形式等项构成。叉车型号编码如图 4 - 40 所示,型号编制规则如下。

(1)厂牌。有的企业用两个汉语拼音字母表示,有的用两个汉字表示,厂牌由厂家自定。

(2)改型代号。按汉语拼音字母顺序表示。

(3)主参数代号。以额定起重量乘以 10 表示,原机械工业部的部颁标准起重量不乘以 10。

(4)传动形式代号。机械传动不标字母,液力传动标字母 D,液压(静压)传动标字母 J。

(5)动力类型代号:汽油机标字母 Q,柴油机标字母 C,液态石油气机标字母 Y。

(6)结构形式代号:P 表示平衡重式,C 表示侧压式,Q 表示前移式,B 表示低起升高度插腿式,T 表示插入插腿式,Z 表示跨入插腿式,X 表示集装箱叉车。

例如:CPQ10B 表示平衡重式叉车,以汽油机为动力,机械传动,额定起重量 1 t,同类同级叉车第二次改进。

CPCD160A 表示平衡重式叉车,以柴油机为动力,液力传动,额定起重量 16 t,同类同级叉车第一次改进。

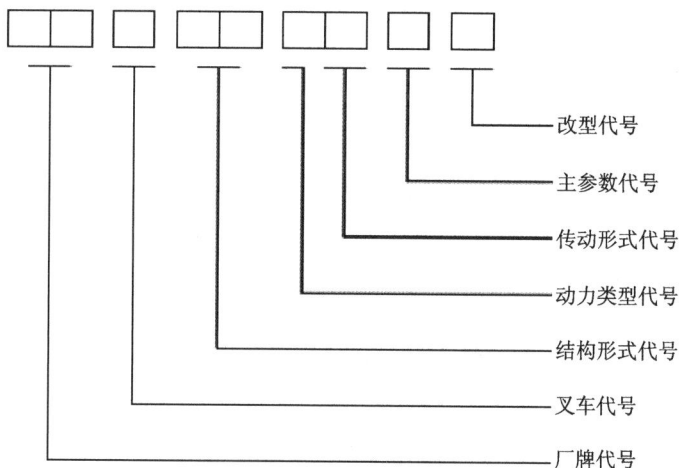

图 4 - 40 叉车型号编码

六、叉车车型和配置的选择

叉车车型和配置的选择一般要从以下几个方面考虑。

(一)作业功能

叉车的基本作业功能分为水平搬运、堆垛/取货、装货/卸货、拣选。根据企业所要达到的作业功能,可以从上面介绍的车型中初步确定叉车的车型和配置。另外,特殊的作业功能会影响到叉车的具体配置,例如搬运的是纸卷、铁水等,需要叉车安装属具来完成特殊功能。

(二)作业要求

叉车的作业要求包括托盘或货物规格、提升高度、作业通道宽度、爬坡度等一般要求,同时还需要考虑作业效率(不同的车型其效率不同)、作业习惯(如习惯坐驾还是站驾)等方面的要求。

(三)作业环境

如果企业需要搬运的货物或仓库环境对噪音或尾气排放等环保方面有要求,在选择车型和配置时应有所考虑。如果是在冷库中或是在有防爆要求的环境中,叉车的配置也应该是冷库型或防爆型的。应仔细考察叉车作业时需要经过的地点,设想可能的问题。例如,出入库时门高对叉车是否有影响;进出电梯时,电梯高度和承载对叉车的影响;在楼上作业时,楼面承载能力是否达到相应要求;等等。

在选型和确定配置时,要向叉车供应商详细描述工况,并实地勘察,以确保选购的叉车完全符合企业的需要。即使完成以上步骤的分析,仍然可能有几种车型同时都能满足上述要求。此时需要注意以下几个方面:

(1)不同的车型,工作效率不同,那么需要的叉车数量、司机数量也不同,会导致一系列成本发生变化。

(2)如果叉车在仓库内作业,不同车型所需的通道宽度不同,提升能力也有差异,由此会带来仓库布局的变化。

(3)车型及其数量的变化,会对车队管理等诸多方面产生影响。

物流企业叉车选型与采购指南

(4)不同车型的市场保有量不同,其售后保障能力也不同。

企业要对以上几个方面的影响进行综合评估,选择出最合理的方案。

七、叉车操作技术

(一)叉车驾驶的姿势

正确的驾驶姿势是良好的技术操作的基础,而良好的技术操作是保证行车安全、发挥车辆工作效率的基本条件。

(1)上车姿势:从叉车左边上车。左手拉着门架左上方的扶手,左脚先上。注意:不能抓着方向盘上车。

(2)驾车姿势:上车后,系好安全带。身体对正方向盘,头部端正,两眼向前平视,两肩稍向后张,后肩虚靠在背垫上,左手握着方向盘,右手放在操纵杆上。两腿自然下伸,两膝微屈,左右分开,左脚放在离合器踏板之下,右脚以脚跟为轴将脚掌轻放在油门之上。倒车时,身体可以稍微左偏,眼睛正视后方。

(3)下车姿势:右手拉着门架左上方的扶手下车,单脚先落地。注意:不要两脚同时落地,不能以跳的方式下车。因为在车上坐的时间太长，有时会导致腿部血液循环不流畅，如果两脚同时跳下，就很可能会使脚扭伤或腿抽筋等。

（二）叉车启动前检查

（1）检查自己是否符合驾驶车辆的基本要求，譬如穿着是否整齐等。

（2）在驾驶操作叉车前首先应对叉车全车结构有全面的了解，熟悉各个仪表和操作机构与手柄位置，知道其用处和作用，为驾驶叉车做好准备。

（3）观察车辆表面是否清洁无尘，确保车辆卫生符合要求。

（4）检查各部分机构情况是否正常，离合器踏板及制动踏板自由行程是否正常，刹车是否灵活可靠。

（5）检查转向系统拉杆接头处螺丝是否紧固以及是否松脱；检查油箱内燃油是否足量，发动机油底壳及喷油泵体机油油面是否在油标尺规定范围内，各油管接头处有无渗漏情况；观察散热器内水是否充满，各水管接头处有否渗漏现象。

（6）检查燃油管路中是否存有空气，如发现应予排除。首先将滤清器放气螺钉拧开，排除油箱至滤清器间的空气。然后拧开喷油泵上的放气螺钉，以输油泵上手泵打油，将油路中的空气排净。最后拧开喷油口处的高压油管螺母，以手泵打油，排净高压管中的空气。

（7）检查蓄电池极柱导线是否松动，发电机是否充电；检查前后轮胎充气是否充足。胎纹间如嵌有石子等物应予以清除。

（8）检查照明系统的大灯、小灯、后灯、制动灯、转向灯是否正常，以及喇叭是否正常。

（三）叉车的启动（以内燃柴油叉车为例）

叉车启动检查工作完毕，无异常后，方可启动车辆。启动发动机前，应检查手制动器是否拉紧，并检查变速杆是否在空挡。如有动力输出装置（如水泵、油泵等），动力输出操纵杆也须放在空挡位置。然后扭开钥匙，当电路接通后，必须等预热指示灯熄灭之后，才能启动叉车。当环境温度低时，启动后要观察机油压力，如没有压力时，应立即停车检查；起步前一定要挂慢速挡，缓缓起步后即试验制动器和转向器是否良好。载重时更需严格遵守此项规定，以免产生临时制动或转向不灵事故。

（四）叉车的起步

（1）叉车启动后，应按喇叭，以此提醒旁边的人注意安全，并观察周围的状况。

（2）起步之前，先将货叉升高 10 cm 左右（如果路面不平，则视路面而定）。并稍微向后倾斜一点，门架与地面保持 90°。

（3）踏下离合器，挂上慢挡以及前进挡。

（4）按下手刹车按钮（有的车手刹上没有），再次观察周围情况，必要时再次按响喇叭。

（5）迅速将离合器抬到接触点，待动力接触后，离合器踏板略停，当车略有抖动时松开手刹车，加油，抬起离合器，使车平稳起步。

（6）如感到动力不足，不能起步时，应迅速踏下离合器，重新起步。

（五）叉车的停车

先抬油门减速，同时踏下离合器；轻踩刹车，使车平稳停住并保证车轮轮胎是处于打直状态；挂好空档；门架下降及货叉落地，并与地面完全吻合；拉紧手刹，拉出熄

叉车操作
教学视频

火装置,熄火并拔出钥匙。

七、叉车安全行驶

"十次事故九次快",这是用鲜血换来的教训。因此,自觉遵守安全操作规程,遵守国家法令和企业的各项规章制度,是企业内机动车驾驶员应尽的义务。

(一)操作人员

(1)叉车操作人员必须经过专业培训,通过安全生产监督部门的考核,取得特种操作证,严禁无证操作。

(2)严禁酒后驾驶,作业过程中不得打手机、闲谈和吃食物。

(二)启动

(1)车辆启动前,检查起动、音响信号、照明电路、运转、制动性能、货叉、轮胎,使之处于完好状态。

(2)起步时要查看周围有无人员和障碍物,然后鸣号起步。

(3)叉车在载物起步时,驾驶员应先确认所载货物平稳可靠。起步时须缓慢平稳起步。

(三)行驶

(1)叉车在运行时,不准任何人上下车,严禁货叉站人。确实需要叉车辅助人员工作时,应配有专用的用于叉车的篮子,货叉应插入篮子下面专用的固定槽中。

(2)除装卸货以外,叉车必须靠右边行驶。

(3)空载行驶时,货叉距地面 $100\sim200$ mm,起升门架须后倾一定角度。

(4)如遇前面有人,应当按喇叭提示行车路线。

(5)应与其他叉车保持三倍自身叉车长的安全距离,叉车会车时除外。

(6)在交叉或狭窄路口,应小心慢行,并按喇叭随时准备停车。

(7)进出作业现场或行驶途中,要注意上空有无障碍物剐撞。非紧急情况下,不能急转弯和急刹车。

(8)禁止在坡道上转弯,也不应横跨坡道行驶。

(四)作业

(1)严禁超载、偏载行驶。

(2)作业速度要缓慢,严禁冲击性地装载货物。

(3)作业时,应遵守如下"七不准":

①不准将货物升高做长距离行驶。

②不准用货叉挑翻货盘和利用制动惯性溜放的方法卸货。

③不准直接铲运危险品。

④不准用单货叉作业。

⑤不准利用惯性装卸货物。

⑥不准用货叉带人作业,货叉举起后货叉下严禁站人和进行维修工作。

⑦不准用叉车去拖其他车,如确实需要叉车牵引,则需经过上级同意。

(4)停车后禁止将货物悬于空中,卸货后应先降货叉至正常的行驶位置后再行驶。叉载物品时,货物重量应平均分担在两货叉上,货物不得偏斜,物品的一面应贴靠挡货架。小件货物应放入集物箱(板)内,防止掉落。叉车所载物品不得遮挡驾驶员视线,如出现遮挡驾驶员视线时应倒车缓慢行驶,如遇上坡则不应倒车行驶,应有一人在旁指挥货叉朝上前进。

(5)当货叉接近或撤离物品时,车速应缓慢平稳,注意车轮不要碾压物品、垫木(货盘)和叉头,不要刮碰物品扶持人员。

(6)叉车在起重升降或行驶时,禁止任何人员站在货叉上把持物件或起平衡作用。叉物升降时,货叉范围半径1 m内禁止有人。

(7)搬运影响视线的货物或易滑的货物时,应倒车低速行驶。

(8)禁止在码头岸边直接叉装船上物料。

(五)停车

(1)尽量避免停在斜坡上,如不可避免,则应取其他可靠物件塞住车轮,同时拉紧手刹并熄火。停放时应将货叉降到最低位置,拉紧后刹车,切断电路,不能停放在纵坡大于5%的路段上。

(2)不能将叉车停在紧急通道、出入口、消防设施旁。

(3)叉车暂时不使用时应关掉电源,拉刹车。

叉车安全操作
规程"三字经"

任务五　其他装卸搬运设备认知

其他装卸搬运设备也能实现货物的装卸、搬运、堆垛等,有手推车、托盘搬运车、堆高车、牵引车、平板搬运车、码垛机械手、自动导引运输车等。

一、手推车

手推车是一种以人力驱动为主,一般为不带动力(不包括自行)在路面上水平运输货物的小型搬运车辆。其搬运作业距离一般不大于25 m,承载能力一般在500 kg以下。其特点是轻巧灵活、易操作、转弯半径小,是短距离输送较小、较轻货物的一种方便而经济的搬运工具。根据用途及负荷能力的不同,手推车可分为二轮手推车、多轮手推车和物流笼车三大类。

(一)二轮手推车

二轮手推车(见图4-41)是最古老、最实用的人力搬运车,它轻巧灵活、转向方便,但因靠体力装卸、移动和保持平衡,所以仅适合于装载较轻、搬运距离较短的场合。为适应现代物流的需要,目前多采用自重较轻的型钢和铝型材作为车体。

(二)多轮手推车

多轮手推车按用途可分为以下几种常用形式。

(1)平板式手推车:如图4-42所示,有四轮和六轮之分,因台面高度较低,适用于轻度或中度负荷。

(2)立体多层式手推车:如图4-43所示,把传统单板台面改成多层式台面,可增加货物存放空间,常用于拣货作业中。

(3)折叠式手推车:如图4-44所示,推杆为可折叠式,因其使用方便、收藏容易,故普及率较高。

图4-41　二轮手推车

（4）升降式手推车：如图4-45所示，除了装有升降台面供承载物升降外，还装有耐压且附有刹车定位的车轮，以供准确定位。

图4-42　平板式手推车　　　　图4-43　立体多层式手推车

图4-44　折叠式手推车　　　　图4-45　升降式手推车

（三）物流笼车

物流笼车（见图4-46）的设计以大置物空间及可折叠收藏为考虑重点，所以高度一般高于1450 m，其利用向上延伸的空间来达到置物空间的最大使用。物流笼车一般用于配送出货前的集货作业及随车全程运送过程，故采用高强度焊接架构，表面经热浸镀锌处理再粉体涂装，以延长使用寿命。

图4-46　物流笼车

（四）手推车的选型

在选择手推车时，一要考虑手推车的最大载重量，使用过程中不能超载运行，以免发生事故；二要考虑所要运输的货物的品种和类型，品种多时宜选择通用型手推车，品种单一时尽量选择专用手推车;三要考虑搬运量和距离,距离较远时装货要轻,货物较轻时手推车上的装货体积不要太大;四要考虑路面状况,路面较好时可选用小轮子手推车,路况较差时以选用稍大轮子的手推车为宜。

二、托盘搬运车

托盘搬运车是用来水平搬运托盘货物的搬运车辆。按驱动方式分,托盘搬运车可分为手动托盘搬运车和电动托盘搬运车。

(一)手动托盘搬运车

手动托盘搬运车是托盘运输工具中最简便、最有效、最常见的装卸搬运工具,广泛应用于仓库、工厂、机场、车站等场合。

1. 手动托盘搬运车的结构

手动托盘搬运车主要由舵柄、架体与车身、液压起升系统、车轮、连杆结构及其他零部件等部件构成,如图 4 - 47 所示。

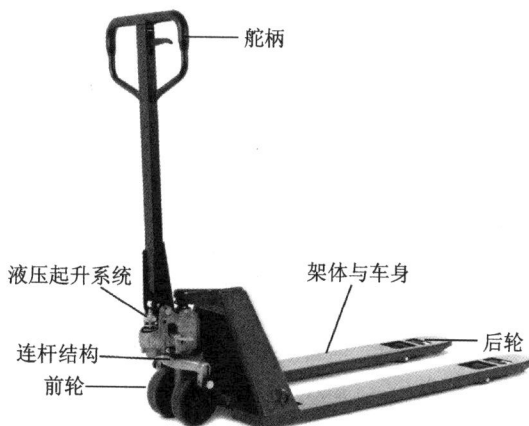

图 4 - 47　手动托盘搬运车的结构

(1)舵柄。舵柄是操纵架体与机身起升、下降和行走的控制杆。要想使搬运车处于不同的工作状态,需要通过舵柄上的操作手柄进行调节,如图 4 - 48 所示。

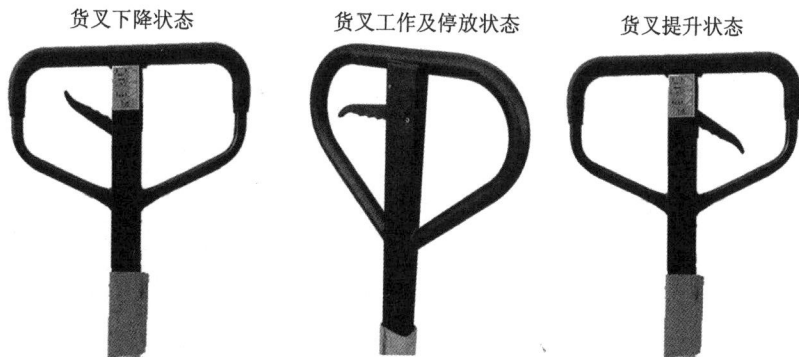

图 4 - 48　手动托盘搬运车操作手柄的状态

(2)架体与车身。架体与车身一般采用抗扭钢焊接而成,货叉由高抗拉伸槽钢做成,尖部做成圆头楔形,方便插入托盘且不损坏托盘。

(3)液压起升系统。密封的起升系统能满足大多数的起升要求。液压缸装在重载保护座上,低位控制阀和溢流阀可确保操作安全,并延长手动液压托盘搬运车的使用寿命。

(4)车轮。车轮一般有聚氨酯轮、尼龙轮、橡胶轮等。

(5)连杆结构。在搬运车运动过程中,需要大量的连杆结构的配合,运动通过连接杆进行传递。连杆结构主要布置在搬运车的底部,杆件与杆件之间用孔和轴进行连接。

2.手动托盘搬运车的操作方法

把手柄抬起,架体和机身会自动下降,到适当的位置时把手柄调至水平位置,架体和车身就会停止下降。此时手动控制舵柄推或拉至货物下方或者人工码放货物在架体上,等货物堆好后,把手柄压下。手动控制舵柄上下来回运动,架体和车身就会上升,到适当的位置后停止来回运动,架体和车身就会停止上升。此时把手柄调至水平位置,再拖拉舵柄至卸货位置卸货。卸货时,把手柄抬起,待架体下降至合适位置时把手柄调至水平位置时再卸货。在推或拉手动托盘搬运车时,一般要让手柄处于水平位置,只有保持这种状态时操作舵柄、架体与车身才不会上升或下降。此外,使用过程中不要随意找动手柄,以免货物翻倒。

操作前要有四检查,一是检查地牛液压缸是否泄露,二是检查滑轮装置是否有效,三是检查滑轮装置是否被异物缠绕,四是检查货叉是否降低到了最低位置。

操作过程中严禁把地牛当滑板,严禁货叉站人玩耍,严禁货叉下降过程中把脚伸到货叉下面,地牛停放时,控制杆放空挡,车轮打横,养成良好的作业习惯。

3.手动托盘搬运车的常见错误

(1)忘记检查货叉是否已经降至最低,撞到托盘。

(2)未下压控制杆,货叉无法升起。

(3)货叉未置于托盘中间,使得拖动地牛后货物掉落。

(4)货车未深入托盘2/3以上,使得拖动地牛后货物掉落。

(5)货物堆码超过安全视线,即货物堆放高度超过视线,容易撞到前面的货物。

(6)拖着地牛跑,货物掉落。

手动托盘搬运车
使用注意事项

(二)电动托盘搬运车

电动托盘搬运车的牵引装置为大容量电瓶,可实现电动行走、电动起升,如图4-49所示。电动托盘搬运车适用于重载及长时间搬运货物的情况,能在商场、超市、仓库、货场、车间等场所作业,尤其适用于食品、纺织、印刷等轻工行业,可大大提高货物搬运效率,减轻劳动强度。

三、堆高车

堆高车是指对成件托盘货物进行装卸、堆高、堆垛和短距离运输作业的各种轮式搬运车。按驱动方式分,堆高车可分为手动液压堆高车和电动堆高车。

(1)手动液压堆高车。它是一种无动力的装卸设备(见图4-50),具有结构紧凑、机动灵活、操作简单、

图4-49 电动托盘搬运车

回转半径小等特点。手动液压堆高车适用于工厂、车间、仓库、车站、码头等处的货物搬运与堆垛,也可用于有防火、防爆要求的场合(如印刷车间、油库等)。

(2)电动堆高车。它是以电动机为动力、蓄电池为能源的一种工业搬运车,如图4-51所示。

图4-50　手动液压堆高车　　　　图4-51　电动堆高车

四、牵引车和平板搬运车

(一)牵引车

牵引车(见图4-52)用于拖带载货平板车进行水平运输,一般都用内燃机驱动,基本构造与汽车相似,但结构紧凑、外形小,具有很好的机动性,适应在狭窄的场所进行工作。为了适应牵引与平板车的需要,牵引车的车体前面装有坚固的护板,尾部装有半自动拖挂机构。牵引车的最大牵引力由其功率及驱动轮的附着力决定:当功率及轮压一定时,牵引车的牵引力就取决于路面条件。

图4-52　牵引车

(二)平板搬运车

平板搬运车有载货平台,自己不能行走,需由牵引车拖带,可在平整的路面上搬运各种货物。通常由几辆平板车和一辆牵引车组成一列车组进行搬运工作,如图4-53所示。平板车的车身一般由钢材焊接而成;车轮全部为转向轮,各车轮间用连杆相连,以便动作协调一致;摘挂钩大多为自动或半自动形式,方便随时挂脱。

图4-53　平板搬运车

五、码垛机械手

码垛机械手能将不同外形尺寸的包装货物、整齐、自动地码（或拆）在托盘上（或生产线上等），其结构非常简单，所以故障率低，容易保养，容易维修，如图 4 - 54 所示。其主要构成零件少，配件少，所以维持费用很低。为充分利用托盘的面积和提高堆码物料的稳定性，机器人具有物料码垛顺序、排列设定器，可满足从低速到高速、从包装袋到纸箱、从码垛一种产品到码垛多种不同产品的使用要求，广泛应用于汽车、物流、家电、医药、食品饮料等不同领域。

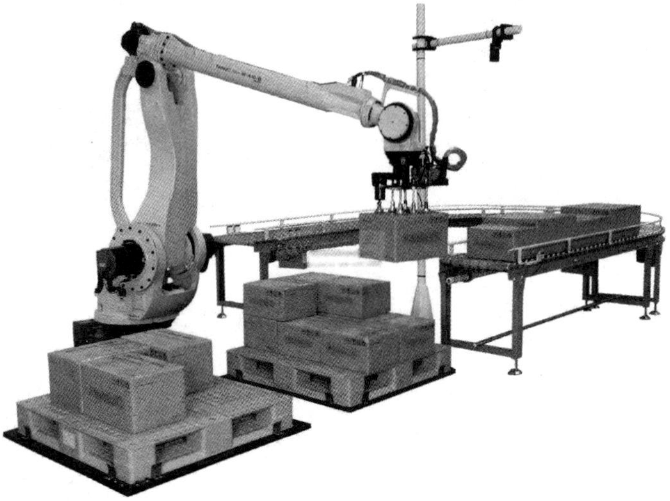

图 4 - 54　码垛机械手

六、自动导引运输车

自动导引运输车（automated guided vehicle，AGV）通常也称为 AGV 小车，是装备有电磁或光学等自动导引装置，能够沿规定的导引路径行驶，具有安全保护以及各种移载功能的运输车，如图 4 - 55 所示。

图 4 - 55　AGV 示意图

（一）AGV 的功能

1. 工作效率高

AGV 小车可实现自动充电功能，在有安全冗余考虑的前提下，可以实现 24 h 连续运转，大大提高了产品物料的搬运效率。

2. 节省管理精力

AGV 实现全数字化管理，可以有效规避人为因素，提高管理水平。

3. 较好的柔性和系统拓展性

AGV 中央管理系统可最大限度地更改 AGV 小车行驶路线，分配小车任务后可对 AGV 运行路线进行交通管制，具有较好的灵活性。同时，AGV 系统已成为工艺流程中的一部分，可作为众多工艺连接的纽带，因此，具有较高的可扩展性。

4. 可靠性高

相对于人工搬运的低效率，叉车及拖车在路径、速度上的不确定性，AGV 行驶路径和速度可控，定位停车准，从而大幅提高了物料的搬运效率，同时，AGV 管理系统可以对 AGV 小车进行全程监控，使其可靠性得到提高。

5. 安全性高

AGV 具有较完善的安全防护能力，有智能化的交通路线管理、安全与避碰、多级警示、紧急制动、故障报告等，能够在许多不适宜人类工作的场合发挥作用。

正因为 AGV 有如此多的优点，它被广泛应用于仓储业、制造业、邮局、图书馆、港口码头和机场、烟草、医药、食品、化工、危险场所和特种行业中点到点、长距离的稳定运输。目前世界上约有 2 万台各种各样的 AGV 运行在 2100 座大大小小的仓库中。

（二）AGV 的结构

AGV 主要由车体、蓄电和充电装置、驱动装置、转向装置、车上控制器、通信装置、安全装置、移载装置、信息传输及处理装置等组成，如图 4 - 56 所示。

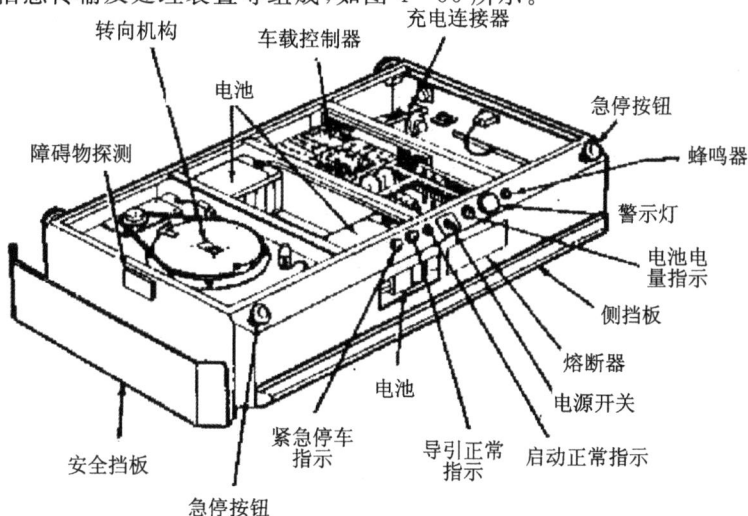

图 4 - 56　AGV 结构示意图

1. 车体

车体是 AGV 的基本骨架,所有的零部件都安装在车体上,因此车体要求有足够的强度和刚度,以满足 AGV 的运行和加速需要。AGV 的车体一般由钢构架焊接而成,上面覆盖有 1~3 mm 的钢板或硬铝板。

2. 蓄电和充电装置

AGV 一般采用直流工业蓄电池作为动力,电压有 24 V 和 48 V 两种。蓄电池在额定的电流下,一般应保证 8 h 以上的工作需要。对于两班制工作环境,要求蓄电池有 17 h 以上的工作能力。

3. 驱动装置

AGV 的驱动装置由车轮、减速器、制动器、驱动电机及速度控制器等部分组成,是控制 AGV 正常运行的装置。其运行指令由计算机或人工控制器发出,运行速度、方向、制动的调节分别由计算机控制。

4. 转向装置

接受导引系统的方向信息通过转向装置来实现转向动作。一般情况下,AGV 小车常设计成三种运动方式:只能向前,能向前与向后,能纵向、横向、斜向及回转全方位运动。

5. 车上控制器

车上控制器接受控制中心的指令并执行相应的指令,同时将本身的状态(如位置、速度等)及时反馈给控制中心。

6. 通信装置

通信装置主要用于实现 AGV 与地面控制站及地面监控设备之间的信息交换。

7. 安全装置

安全装置的作用是为 AGV 运行或故障急停时提供一定的安全保证,主要包括缓冲器、接近检测装置和紧急停车按钮等。

8. 移载装置

移载装置是通过与所搬运货物直接接触而实现货物转载的装置。AGV 可以采用输送机、升降平台、伸缩货叉、机械手等多种移载装置将车辆上的货物卸到载货平台上,也可将载货平台上的货物装到车辆上。

9. 信息传输及处理装置

信息传输及处理装置的功能是监控 AGV 所处的地面状态,然后将控制器的监控信息与地面控制器所发出的信息进行传递,以达到控制 AGV 运行的目的。

(三)AGV 的导引方式

目前,常用的导引方式有电磁导引、磁带导引、色带导引、激光导引、惯性导引、视觉导引、GPS 导引、坐标导引等。目前集中主流的 AGV 导引技术原理及特点如下。

1. 电磁导引

电磁导引是一种较为传统的导引方式,通过在 AGV 的行驶路径上埋设金属线,并在金属线上加载电流产生导引频率,AGV通过对导引频率的识别和跟踪,确定运行路线,如图4-57所示。电磁导引的优点是导引线隐蔽,不易污染和破损,导引原理简单而可靠,便于控制通信,对声光无干扰,投资成本低;其缺点是不易扩展或改变路径,对于复杂路径局限性大。

图4-57 电磁导引的AGV

2. 磁带导引

磁带导引与电磁导引相近,不同之处在于采用了在地面上铺贴磁带替代在地面下埋设金属线,通过磁带感应信号实现导引,如图4-58所示。磁带导引的优点是定位精确,灵活性比较好,改变或扩充路径较容易,铺设简单易行,成本也较低;其缺点是易受环路周围金属物质的干扰、磁带易受机械损伤,且AGV智能按磁带路径行走,因此在路径变更时也需要重新铺设磁带。

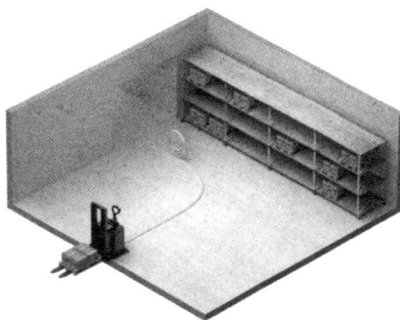

图4-58 磁带导引的AGV

3. 色带导引

在AGV的行驶路径涂漆或粘贴色带,通过AGV自带的摄像头采集色带图像并进行信号处理实现导引,如图4-59所示。光学导引的优点是灵活性比较好,路线设置简单易行;其缺点是对色带的脏污和机械磨损十分敏感,导引可靠性较差,精度较低。

图4-59 色带导引的AGV

4. 激光导引

激光导引是在行驶路径安装激光定位标志(有高反光性的激光反射板),激光定位标志通常安装在运行路径沿途的墙壁或支柱上。AGV 上的激光扫描器发射激光,同时采集通过反射板反射回来的激光并进行信号处理实现定位和确定航向,如图 4-60 所示。其优点是定位精准,路径灵活多变,能满足多种现场环境;其缺点是对环境光线、地面、设备反光面有要求,且反射板与 AGV 的激光扫描器之间不能有障碍物,不适合空中有物流影响的场合。

依据同样的原理,若将激光扫描器更换为红外发射器或超声波发射器,则激光导引式 AGV 可以变为红外导引式 AGV 或超声波导引式 AGV。

图 4-60　激光导引的 AGV

5. 惯性导引

惯性导引是在 AGV 上安装陀螺仪,在行驶区域的地面上安装定位块,AGV 可通过对陀螺仪偏差信号的计算及地面定位块信号的采集来确定自身的位置和航向,如图 4-61 所示。惯性导引的优点是定位准确性高,灵活性强,适用性广;其缺点是成本较高且导引的精度和可靠性与陀螺仪的制造精度及使用寿命密切相关。

图 4-61　惯性导引的 AGV

6. 视觉导引

AGV 上装有视觉传感设备(CCD 摄像机或视觉传感器),在车载计算机中设置有 AGV 预定行驶路径周围环境的图像数据库。在 AGV 行驶过程中,摄像机动态获取车辆周围环境的图像信息并与图像数据库进行比较,从而确定当前位置并对下一步行驶做出决策,如图 4-62 所示。视觉导引的优点是不需人为设置物理路径,具有很强的柔性,随着计算机图像采集、储存和处理技术的飞速发展,该种 AGV 的实用性将越来越强。

图 4-61　视觉导引的 AGV

根据对各类 AGV 导引技术的分析,可以得到表 4-6。

表 4-6　各类 AGV 导引技术对比

导引方式	固定/自由路径	定位精确度	系统柔性	应用局限性	采购成本
电磁导引	固定路径	较高	低	复杂路径不适用	较低
磁带导引	固定路径	较高	较高	易受环路周围金属物质的干扰,磁带易受机械损伤	较低
色带导引	固定路径	较低	较高	对色带的脏污和机械磨损十分敏感	较低
激光导引	自由路径	高	高	对环境光线、地面、设备反光面有要求,且反射板与 AGV 的激光扫描器之间不能有障碍物	较高
惯性导引	自由路径	高	较高		较高
视觉导引	自由路径	高	高		较高

　　有的企业认为,最新的导引方式就是最好的。其实不然,不论是老技术还是新技术,都有其优缺点和使用的局限性,单一的导引技术无法覆盖企业所有的应用需求,企业根据不同的场合、不同的使用需求,需要选择不同导引技术的产品。例如,在经常有叉车或人员来往的路段上,不宜用磁带导引;如果 AGV 的路径经常变化的话,应考虑使用"自由路径导引"的技术;有高空物流的生产现场,不宜适用激光导引的方式。企业在选择时,需要综合考虑应用需求、环境因素、成本等多方面的因素,因地制宜,灵活运用,这样才能达到投资的效益最大化。

最新 10 款 AGV

(四)自动导向车的作业安全

　　自动导向车是无人驾驶自动导向运行的搬运车辆,为了保证车辆、各种地面、现场人员以及自动导向车系统的安全,要采取综合的安全保障措施。

　　(1)障碍探测和接触缓冲。在车辆的前端装有接近探知器和接触缓冲器。接近探知器在预定的距离内检测到障碍物就能控制自动导向车减速直到自动停止。若接近探知器未能检测到障碍物,而接触缓冲器触及该物时,立即发出碰触障碍物的信号,同时车辆紧急停车。

　　(2)弯道自动减速。在一般作业场合,车辆的最大运行速度常在 60 m/min 以下。为了保

物|流|设|施|与|设|备

证安全,车辆在弯道处行驶时采用缓行速度。

(3)货物搬运和移载。运行时,车上移载装置及其上的货物必须锁紧和牢固。移载时,车体不能移动。

理论测评

一、不定项选择题

1.( )是物流系统的重要环节,其基本功能是改变物品的存放状态和空间位置。

A.流通加工　　　　　B.运输　　　　　　C.装卸搬运　　　　D.集装单元

2.货物在装卸过程中有时需进行短距离的移动,这种在同一场所内对物品进行以水平移动为主的物流作业称为( )。

A.装卸　　　　　　　B.搬运　　　　　　C.运输　　　　　　D.包装

3.散货装卸一般可以采用( )。

A.起重机械　　　　　B.输送机械　　　　C.装卸搬运车辆　　D.专用装卸搬运机械

4.按主要用途和结构特征,装卸搬运设备可分为哪几类?( )

A.起重机械　　　　　B.输送机械　　　　C.装卸搬运车辆　　D.专用装卸搬运机械

5.常见起重机主要有哪几部分组成?( )

A.驱动装置　　　　　B.金属结构　　　　C.工作机构　　　　D.控制系统

6.以下哪些选项是轻小型起重设备?( )

A.千斤顶　　　　　　B.手动葫芦　　　　C.电动葫芦　　　　D.卷扬机

7.起重机工作机构包括( )。

A.起升机构　　　　　B.运行机构　　　　C.旋转机构　　　　D.变幅机构

8.起重量是指被起升重物的质量,其可分为( )。

A 有效起重量　　　　B.额定起重量　　　C.总起重量　　　　D.最大起重量

9.桥式起重机一般由哪些部分组成?( )

A.桥架　　　　　　　B.大车运行机构　　C.起重小车　　　　D.驾驶室

10.流动式起重机按运行部分的结构不同,可分为( )。

A.汽车起重机　　　　B.轮胎起重机　　　C.履带起重机　　　D.轨道起重机

11.下列选项属于臂架类起重机的是( )。

A.固定式回转起重机　B.千斤顶　　　　　C.滑车及滑车组　　D.卷扬机

12.( )设备简称输送机,是以连续、均匀的方式沿着一定线路输送散货和成件包装的机械设备。

A.连续输送　　　　　B.螺旋输送机　　　C.气力输送机

13.以下不属于有挠性构件的输送机械是( )。

A.带式输送机　　　　B.斗式提升机　　　C.螺旋输送机

14.斗式提升机是一种在垂直方向或大于( )倾角的倾斜方向输送粉粒状物料的输送设备。

A.60 度　　　　　　　B.70 度　　　　　　C.75 度　　　　　　D.80 度

15.以下哪些是连续输送机的特点?( )

A.高效性　　　　　　B.自动控制性好　　C.适应性差

16.辊筒输送机分为哪两大类?( )

118

A. 无动力式辊筒输送机

B. 动力式辊筒输送机

C. 混合动力式滚筒输送机

17. 物料从料斗中卸出,根据物料受力情况的不同,斗式提升机可分为哪几种?（　　）

A. 离心式　　　　　　　　B. 重力式　　　　　　　　C. 混合式

18. 按压力差的不同,气力输送机可分为以下哪几种?（　　）

A. 吸送式　　　　　　　B. 压送式　　　　　　　C. 重力式　　　　　　　D. 混合式

19. 用于小倾角输送粉状、颗粒状及小块货物,广泛用于堆场、仓库、矿井、卸船和卸车的连续输送机械是（　　）。

A. 带式输送机　　　　B. 板式输送机　　　　C. 斗式提升机　　　　D. 螺旋输送机

20. 以下不属于有挠性输送机的是（　　）。

A. 带式输送机　　　　B. 斗式提升机　　　　C. 螺旋输送机　　　　D. 气力输送机

21. （　　）是指以各种叉具作为主要取货装置,依靠液压起升机构升降货物。

A. 叉车　　　　　　　　B. 货车　　　　　　　　C. 升降车

22. （　　）是叉车最广泛的一种,约占叉车总数的80%以上。

A. 平衡重式叉车　　　B. 插腿式叉车　　　　C. 前移式叉车　　　　D. 侧面式叉车

23. （　　）是指货叉上放置标准的货物时,其重心到货叉垂直段前臂的水平距离。

A. 载荷中心距　　　　B. 最小距离地间隙　　C. 轴距　　　　　　　　D. 轮距

24. 某一叉车型号为CPQ10B,表示它的额定起重量为（　　）。

A. 10 t　　　　　　　　B. 1 t　　　　　　　　C. 100 t

25. 叉车驾驶员必须经过相关部门考试合格,取得政府机构颁发的（　　）,方可驾驶叉车。

A. 特殊工种操作证　　B. 叉车驾驶证　　　　C. 机动车驾驶证

26. 叉车按动力装置分为（　　）。

A. 内燃叉车　　　　　　B. 蓄电池叉车　　　　C. 手动托盘叉车　　　D. 平衡重式叉车

27. 某一叉车型号为CPQ10B,其中Q表示（　　）。

A. 厂牌　　　　　　　　B. 传动形式代号　　　C. 动力类型代号　　　D. 结构形式代号

28. 叉车工作装置基本结构包括（　　）。

A. 发动机　　　　　　　B. 起重工作装置　　　C. 底盘叉车　　　　　D. 电气设备

29. 蓄电池叉车广泛适用于（　　）。

A. 医药行业　　　　　　B. 食品行业　　　　　C. 室外运输　　　　　D. 重工业车间

30. 地牛在操作过程中应注意（　　）。

A. 操作时地牛当作滑板玩耍　　　　　　　B. 严禁货叉站人玩耍

C. 停放时控制杆放空档　　　　　　　　　D. 货叉下降过程中把脚伸到货叉下面

31. 叉车载货下坡时应（　　）。

A. 倒车行驶　　　　B. 快速前进　　　　　C. 慢速前进　　　　　D. 减速前进

32. AGV的驱动装置由（　　）等部分组成。

A. 速度控制器　　　　B. 减速器　　　　　　C. 制动器　　　　　　D. 驱动电机

33. 自动导引搬运车主要由哪些部分组成?（　　）

A. 车体、蓄电和充电装置　　　　　　　　B. 驱动装置和转向装置

C. 车上控制通信装置和安全装置　　　　　D. 信息传输及处理装置

34. 固定路径引导包括(　　　)。

A. 电磁引导　　　　　B. 光学引导　　　　　C. 惯性引导　　　　　D. 磁带引导

35. 托盘运输工具中最简便、最有效、最常见的装卸搬运工具是(　　　)。

A. 叉车　　　　　　　B. AGV　　　　　　　C. 搬运车　　　　　　D. 手动托盘搬运车

二、简答题

1. 简述常见起重机的适用范围。

2. 简述装卸设备搬运的作用。

3. 简述起重机械工作时的"十不吊"。

4. 简述常见输送机械的适用范围。

5. 带式输送机工作的注意事项有哪些?

6. 叉车操作技术中的作业有哪些禁止?

7. 叉车的选型配置应考虑哪些因素?

8. 简述手动托盘搬运车的操作方法。

9. 选择手推车要考虑哪些因素?

10. 简述电磁导引的优点和缺点。

任务工单一

装卸搬运设备的选择

工作任务	选定某具体物流任务,拟订装卸搬运的时间、成本要求,综合考虑,为其选择适合的装卸搬运设备,并说明理由。以团队形式完成,要分工明确,要具体到个人			
教学模式	任务驱动		教学地点	计算机房
任务目标	能够根据物流的具体需求,选择合适的装卸搬运设备 能够正确分析两种选配方案,进行对比,合理选择			
设备器材	30~40 台计算机、草稿纸			

任务分析思路

1. 首先拟订具体的物流任务(包括货物数量、重量、体积、货物特点、具体装卸地点,并考虑成本、时间等要求)

2. 选用两种相对合适的装卸搬运设备及数量,分析在实施装卸搬运过程中消耗的成本、时间

3. 将两种方案进行对比、评价,选定某一种

4. 最后形成任务实施报告,以 Word 和 PPT 的形式提交

评价内容		配分	考核点	备注
作业 (90分)	内容正确, 逻辑清晰	60	能根据物流的需求及装卸搬运设备的特点及适用范围,正确选取装卸搬运设备 能够正确分析两种选配方案,进行对比,合理选择	
	格式正确 无语病	30	Word 内容格式正确,无语病,PPT 简洁美观	

续表

职业 素养 (10分)	10	整齐摆放操作工具及凳子,工作台面整洁	工作场地脏、乱、差;严重违反考场纪律,造成恶劣影响的,本大项记0分

✎ 任务工单二

叉车的选型

工作任务	假定有某汽车零部件仓库,要完成1210托盘的装卸搬运及堆垛,其托盘货架间的最大高度为3 m,最大货物的重量为3 t,最小货物重量为1 t,仓库的最小直角堆垛通道宽度为4 m,假定货物最大尺寸小于托盘尺寸 1.试着说明叉车选型应考虑的因素 2.能根据题目给出的具体情况选出叉车的结构类型、动力类型 3.能根据题目给出的有关参数选择某品牌的某款叉车,并说明依据		
教学模式	任务驱动	教学地点	物流实训中心
任务目标	能够根据物流的具体需求,对叉车进行初步选型。		
设备器材	30～40台计算机、草稿纸		

任务分析思路

1.考虑叉车应实现的功能,且满足货物重量、起升高度、通道宽度的需求

2.从合力、比亚迪、林德等官网查阅参数,根据题意选择某型号的叉车

3.形成任务实施报告,以Word的形式提交

评价内容		配分	考核点	备注
作业 (90分)	内容正确, 逻辑清晰	70	能根据需求选定合理的叉车动力类型、结构类型以及具体的型号	
	格式正确, 无语病	20	Word内容格式正确,无语病,PPT简洁美观	
职业 素养 (10分)		10	整齐摆放操作工具及凳子,工作台面整洁	工作场地脏、乱、差;严重违反考场纪律,造成恶劣影响的,本大项记0分

✎ 任务工单三

电动叉车的操作

工作任务	操作电动叉车,完成直线前进与后退、"S"线路行驶以及直角转弯		
教学模式	任务驱动	教学地点	物流实训基地

任务目标	能够熟练操作叉车,掌握操作过程的注意事项
设备器材	电动叉车一台,路障10个,口哨1个
任务描述	

直线前进与后退:如图4-63所示,用路障设置场地,前后路障AB距离20 m。两侧路障CD宽为叉车宽度加30 cm,相邻路障CE宽度为150 cm。考生驾驶电动叉车前进行驶:从A点出发,直达B点。然后再倒车行驶:从B点退回A点。要求完成时间为15 min。

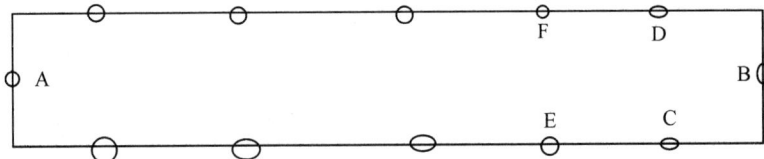

图4-63 电动叉车的直线行驶

"S"线路行驶:如图4-64所示,用路障设置场地,前后路障AB距离20 m。AC和BD距离为350 cm,以C至I各点为中心,两边对应摆设路障且间距为电动叉车宽度加40 cm,C到I点各距离均相等。考生驾驶电动叉车前进行驶:从A点出发,绕过各路障,到达B点。然后再倒车行驶:从B点退回A点。要求完成时间为20 min。

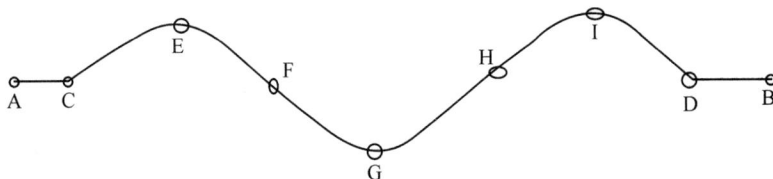

图4-64 电动叉车的"S"行驶线路

直角转弯:如图4-65所示,用路障设置场地,路障AM与MC距离均为10 m。AB、EF等两侧路障间距为电动叉车宽度加30 cm,AE、EG、IK、KC距离为3 m。考生驾驶电动叉车前进行驶:从AB点出发,绕过各路障,通过直角,到达CD点。然后倒退行驶:从CD点出发,绕过各路障,通过直角,到达AB点。要求完成时间为30 min。

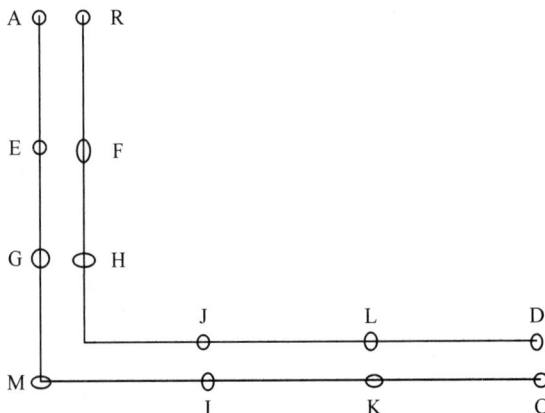

图4-65 电动叉车的直角转弯行驶路线

续表

评价项目		配分	考核内容及评分标准	备注
操作过程与规范 （40分）	工作前准备	10分	穿戴不符合要求扣5分 未进行设备检查扣2分 未系好安全带扣3分	出现明显失误造成设备损坏等安全事故；严重违反考场纪律，造成恶劣影响的，本大项记0分
	设备操作	30分	起步不鸣笛扣5分 挂挡错误扣5分 手刹操作错误扣5分 碰撞路障一次扣5分	
职业素养（30分）	6S基本要求	10分	不符合6S基本要求扣3～5分	
	安全操作	20分	驾驶姿势不正确扣2分 不爱惜设备扣3分 故意损坏设备扣20分 考生发生严重违规操作或作弊，取消考试成绩	
实际操作质量 （30分）	叉车的直线前进与后退	10分	完成叉车直线前进与后退	
	叉车的"S"线路行驶	10分	完成叉车"S"线路行驶	
	叉车的直角转弯	10分	完成叉车直角转弯	
总分		100分		

项目五　仓储设施设备

任务引入

内蒙古蒙牛乳业泰安有限公司乳制品自动化立体仓库,是蒙牛乳业公司委托太原刚玉物流工程有限公司设计制造的第三座自动化立体仓库。该库后端与泰安公司乳制品生产线相衔接,与出库区相连接,库内主要存放成品纯鲜奶和成品瓶装酸奶。库区面积8323平方米,货架总高度分别有21 m、19.35 m、17.7 m、16.05 m、14.4 m和12.75 m。货架规模为:常温区有14964个,低温区有4668个。托盘尺寸1200 mm×1000 mm,库内货位总数19632个。其中,常温区货位数14964个,低温区货位数46687个。入库能力150盘/h,出库能力300盘/h。出入库系统采用联机自动。

入库区由66台链式输送机、3台双工位高速穿梭车组成。输送机负责将生产线码垛区完成的整盘货物转入各入库口;双工位穿梭车则负责生产线端输送机输出的货物向各巷道入库口的分配、转动及空托盘回送。

储存区包括高层货架和17台巷道堆垛机。高层货架采用双托盘货位,完成货物的存储功能。巷道堆垛机则按照指令完成从入库输送机到目标的取货、搬运、存货及从目标货位到出货输送机的取货、搬运、出货任务。

托盘回流区分别设在常温储存区和低温储存区内部,由12台出库口输送机、14台入库口输送机、巷道堆垛机和货架组成。分别完成空托盘回收、存储、回送、外调货物入库、剩余产品与退库产品入库、回送等工作。

出库区设置在出库口外端,分为货物暂存区和装车区,由34台出库输送机、叉车和运输车辆组成。叉车司机通过电子看板、RF终端扫描来完成叉车装车作业,反馈发送信息。

维修区设在穿梭车轨道外一侧,在某台穿梭车更换配件或处理故障时,其他穿梭车仍旧可以正常工作。

计算机控制室设在二楼,用于出入库登记、出入库高度、管理和联机控制。

思考:仓库有哪些设施设备? 这些设备有哪些特点?

任务目标

一、知识目标

(1)了解仓库的分类与功能,熟悉仓库的布局及结构设计;

(2)了解自动化立体库类型,掌握各种货架的基本结构、特点及用途;

(3)了解站台辅助设备,熟悉站台的形式及设计;

(4)了解货架的作业及分类,熟悉仓储活动中常见的货架;

(5)了解自动化分拣系统的组成,熟悉自动分拣系统的构成及工作过程,熟悉常见的自动分拣机；

(6)熟悉常见的计量、保管养护、安全消防等仓储辅助设备。

二、能力目标

能够根据实际需求,选择相应的仓储设备。

任务一　仓库概述

仓库一般是指能实现商品、货物进行入库、储存、保管、盘点和分发等工作的库房、货棚和货场等各种建筑物和场所。在工业中,一般储存各种生产需用的原材料、零部件、设备、机具、半成品和产成品。仓库具有能够储存和保管货物、调节供需、调节货物运输能力、进行流通配送加工、实现信息传递等功能。

仓储设施设备主要包括仓库以及与其相关的配套设备,依据仓储设施设备的用途不同可以将其分为仓储存储设备、仓库收发站台设施设备和仓储辅助设备等。仓储存储设备主要是货架、托盘等,站台收发设施设备包括站台、牵引车、拖车及其他设备。仓储辅助设备包括计量设备、养护设备和安全设备。

仓储设施设备是仓库运作的必要条件,它不仅直接影响企业为物流需求者提供的物流量、物流服务质量以及作业效率,而且影响现代物流企业的物流成本、物流速度、安全生产以及物流作业的生产秩序等。仓储设施设备的好坏,对现代物流企业的生存与发展都有着重大影响。

一、仓库的分类

(一)按使用对象和权限分类

1. 自备仓库

自备仓库是指附属于企业、机关、团体,专门为这些单位储备自用物资的仓库。其优点是具有较强的控制能力,成本低,可以充分发挥人力资源。其缺点是缺乏柔性,财务方面限制,投资回报率低。

2. 营业仓库

营业仓库是一种社会化的仓库,面向社会提供服务,以经营为手段,以盈利为目的。其优点是节省资金投入,缓解存储压力,减少投资风险,具有较高的柔性化水平。其缺点是沟通困难,缺乏个性化服务。

3. 公共仓库

公共仓库是指国家或企业向社会提供的仓库,专门向客户提供相对标准的仓库服务。本身不进行单纯经营,而是为其他公用事业配套服务的仓库。服务提供方和接受方之间是一种合同关系,合同经营使双方容易沟通和协调,提供较大的灵活性和信息资源共享。

(二)按仓库的用途分类

1. 采购供应仓库

采购供应仓库主要用于集中储存从生产部门收购的商品和供国际进出口的商品。这类仓库库场一般设在商品生产比较集中的大中城市或商品运输枢纽的所在地。

2. 批发仓库

批发仓库主要用于储存从采购供应库场调进或在当地收购的商品。这类仓库一般贴近商品销售市场,其规模同采购供应仓库相比一般要小一些,它既从事批发供货,也从事拆零供货业务。

3. 零售仓库

零售仓库主要用于为商业零售业做短期储货,一般提供店面销售。零售仓库的规模越小,所储存物资周转越快。

4. 储备仓库

储备仓库一般由国家设置,以保管国家应急的储备物资和战备物资。货物在这类仓库中储存时间一般比较长,并且储存的物资会定期更新,以保证物资的质量。

5. 中转仓库

中转仓库处于货物运输系统的中间环节,存放那些等待转运的货物,一般货物在此仅做临时停放。这类仓库一般设置在公路、铁路的场站和水路运输的港口码头附近,以方便货物在此装运。

6. 加工仓库

加工仓库是指承担储存与加工双重职能的仓库。对某些必须进行加工整理后才可发运的商品,可以设加工专用仓库,就库存商品进行挑选、整理、加工、包装、储运,然后出运。如农副产品、畜产品、中药材等加工仓库。

7. 保税仓库

保税仓库是指为了满足国际贸易的需要,设置在一国国土之上,但在海关关境以外的仓库。外国企业的货物可以免税进出这类仓库,办理海关申报手续,而且经过批准后,可以在保税仓库内对货物进行加工、存储等作业。

(三)按技术处理方式及保管方式分类

(1)普通仓库。它是指常温保管、自然通风、无特殊功能的仓库。

(2)冷藏仓库。它是指具有制冷装置和保温隔热设施,专门用于储存冷冻物资的仓库。

(3)恒温仓库。它是指能调节温度,并使其在一定温度范围内恒定的仓库。

(4)露天仓库。它是指在自然条件下保管,无建筑物围挡遮蔽,直接对货堆进行防护的仓库。

(5)水上仓库。它是指利用水面或水下在高湿度条件下储存货物的仓库。

(6)危险品仓库。它是指专门用于保管危险品,并对危险品具有一定防护作用的仓库。

(7)散装仓库。它是指专门保管散粒状、粉状物资的容器式仓库。

(8)地下仓库。它是指利用地下的洞穴或建筑物储存物资的仓库,这种仓库主要用来储存石油等战略物资,具有较高的储存安全性。

(四)按结构和构造分类

1. 单层仓库

单层仓库是最常见的,也是使用最广泛的一种仓库建筑类型(见图 5-1),这种仓库只有

一层,也就当然不需要设置楼梯。它的主要特点如下:

(1)单层仓库设计简单,所需投资较少。

(2)由于仓库只有一层,因此在仓库内搬运、装卸货物比较方便。

(3)各种附属设备(如通风设备、供水和供电等)的安装、使用和维护都比较方便。

(4)由于只有一层,仓库全部的地面承压能力都比较强。

图 5-1　单层仓库

2. 多层仓库

多层仓库一般占地面积较小,它一般建在人口稠密、土地使用价格较高的地区(见图 5-2),由于是多层结构,因此货物一般是使用垂直输送设备来搬运货物。总结起来,多层仓库有以下几个特点:

(1)多层仓库可满足各种不同的使用要求,例如可以将办公室和库房分处两层,在整个仓库布局方面比较灵活。

(2)分层结构将库房和其他部门自然进行隔离,有利于库房的安全和防火。

(3)多层仓库作业需要的垂直运输重物技术已经日趋成熟。

(4)多层仓库一般建在靠近市区的地方,因为它的占地面积较小,建筑成本可以控制在有效范围内,所以,多层仓库一般经常用来储存常用的高附加值的小型商品。使用多层仓库存在的问题在于建筑和使用中的维护费用较大,一般商品的存放成本较高。

图 5-2　多层仓库

3. 立体仓库

立体仓库又被称为高架仓库(见图 5-3),它也是一种单层仓库,但同一般的单层仓库的不同在于它利用高层货架来储存货物,而不是简单地将货物堆积在库房地面上。在立体仓库中,由于货架一般比较高,所以货物的存取需要采用与之配套的机械化、自动化设备,一般在存取设备自动化程度较高时也将这样的仓库成为自动化立体仓库。

图 5-3　立体仓库

4. 筒仓

筒仓就是用于存放散装的小颗粒或粉末状货物的封闭式仓库(见图 5-4)。这种仓库一般被架高,可用来存储粮食、饲料、水泥和化肥等。

图 5-4　筒仓

5. 露天堆场

露天堆场是用于在露天堆放货物的场所,一般用来堆放大宗原材料或者不怕受潮的货物,如图 5-5 所示。

图 5-5 露天堆场

二、仓库的布局

仓库布局是指在一定区域或库区内,对仓库的数量、规模、地理位置和仓库设施道路等各要素进行科学规划和整体设计。对仓库进行布局是开展仓储业务的客观需要,其合理与否直接影响到仓库各项工作的效率和储存货物的安全。仓库的布局可分为货区的平面布局、空间布局以及非保管区布局。

仓库货区的平面布局是指对货区内的货垛、通道、垛间距、收发货区等进行合理规划,并正确安排它们的相对位置,如图 5-6 所示。

仓库货区的空间布局是指库存货物在仓库立体空间上的布局,其目的在于充分有效地利用仓库空间。空间布局的主要形式有就地堆码、货架存放、架上平台、空中悬挂等。

仓库库房内除了货垛和货架所占的面积外,其他区域都为非保管区,主要包括墙间距、收发货区、办公区等。

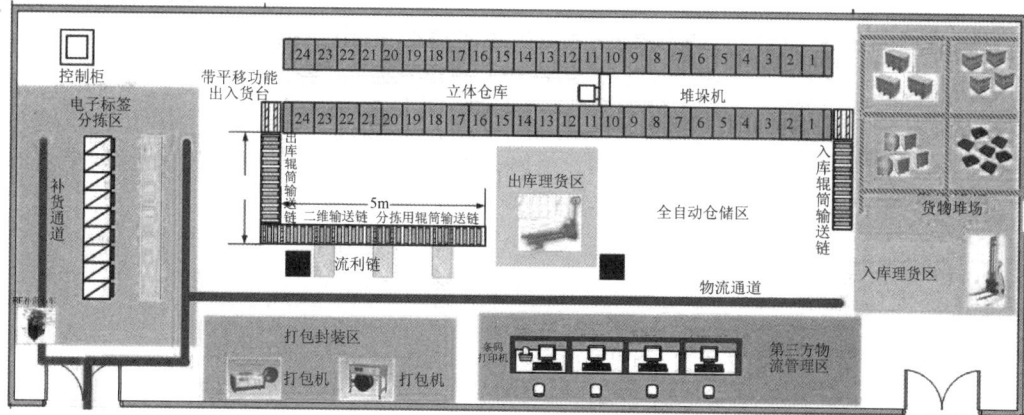

图 5-6 某仓库平面布局示意图

三、仓库的结构设计

仓库的结构对实现仓库的功能起着很重要的作用。因此,仓库的结构设计应考虑以下几个方面。

1. 平房建筑和多层建筑

从出入库作业的合理化方面考虑,仓库的结构应尽可能采用平房建筑,这样储存产品就不必上下移动,因为利用电梯将储存产品从一个楼层搬运到另一个楼层费时费力,而且电梯往往也是产品流转中的一个瓶颈,货物搬运利用数量有限的电梯会影响作业效率。但是在城市内,尤其是在商业中心地区,土地资源有限且昂贵,为了充分利用土地,采用多层建筑成了最佳的选择。但在采用多层仓库时,要特别重视对上下楼的通道设计。

2. 仓库出入口和通道

仓库出入口的位置和数量是由库内货物堆码形式、建筑物主体结构、出入库次数、出入库作业流程以及仓库职能等因素所决定的。出入库口尺寸的大小是由卡车是否出入库内,所用叉车的种类、尺寸、台数、出入库次数,保管货物尺寸大小所决定的。库内的通道是保证库内作业顺畅的基本条件,通道应延伸至每一个货位,使每一个货位都可以直接进行作业,通道需路面平整和平直,减少转弯和交叉。

3. 立柱间隔

库房内的立柱是出入库作业的障碍,会导致保管效率低下,因而立柱应尽可能减小,间距应尽可能大。这个跟建筑的材料以及建筑的结构形式相关,仓库采用钢结构明显比钢筋混凝土结构的柱子间距要宽。

4. 天花板的高度

为充分利用空间,随着仓库的机械化、自动化的发展,对仓库天花板的高度也提出了更高的要求。例如从托盘装载货物的高度看,包括托盘的厚度在内,密度大且不稳定的货物,通常以 1.2 m 为标准;密度小而稳定的货物,通常以 1.6 m 为标准。以其倍数(层数)来看,1.2 m/层×4 层＝4.8 m,1.6 m/层×3 层＝4.8 m,因此,仓库的天花板高度最低应该是 5～6 m。

5. 地面

地面的构造主要是地面的抗压强度,地面的承载力必需根据承载货物的种类或堆码高度具体研究。通常,一般平房普通仓库 1 平方米地面承载力为 2.5～3 t,其次是 3～3.5 t,多层仓库层数加高,地面层受负荷能力减少,一层是 2.5～3 t,二层是 2～2.5 t,三层是 2～2.5 t,四层是 1.5～2 t,五层是 1～1.5 t 甚至更小。地面的负荷能力是由保管货物的重量、所使用的装卸机械的总重量、楼板骨架的跨度等所决定的。

四、仓储的主要性能指标

1. 库容量

库容量是指仓库内除去必要的通道和间隙后所能堆放物品的最大数量。容量大小取决于面积大小、单位面积承载货物重量的能力以及货物的安全能力,能反映仓库的最大能力,是衡量流通生产力的重要参数。

2. 出入库频率

出入库频率决定仓库搬运设备的规格和数量。出入库频率又与库容量有密切的关系。从理论上说，如果管理得当，使供应和消费的节奏一致，即入库和出库的频率和数量一致，库容量可为极小值。但是组织频繁入库和出库，需要增加搬运设备的能力，也是需要投资的。因此，在规划设计仓库时，应在二者之间做恰当的选择，以获得最经济合理的方案。

3. 单位面积的库容量

单位面积的库容量是总库容量与仓库占地面积之比。在土地紧缺、征用费用高的地方，这是一个很重要的经济指标。

4. 库存周转率

库存周转率是在某一时间段内库存货物周转的次数，是反映库存周转快慢程度的指标。周转率越大，表明销售情况越好。在物料保质期及资金允许的条件下，可以适当增加其库存控制目标天数，以保证合理的库存。

5. 机械设备的利用系数

首先根据全年出入总量算出机械设备的全年平均小时搬运，它与机械设备的额定小时搬运量之比即为机械设备的利用系数。这个系数可用来评估机械设备配置的合理性。

任务二　自动化立体仓库

自动化立体仓库是当代货架储存系统发展的最高阶段，它与自动分拣系统和自动导引车并称为物流技术现代化的三大标志。

所谓自动化高层货架仓库是指用高层货架储存货物，以巷道堆垛起重机存取货物，并通过周围的装卸与设备，自动进行出入库存取作业的仓储货架系统（见图 5-7）。采用自动化控制技术、实现计算机辅助管理货物的自动储运的无人高架仓库，是仓库储运科学中的一门新兴的综合性科学技术。自动化立体仓库实现了机械化、自动化控制，并日益向立体化发展。自动化高层货架仓库经常应用于大型生产型企业的采购件、成品仓库、柔性自动化生产系统、流通领域的大型流通中心、配送中心。

一、自动化立体仓库的特点

1. 自动化立体仓库的优点

(1)立体仓库能大幅度地增加仓库高度，充分利用仓库面积与空间，减少占地面积。用人工存取货物的仓库，货架高 2 m 左右；用叉车的仓库可达 3～4 m，但通道需要 3 m 多宽。用这种仓库存储机电零件，单位面积储存量一般为 0.3～0.5 t/m^2。而高层货架仓库目前最高的已经超过 40 m，其单位面积储存量比普通的高得多。一座 15 m 高的仓库同样储存机电零件，单位面积储存量可达 2～15 t/m^2，是普通仓库的 4～7 倍。

京东智能
物流中心

(2)便于实现仓库的机械化、自动化，从而提高出、入库效率，降低物流成本。以库存11000 托盘、月吞吐量10000 托盘的冷库为例，自动化立体仓库与普遍仓库比较，占地面积为

图 5-7　自动化高层货架仓库示意图

普通仓库的 13％,工作人员为普通仓库的 21.9％,吞吐成本为普通仓库的 55.7％,总投资为普通仓库的 63.3％。立体仓库的单位面积储存量为普通仓库的 5～7 倍。

(3)提高仓库管理水平,有效利用仓库的储存能力,加速周转,减少库存,节约库存资金。

(4)可以容易地实现先进先出的出入库原则,防止储存原因造成的货物损失。

(5)采用自动化技术后,立体仓库能适应黑暗、有毒、低温等特殊场合的需要。

(6)自动化仓库都有信息管理系统,数据及时准确,便于企业领导随时掌握库存的情况,提高了生产的应变能力和决策能力。

2. 自动化立体仓库的缺点

(1)一次性投资巨大,和普通仓库相比,投资达到其数倍以上。

(2)除了库房内部的设施设备外,还需要与其他外部设施设备配套,才能高效使用。

(3)对建筑、材料、设备、元件、安装的技术要求比较高。

二、自动化立体仓库的分类

自动化立体仓库是一个复杂的综合自动化系统,作为一种特定的仓库形式,一般有以下几种分类方式。

1. 按照建筑物形式分类

自动化立体仓库按建筑形式可分为整体式和分离式立体仓库两种。整体式立体仓库是指货架除了存储货物以外,还作为建筑物的支撑结构,构成建筑物的一部分,即库房货架一体化的结构建筑,整体式立体仓库高度一般在 12 m 以上。这种仓库结构重量轻,整体性好,抗震好。分离式中存货物的货架在建筑物内部独立存在,其高度一般在 12 m 以下,但也有 15～20 m 的。这种仓库适用于利用原有建筑物作库房,或在厂房和仓库内单建一个高货架的场合。

2. 按照货物存取形式分类

自动化立体仓库按照货物存取形式可分为单元货架式、移动货架式和拣选货架式立体仓库。

单元货架式自动化立体仓库是常见的仓库形式。货物先放在托盘或集装箱内,再装入单元货架仓库货架的货格中。移动货架式自动化立体仓库由电动货架组成,货架可以在轨道上行走,由控制装置控制货架合拢和分离。自动化立体仓库作业时货架分开,在巷道中可进行作业;不作业时可将货架合拢,只留一条作业巷道,从而提高空间的利用率。

拣选货架式自动化立体仓库的分拣机构是其核心部分,分为巷道内分拣和巷道外分拣两种方式。"人到货前拣选"是拣选人员乘拣选式堆垛机到货格前,从货格中拣选所需数量的货物出库。"货到人处拣选"是将存有所需货物的托盘或货箱由堆垛机送至拣选区,拣选人员按提货单的要求拣出所需货物,再将剩余的货物送回原址。

3. 按负载的能力分类

自动立体仓库按负载的能力可分为单元负载式及轻负载式立体仓库。

单元负载式自动仓库高度可达 40 m,储位量可达 10 万余个托盘。而一般使用最普遍的高度以 6~15 m 为主,储位数在 100~1000 个左右。因此自动仓库制造商多以此高度(6~15 m)将自动仓库的货架及存取机标准化,制造成各种不同高度的规格,并可配合使用各种不同托盘的规格(800~1500 mm)及负载的高度。随着自控技术的不断进步,存取时间愈来愈快,以100 个托盘存取为例,平均存取时间为 70 秒/托盘,故每小时可达 50 个托盘(见图 5-8)。一般单元负载式的常用荷重为 1000 kg,以托盘为存取单位。

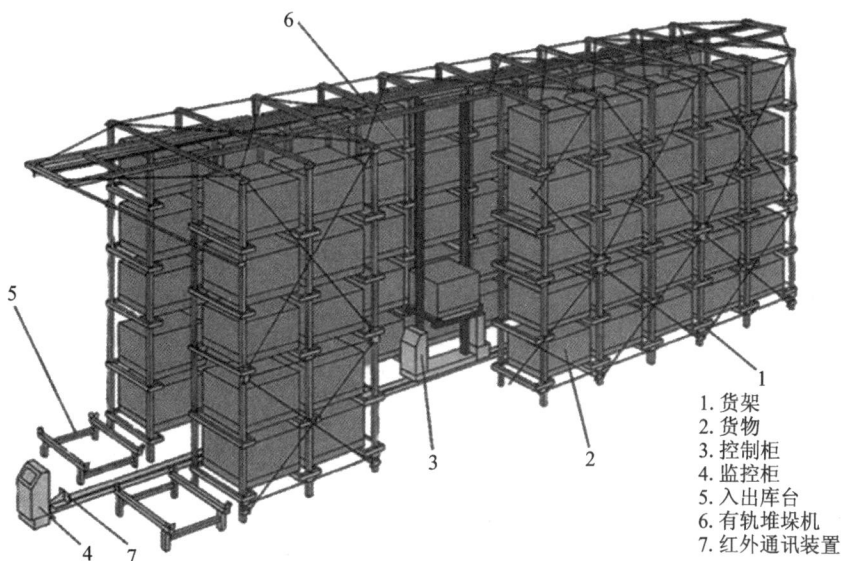

1. 货架
2. 货物
3. 控制柜
4. 监控柜
5. 入出库台
6. 有轨堆垛机
7. 红外通讯装置

图 5-8 单元负载式自动仓库

轻负载式自动化立体仓库以塑料容器为存取单位,重量在 50~100 kg。一般以重量轻的物品储存最适合,如电子零件、精密机器零件、汽车零件、药品及化妆品等(见图 5-9、5-10)。轻负载式自动仓库高度在 5~10 m 使用最普遍,一般制造厂均已标准化,可供客户选用。

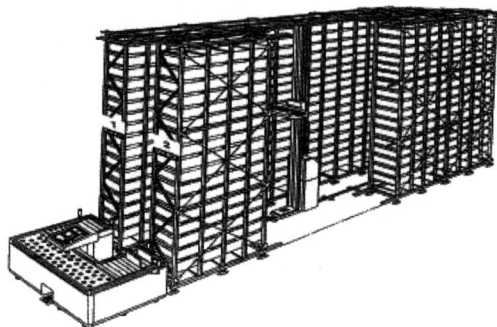

图 5-9　单叉式轻负载式立体仓库

图 5-10　双叉式轻负载式立体仓库

4. 按控制方式分类

自动化立体仓库有多种控制方式,依据每座自动化立体仓库运转需求可选择适当的控制方式,一般主要由以下四种方式。

(1)手动操作:操作员在存取机上直接操作按键或开关操作机器运转。

(2)机上自动操作:操作员只在机上设定指令,机器自动执行命令。

(3)遥控操作:操作员在地面控制器上设定指令遥控机器自动运转。

(4)计算机控制:操作员在计算机输入资料由计算机程序直接控制机器运转。

三、自动化立体仓库的组成

自动化立体仓库一般由高层货架、巷道堆垛起重机、周围出入库配套机械设施和管理控制系统以及土建公用设施等部分组成。

(一)高层货架

高层货架是自动化仓库的主要组成部分,是保管物料的场所。高层货架有钢货架和钢筋混凝土货架两种。钢货架的优点主要是构件尺寸小,仓库空间利用率高,制作方便,安装建设周期短。随着高度的增加,钢货架比钢筋混凝土货架的优越性更明显。因此,目前国内外大多数自动化立体仓库中都采用钢货架。钢筋混凝土货架的突出优点就是防火性能好,抗腐蚀能力强,维护保养简单。

随着单元货物重量和仓库高度的提高,要求货架立柱、横梁的刚度和强度提高;随着仓库自动化程度的提高,要求货架制造和安装精度也相应提高,高层货架的高精度是自动化仓库的主要保证之一。

(二)巷道式堆垛机

1. 巷道式堆垛机的结构特点

巷道式堆垛机是立体仓库中最重要的运输设备。巷道式堆垛机是随着立体仓库的出现而发展起来的专用起重机。它的主要作用就是在高层货架的巷道内来回穿梭运行,将位于巷道口的货物存入货格,或者相反,取出在货格内的货物把它运送到巷道口。按其结构可分为单立柱堆垛机和双立柱堆垛机,如图 5-11 所示。

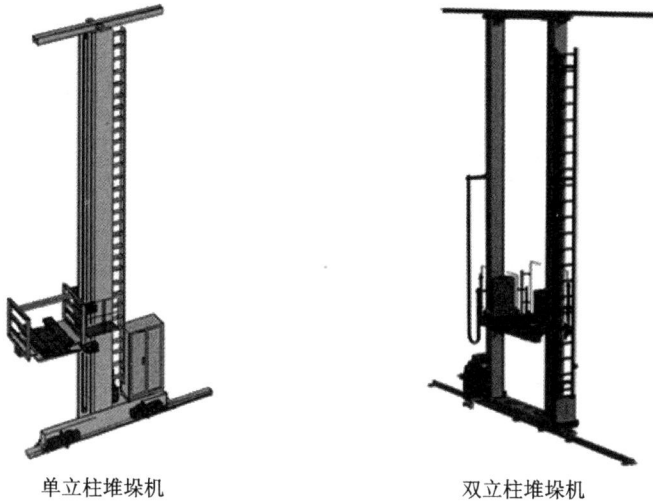

单立柱堆垛机   双立柱堆垛机

图 5-11 巷道式堆垛机

巷道式堆垛机的额定载重量一般为数十公斤到数吨,其中使用最多的是 0.5 t 的。它的行走速度一般为 4~120 m/s,提升速度一般为 3~30 m/s。

巷道式堆垛机由机架、运行机构、起升机构、装有存取货机构的载货台、电气设备等部分构成,如图 5-12 所示。

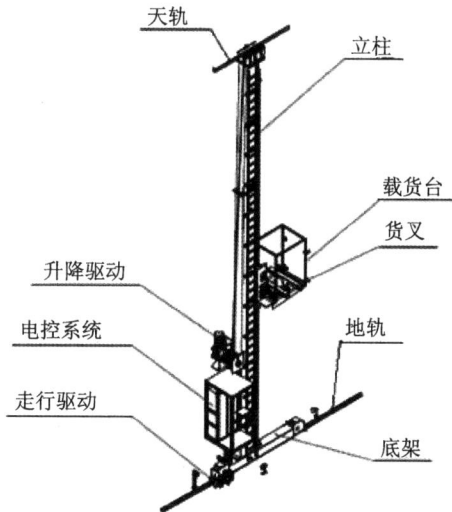

图 5-12 巷道堆垛机结构

(1)起升机构。巷道堆垛机的起升机构由电动机、制动器、减速器或链轮及柔性件组成,常用的柔性件有钢丝绳和起重链等。用钢丝绳作柔性件质量轻、工作安全、噪声小;用链条作柔性件机构比较紧凑。

(2)运行机构。常用的运行机构是地面行走式的地面支承型和上部行走式的悬挂型或货架支撑型。地面行走式用 2~4 个车轮在地面单轨或双轨上运行,立柱顶部设有导向轮。上部行走式采用 4 个或 8 个车轮悬挂于屋架下弦的工字钢下翼缘行走,在下部有水平导轮。货架支承型上部有 4 个车轮,沿着巷道两侧货架顶部的两根导轨行走,在下部也有水平导轮。

（3）载货台及存取货机构。载货台是货物单元的承载装置。对于只需要从货格拣选一部分货物的拣选式堆垛机，载货台上不设存取货装置，只有平台供放置盛货容器之用。存取货装置是堆垛机的特殊工作机构。取货的那部分结构根据货物外形特点设计。最常见的是一种伸缩货叉，也可以是一块可伸缩的取货板，或者其他结构的形式。

（4）机架。巷道堆垛机的机架由立柱、上横梁和下横梁组成一个框架。根据机架结构的不同，将巷道堆垛机分为双立柱和单立柱巷道堆垛机两种。双立柱巷道堆垛机是由两根立柱和上下横梁组成的长方形框架，立柱形式有方管和圆管两种结构形式，方管可作导轨使用，圆管要附加起升导轨。它的特点是强度和刚度较大，并且运行稳定，运行速度也较高。其主要应用于起升高度高、起重量大的立体仓库中。单立柱巷道堆垛机是由一根立柱和下横梁组成的，立柱上附加导轨。它的特点是机身的重量轻，制造成本较低，刚性较差。其主要应用于起重量小的立体仓库中，同时运行速度不能太高。

（5）电气装置。电气装置是由电动驱动装置和自动控制装置组成。巷道堆垛机一般由交流电动机驱动，如果调速要求较高，采用直流电动机进行驱动。控制装置的控制方式有手动、半自动和自动三种，其中自动控制包括机上控制和远距离控制两种方式。

（6）安全保护装置。堆垛机是一种起重机械，它要在又高又窄的巷道内高速运行。为了保证人身及设备的安全，堆垛机必须配备完善的硬件及软件的安全保护装置，如各个机构的行程限制装置、下降超速保护装置、断绳保护装置、起升过载保护装置、断电保护等。

2. 巷道堆垛机使用注意事项

（1）使用前，应检查巷道内是否有异物，以免损坏堆垛机；

（2）使用时，巷道内不可站人，以免造成伤害；

（3）使用时，不要打开堆垛机控制柜和桥台车控制柜的柜门，以免触电；

（4）当堆垛机载货升起时，不要站在下面观望，以免造成伤害；

（5）不要随意变更传感器和行程开关的位置，以免发生意外；

（6）工作结束后，一定要关掉总电源，以免发生意外。

（三）周边设备

周边设备主要有液压升降平台、辊道输送机、台车、叉车等，其主要作用是配合巷道堆垛机完成货物的输送、转移、分拣等作业。同时，当仓库内主要搬运系统因故障停止工作时，周边设备可以发挥作用，使自动化立体仓库继续工作。

（四）电气与电子设备

电气与电子设备主要包括检测装置、信息识别装置、控制装置、数据通信设备、监控调度设备、计算机管理设备等。

（1）检测装置用于检测各种作业设备的物理参数和相应的化学参数，通过对检测数据的判断和处理为系统决策提供最佳依据，以保证系统安全可靠地运行。

（2）信息识别装置用于采集货物的品名、类别、货号、数量、等级、目的地、生产厂家和货物地址等物流信息。

（3）控制装置包括普通开关、继电器、单片机和可编程序控制器等，用以保证系统的自动化运转。

（4）数据通信设备是信息传递的媒介，主要包括电缆、远红外光、光纤和电磁波等。

(5)监控调度设备主要负责协调系统中各部分的运行,是自动化立体仓库的信息枢纽。

(6)计算机管理设备用于进行仓库的账目管理和作业管理,并可与企业的管理系统交换信息。

任务三 站 台

一、站台概述

和仓库相连的线路或进入到仓库内部的线路,以及线路与仓库的连接点称为站台,也称为月台、码头,是仓库进发货的必经之路。站台设施既是仓库运行的基本保证条件,又是仓库高效工作不可忽视的部位。

站台的基本作用是车辆停靠处、装卸货物处、暂存处,利用站台能方便地将货物装进车辆中或从车辆中取出,实现物流网络中线与结点的衔接转换。

二、站台类型

1. 高低站台

站台可以根据其高度分为高站台和低站台两种。其中,高站台的高度与车辆货台高度一样,一旦车辆停靠后,车辆货台与站台处于同一水平面,有利于使用作业车辆进行水平装卸。低站台和地面一样高,往往和仓库地面处于同一高度,以利于站台与仓库之间的搬运。一般而言,低站台与车辆之间的装卸作业不如高站台方便。但是如果采用传送装置装卸货物,由于传送装置安装需要一定的高度,使用低站台,在安装完成以后,可以与车厢底板保持同等高度。此外,使用低站台也有利于叉车的作业。

2. 站台高度的确定

由于停靠车辆的种类不同,所需的站台高度会有差异,应尽量缩小各车种平均站台高度与设计的站台高度的差值,实现整体最优。不同车辆参考高度取值如表 5-1 所示。

表 5-1　适合不同车辆的站台高度

车型	站台高度/m	车型	站台高度/m
平板车	1.32	冷藏车	1.32
长途挂车	1.22	作业拖车	0.91
市区卡车	1.17	载重车	1.17
国标集装箱车	1.40		

三、站台高度调整辅助设备

在仓库中,进出货车种类可能很多,因而即使考虑不同高度的站台,也很难使全部车辆与站台相结合。要克服车辆与站台间的间距和高度差,一般站台为作业安全与方便起见,常采用以下三种设备。

1. 移动式登车桥

移动式登车桥广泛用于无装卸设备的货台及流动装卸场所,是与叉车配合使用的货物装卸辅助设备,如图5-13所示。借助移动式登车桥,叉车能直接驶入汽车集装箱内部进行批量装卸作业,提高效率。

图5-13 移动式登车桥

2. 升降平台

升降平台属于最安全也最有弹性的卸货辅助器材。它分为卡车升降平台(见图5-14)和码头升降平台(见图5-15)两种。卡车升降平台多用于无站台的仓库,通过提高或降低车子后轮使得车底板高度与站台一致,进而方便装卸货。码头升降平台则是通过调整码头平台高度来配合配送车车底板的高度。

3. 车尾附升降台

车尾附升降台是装置于配送车尾部的特殊平台(见图5-16)。当装卸货时,可运用此平台将货物装上卡车或卸至站台。车尾附升降台可延伸至站台,也可倾斜放至地面,有多种样式,适合于无站台设施的物流中心或零售点的装卸货使用。

图5-14 卡车升降平台

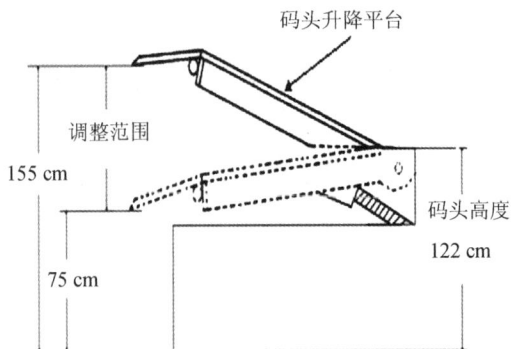

图5-15 码头升降平台

图 5-16　车尾附升降台

四、站台设计

出入口站台的设计要根据公司的作业性质以及厂房的型式,要考虑如下几个方面的因素。

(一)站台数量的确定

要做到任何时刻都能够让进出货车通行无阻,不用等待即可装卸货的程度,必须拥有足够数量的站台来供停泊。在一定的空间内要做站台数的预测工作,需要掌握以下资料:

(1)有关进出货的历史资料;

(2)尖峰时段的到达车辆数;

(3)每车装卸货所需时间;

(4)在可预见的未来,进出货能力的预留。

(二)进出货站台的安排方式

为了使物料能顺畅地进出仓库,进货码头与出货码头的相对位置安排非常重要,很容易影响进出货的效率及品质,应根据仓库内的作业频率及作业量等情况综合考虑。一般来说,这两者之间的安排方式有以下四种。

1.进出货站台共用

这种方式也称"U"型布置,如图 5-17 所示。这种设计可提高空间及设备使用率,但是管理较难,尤其是在进出货尖峰时刻,容易造成进出货相互牵绊和混乱的局面。此种方式适合于进出货时间错开的仓库。

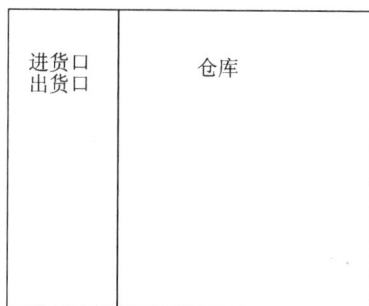

进货口
出货口

仓库

图 5-17　进出货站台共用

2. 进出货站台分区相邻

这种设计进货及出货作业空间分隔(见图5-18),可以解决上一方案进出货物可能互相牵绊的困扰,可以提高设备的使用率,但是作业空间不能弹性互用时会使空间效率变低。此种方式的安排比较适合厂房空间适中且易造成进出货相互干扰的仓库。

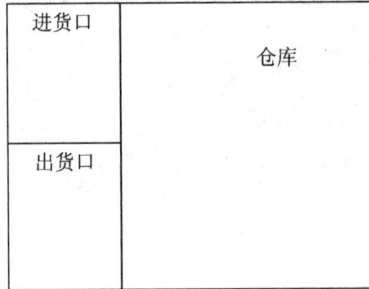

图 5-18　进出货站台分区相邻

3. 进出货在相邻两侧

这种方式也称"L"型布置,如图5-19所示。这种安排进出货作业便于管理,可以降低作业差错率,但空间利用率低,较难管理。此种方式适用于进出货物容易相互干扰规模较大的库房。

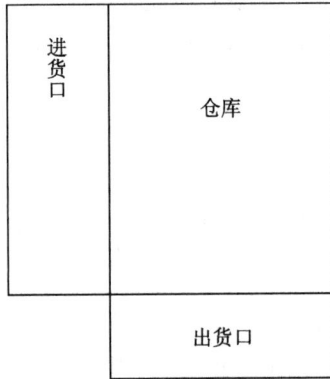

图 5-19　进出货在相邻两侧

4. 进出货作业使用不同码头,站台在对侧

这种方式也称"I"型布置,如图5-20所示。这种安排进出货作业属于完全独立的两部分,不仅空间分开,设备的使用也做划分,因而可以使进货与出货作业迅速顺畅,但设备及空间的使用率低。此种方式一般适合于厂房空间大、进出货时段冲突作业频率高的仓库。

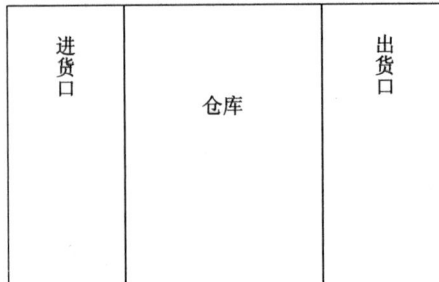

图 5-20　进出货码头独立且不相邻

(三)作业通道

在站台设计中同样存在作业通道宽度的确定问题。作业通道主要供搬运车辆载货至暂存区进出使用。它与装卸货使用的搬运车辆类型有关。使用手动托盘车所需的作业通道宽度大约是1.8~2.4 m。动力叉车所需作业通道宽度大约是2.4~4.5 m。

(四)码头设计形式

码头设计形式一般分为两大类型,即锯齿型及直线型,如图5-21所示。这两种形式的特点如下:锯齿形的优点在于车辆回旋纵深较浅,缺点是占用仓库内部空间较大。直线型的优点在于占用仓库内部空间较小,缺点是车辆回旋纵深较深,外部空间要求较大。

由以上可知,这两种形式的设计是一个互补的关系,因而在做决策的时候,就需要考虑土地及建筑物的价格,如果土地价格昂贵,可考虑锯齿型;若土地价格与仓库的造价差距不大时,以直线型者为佳。

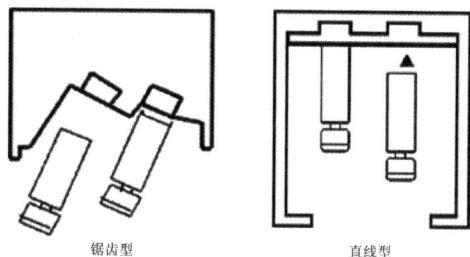

锯齿型　　　　　　　　直线型

图5-21　码头设计形式

(五)回转作业空间

回转作业空间是指货车进出及停靠码头所需的活动空间,如图5-22所示。该空间大小与货车的长度及回转半径相关,并与站台的宽度及数目有关。

以40 ft长的货柜车为例,从码头到最近的障碍物(围墙)的长度,至少要有两部货车的长度,才能使货车有足够作业回转空间。

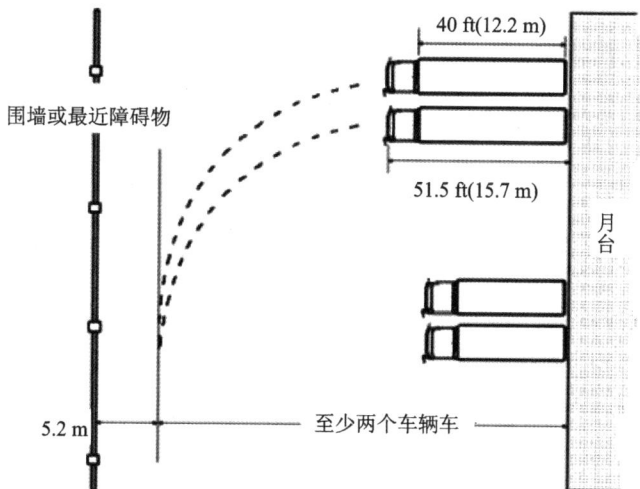

图5-22　回转作业空间

任务四　货架

一、货架概述

(一)货架的概念

货架泛指存放货物的架子。在仓库设备中,货架是指专门用于存放成件物品的保管设备。货架在仓库中占有非常重要的地位,随着现代工业的迅猛发展、物流量的大幅度增加,为了实现仓库的现代化管理、改善仓库的功能,不仅要求货架数量多,而且要求其具有多功能,并能实现机械化、自动化。

根据智研咨询发布的《2020—2026 年中国货架行业市场发展前景及投资风险评估报告》,我国货架需求旺盛,近年来自动化高层立体仓库货架、穿梭板式智能密集式货架、阁楼平台式货架等细分产品需求增长迅速。2019 年我国货架需求总量达到 128.8 万吨,货架需求量稳步增长。

(二)货架的作用

货架在现代物流体系中具有重大的作用。仓库管理能否实现现代化,与货架的种类、功能有直接的关系。货架的作用及功能主要表现在以下几个方面:

(1)可以充分利用仓库空间,提高库容利用率,扩大仓库储存能力;

(2)存入货架的货物互不接触、互不挤压,物质损耗小,可以完整保障物质本身的功能,减少货物的损失;

(3)货架中的货物存取方便,便于清点和计量,可以做到先进先出;

(4)为保证货物的存储质量,可采用防潮、防尘、防盗、防破坏等措施来提高货物储存质量;

(5)很多新型货架的结构及功能有利于实现仓储系统的机械化及自动化管理。

(三)货架的分类

1.按货架的发展分类

按货架的发展分类,可将其分为传统货架和新型货架。托盘货架、层格式货架、抽屉式货架、橱柜式货架、U 形架、悬臂架、栅架、轮胎专用架等属于传统货架,旋转式货架、移动式货架、装配式货架、驶入式货架、高层货架、阁楼式货架、重力式货架等属于新型货架。

2.按货架的结构分类

按货架的结构分类,可将其分为整体式货架和分体式货架。货架是库房的骨架。屋顶支承在货架上这种结构的货架称为整体式货架;货架独立建在库房内,货架与仓库分开的这种货架是分体式货架。

3.按货架的承载量分类

按货架的承载量分类,可将其分为轻型货架、中型货架和重型货架。轻型货架的每层承重在 150 kg 以下,常用于超市货架;中型货架的每层承重在 150～500 kg,一般为工业货架;重型货架的每层承重在 500 kg 以上,主要为重型工业货架。

4.按货架高度分类

按货架高度分类,可将其分为低层货架、中层货架和高层货架。高度在 5 m 以下、用于普通仓库的是低层货架;高度在 5～15 m、用于立体仓库的是中层货架;高度在 15 m 以上、用于立体仓库的是高层货架。

5. 按货架形式分类

按货架形式分类,可将其分为通道式货架、密集型货架、旋转式货架。货架间留有存取货通道的是通道式货架,如货柜式、托盘式、悬臂式、贯穿式等;货架间通道数量很少,高库容率的是密集型货架,如移动式、重力式等;货架可沿一定的轨道旋转,便于拣货的货架是旋转式货架,它根据旋转的方式又分水平旋转式和垂直旋转式两种。

二、常见货架

(一)托盘式货架

1. 结构

托盘式货架是专门存放装有托盘货物的货架,如图 5 - 23 所示。托盘货架一般为用钢材或钢筋混凝土做成的单排或双排货架。单元货架跨度一般在 4 m 以内,深度在 1.5 m 以内,低、高位仓库货架高度一般在 12 m 以内,超高位仓库货架高度一般在 30 m 以内(此类仓库基本均为自动化仓库,货架总高由若干段 12 m 以内立柱构成)。

图 5 - 23　托盘式货架

2. 特点及应用

使用托盘式货架存放货物可以避免托盘货物直接堆码时的挤压、损坏和失稳现象。另外,货架存取货方便,可实现机械化作业,便于单元化存取,库容利用率高,利于计算机管理,拣货效率高,能实现先进先出,但储存密度低,需较多的通道。要配合叉车等工具储存大件、重型物质等。托盘式货架广泛应用于制造业、第三方物流和配送中心等领域,既适用于多品种小批量物品,又适用于少品种大批量物品。托盘式货架在高位仓库和超高位仓库中应用最多。

(二)层格式货架

层格式货架与层架类似,其区别在于某些层,甚至每层中用间隔板分成若干格。层格式货架分为开放层格式货架、抽屉式货架、橱柜式货架等。

1. 开放层格式货架

开放层格式货架的每格一般只放一种物品,物品不易混淆,但是层间光线暗,存放数量不大。其主要用于规格复杂多样,必须互相隔开的物品。开放层格式货架如图 5-24 所示。

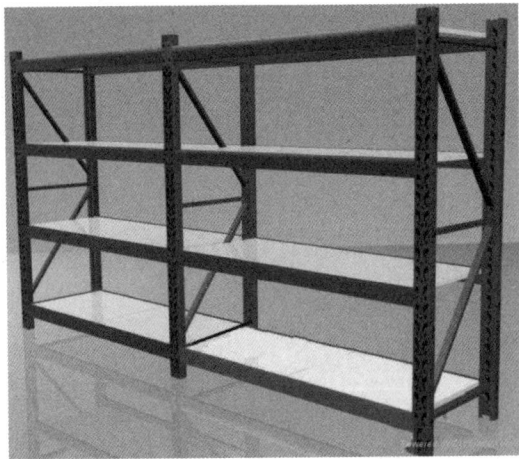

图 5-24　开放层格式货架

2. 抽屉式货架

抽屉式货架属于封闭式货架的一种,具有防尘、防潮、避光的作用。用于比较贵重的小件物品的存放,或用于怕尘土、怕湿等贵重物品,如刀具、量具、精密仪器、药品等的存放。

3. 橱柜式货架

橱柜式货架与抽屉式货架类似,也是一种封闭式货架。在层格架或层架的前面装有橱门,上下左右及后面均封闭起来,门可以开关,也可以是左右拉开或卷帘式门。门的材质有木、玻璃、钢、纱等,主要用于存放贵重文物、文件及精密配件等。

(三)悬臂式货架

1. 结构

悬臂式货架又称为悬臂式长形料架,由 3～4 个塔形悬臂和纵梁相连而成,如图 5-25 所示。悬臂式货架一般分为单面和双面两种,臂架用金属材料制造。为了防止材料被碰伤或划伤,在金属悬臂上垫上木质衬垫,也可以用橡胶带保护。悬臂架的尺寸不定,一般根据所放长形材料的尺寸大小而确定其尺寸。

图 5-25　悬臂式货架

2.特点及用途

悬臂式货架是边开货架的一种,可以在货架两边存放货物,但不便于机械化作业,存取货作业强度大,高度受限,一般在 6 m 以下,空间利用率低,约为 35%～50%。悬臂式货架一般适于轻质长条形材料的存放,可用人力存取操作,重型悬臂架用于存放长条形金属材料。若要放置圆形物品,可以在其臂端装设阻挡块以防止滑落。

(四)驶入式货架

1.结构

驶入式货架又称为进车式货架,这种货架采用钢质结构,如图 5 - 26 所示。钢柱在一定的高度有向外伸出的水平突出物。当托盘被送入时,突出的构件将托盘底部的两个边托住,使托盘本身起横梁的作用。当架子上没有放托盘时,货架正面便变成了无横梁状态,形成了若干通道,可以方便叉车等的出入。

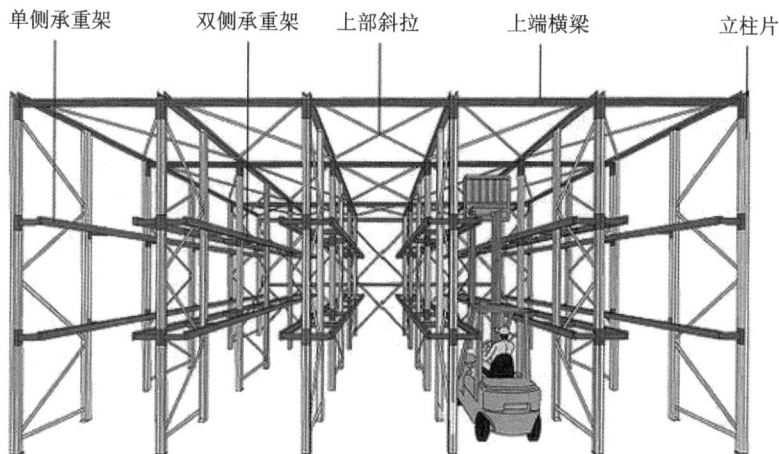

图 5 - 26　驶入式货架

2.特点及应用

驶入式货架是高密度存放货物的主要货架,储存密度高,库容利用率可达 90% 以上。这种货架的特点是叉车直接驶入货架进行作业,叉车与架子的正面成垂直方向驶入,在最内部卸下托盘货载,取货时再从外向内按顺序取货。驶入式货架能起到保管场所及叉车通道的双重作用。叉车从架子的正面驶入,可以提高库容率及空间利用率,但却很难实现先进先出。因此每一巷道只宜保管同一品种的货物,此种货架只适用于少品种、大批量以及不受保管时间限制的货物。

(五)移动式货架

1.结构及分类

移动式货架是一种带轮且可沿轨道移动的货架,如图 5 - 27 所示。在货架下面装有滚轮,在仓库地面装有导轨,货架可以通过轮子沿导轨移动。根据驱动方式不同,可将其分为人力摇动式货架和电力驱动式货架两种。

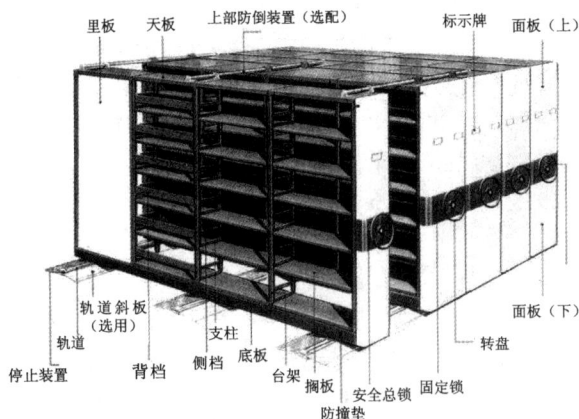

图 5-27 移动式货架

2. 特点及用途

移动式货架平时紧靠在一起,密集排列,可以密集储存货物。存取货物时,通过手动或电动驱动使货架沿轨道横向移动,形成通道。可用这个方法不断变化通道,以便于对另一货架进行左右移动,利用叉车等设备进行存取作业,作业完毕,再将货架移回原来的位置。这样就克服了普通货架每列必须留出通道的弊病,减少了作业通道数,一般只需要留出一条通道位置即可,一般而言,移动式货架比托盘式货架要增加 50% 的空间,可以提高仓库利用率。使用移动式货架存取货物方便,易于控制,安全性能好。

移动式货架主要用于小件、轻体货物的存取。如果采用现代技术,也可制成存取大重量物品的移动货架,如管件、阀门、电动机托盘等。这种货架尤其适用于环境条件要求高、投资大的仓库,如冷冻、气调仓库,可以减少环境条件的投资。其缺点是机电装置多,维护困难,建造成本高,施工速度慢。

(六)阁楼式货架

1. 结构

阁楼式货架为两层堆叠制成的呈阁楼布置的货架,如图 5-28 所示。其结构有的是由底层的货架承重,上部搭载楼板,形成一个新的楼面;有的是由立柱承重,上部搭载楼板形成楼面。

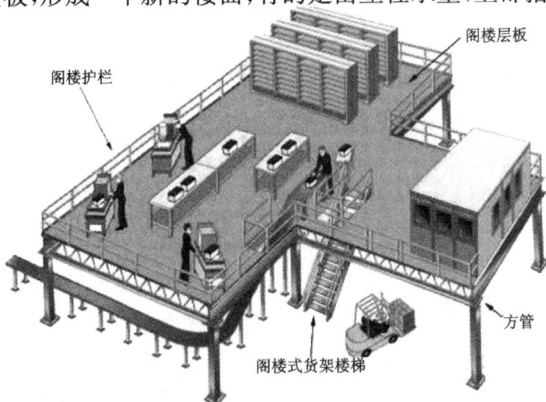

图 5-28 阁楼式货架

2. 特点及应用

阁楼式货架是在已有的仓库工作的场地上建造楼阁，在楼阁上面放置货架或直接放置货物。货物的提升可以采用输送机、提升机、电葫芦，也可以采用升降台等。在上层可以使用轻型小车或托盘车进行货物的堆码。其特点是能充分利用原有平房的空间，提高储存量，一般用于旧库改造。

一般的旧库，库内有效高度在 4.5 m 以上，如果安装一般货架或者就地堆码，在操作上受高度的限制，只能利用 2 m 的空间，采用阁楼式货架后，可以成倍提高原有仓库利用率，但存取作业效率低，主要用于存放储存期较长的中小件货物。所以阁楼式货架适用于旧库改造。

(七)重力式货架

重力式货架又称流动式货架，一般分为托盘重力货架(见图 5-29)和箱式重力货架(见图 5-30)两种。它是现代物流系统中应用广泛的设备。其原理是利用货体的自重，使货体在有一定高度差的通道上，从高处向低处运动，从而完成进货、储存、出库的作业。

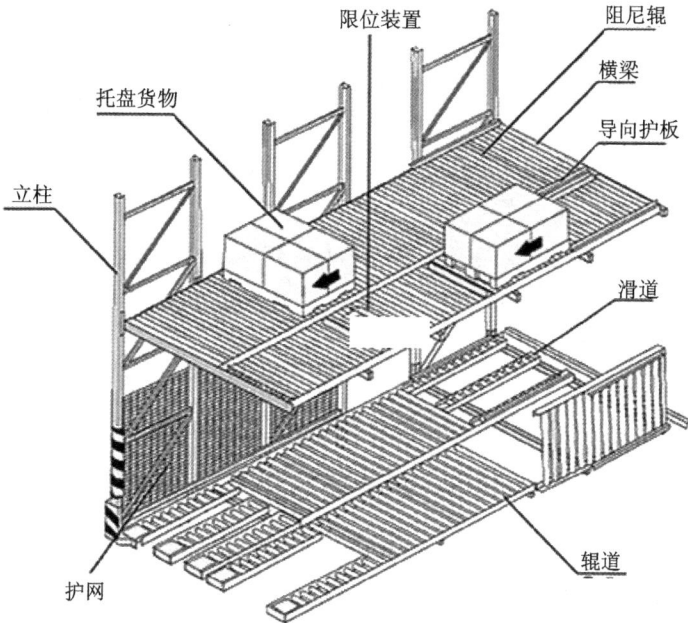

图 5-29 托盘重力货架

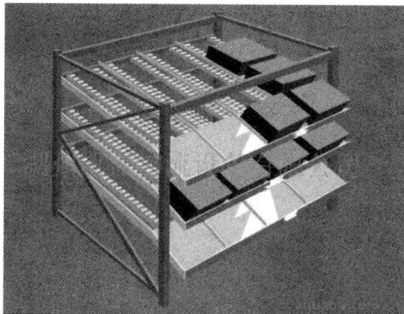

图 5-30 箱式重力货架

1. 结构

重力货架和一般层架从正面看基本相似,不过,其深度比一般层架深得多,类似许多层架密集放置。每一层隔板形成出货端(前端)比进货端(后端)低的坡度。有一定坡度的隔板可以制成滑道形式,货物顺着滑道从高端向低端滑动,也可以制成滑轨、辊子或滚轮等形式,以提高货物的运动性能。

2. 特点及应用范围

(1)重力式货架具有如下特点:

①单位面积库容量大。重力式货架属于密集型货架,可以大规模密集存放货物,与移动式货架的密集存放相比,规模可以更大,而且适合从轻体货物到托盘货物甚至小型集装箱都可以存放于重力式货架中。由于高度密集,减少了通道,可以有效节约仓库的面积。与普通货架相比,重力式货架可以提高50%的空间利用率。

②固定了出入库位置,减少了出入库工具的运行距离。采用普通货架出入库时,搬运工具如叉车、作业车等需要在通道中穿行,容易出错,而且工具运行线路难以规划,运行距离也长。但采用重力式货架存储货物,叉车进行作业时运行距离可以缩短1/3。

(3)由于出入库作业完全分离,两种作业可以各自向专业化、高效化发展,而且进行出入库作业时,出入库工具不交叉、互不干扰,可以有效降低事故发生的概率,提高安全性能。

(4)和进车式货架等其他密集存储方式不同,重力式货架绝对保证货物的先进先出,因而符合仓库管理现代化的要求。

(5)和一般货架相比,重力式货架大大缩小了作业面,有利于拣选活动,是拣选式货架的主要形式,也是储存型拣选货架的主要形式。

(2)重力式货架的主要应用领域有以下两个:

①进行大批量货物的储存,这种方式采用的是大型重力式货架。

②普遍应用于物流中心、转运中心、配送中心、仓库、门店的拣选配货作业中,这种方式一般采用轻型重力式货架。

(八)旋转式货架

旋转式货架存取货物时,把货物所在货格编号通过控制盘按钮输入,该货格则以最近的距离自动旋转至拣货点停止。这种货物存取方式拣货路线短,拣货效率高,拣货时不容易出现差错。根据旋转方式不同,可将其分为垂直旋转式、水平旋转式、立体旋转式三种。下面主要介绍垂直旋转式货架(见图5-31)和多层水平旋转式货架(见图5-32)。

1. 垂直旋转式货架

(1)结构。类似垂直提升机,在提升机的两个分支上悬挂有成排的货格,提升机可正转,也可以反转。货架的高度为2～6 m,正面宽为2 m左右,层高为10～30层不等,单元货位载重为100～400 kg,回转速度为6 m/min左右。

(2)特点及用途。垂直旋转式货架属于拣选型货架。占地空间小,存放货物的品种多,最多可达1200种左右。另外,货架的货格的小隔板可以拆除,这样可以灵活地存储各种长度尺寸的货物。在货架的正面及背面均设置拣选台面,可以方便地安排出入库作业。在旋转控制上用编号的开关按键即可以轻松地进行操作,也可以利用计算机操作控制,形成联动系统,将指令要求的货层经最短的路程送至挑选的位置。

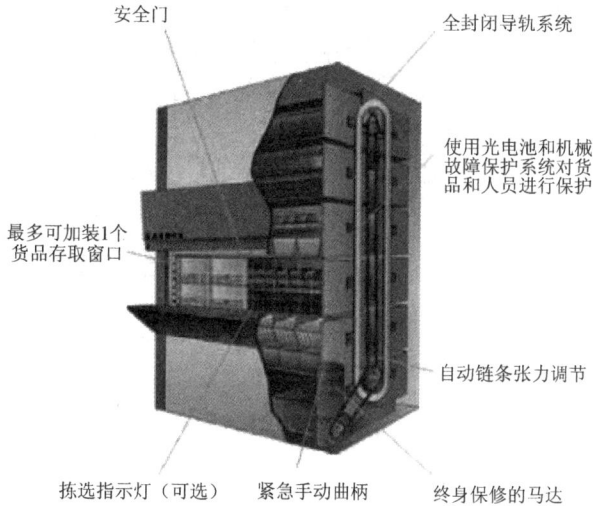

图 5-31 垂直旋转式货架

垂直旋转式主要适用于多品种、拣选频率高的货物,如零售食品等。

2. 多层水平旋转式货架

(1)结构。此种货架的最佳长度为 10~20 m,高度为 2~3.5 m,单元货位载重为 200~250 kg,回转速度约为 20~30 m/min。

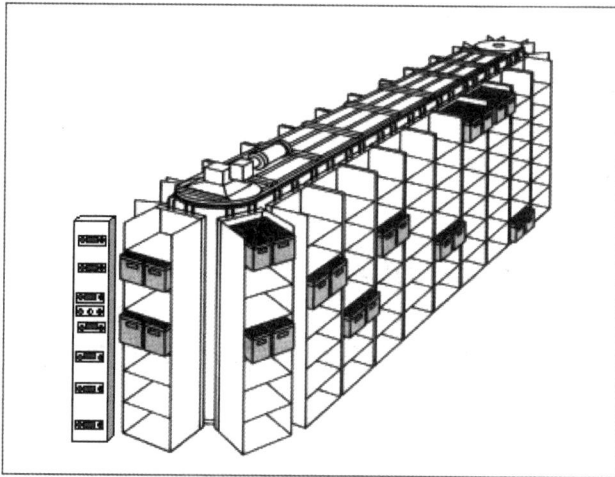

图 5-32 水平旋转式货架

(2)特点及用途。多层水平旋转式货架是一种拣选型货架。这种货架各层可以独立旋转,每层都有各自的轨道,用计算机操作时,可以同时执行几个命令,使各层货物从近到远、有序地到达拣选点,拣选效率很高。

多层水平旋转式货架多用于储存货物品种多、出入库频率高的配送中心等场所。

(九)穿梭式货架

1. 结构

穿梭式货架是由货架、台车以及叉车组成的高密度储存系统,由叉车将货物放在货架巷道导轨的最前端,通过无线电遥控操作的穿梭车,可以承载托盘货物在导轨上运行,如图5-33所示。

图 5-33 穿梭式货架

2. 特点及适用范围

穿梭式货架能够高密度存储,仓库利用率高,工作效率高,大大减少了作业等待时间。作业方式灵活,货物的存取方式可以先进先出,也可以先进后出。穿梭式货架安全系数高,减少了货架与叉车的碰撞,提高了安全生产率;对照明要求相对低,对比其他类型货架,其整体投资更少。

穿梭式货架适用于食品、饮品、化工、烟草等单品种批量大、多量少样、品项相对单一的行业,也可适用于冷库作业,或者对货物管理期限有要求的仓库。

穿梭式货
架演示

三、货架的选择

(一)选用货架应考虑的因素

1. 物品特性

储存物品的外形、尺寸直接关系到货架规格的选定,储存物品的重量则直接影响到选用何种强度的货架。而储存的单位,是以何种单位来储存,托盘、容器或单品均有不同的货架选用类型。另外,预测所需总储位的数量,必须考虑到未来数年的成长需求。这些资料可以经过储存系统分析获得。

2. 存取性

一般存取性与储存密度是相对的。也就是说,为了得到较高的储存密度,则必须相对牺牲物品的存取性。虽然有些形式的货架可得到较高的储存密度,但相对其储位管理较为复杂,也常无法做到先进先出。只有立体自动仓库可往上发展,存取性与储存密度俱佳,但相对投资成本较为昂贵。因此,选用何种形式的储存设备需要综合考虑。

3. 出入库量

出入库量是影响货架存储设备的重要选择之一。不同的货架对货物的存储影响不同,有的货架可以达到较好的存储密度,但存取性差,有的货架实现先进先出比较困难。因此,在选定存储设备时,要考虑出入库量的影响。

4.搬运设备

储存设备的存取作业是靠搬运设备来完成的。因此选用储存设备需一并考虑搬运设备。货架的高度、宽度以及通道的宽度都会直接影响到堆高机的配置。

5.厂房架构

储存设备的选用须考虑梁下有效高度,以决定货架高度。而梁柱位置则会影响货架的配置。地板承受的强度、地面平整度也与货架的设计及安装有关。另外,尚须考虑防火设施和照明设施的安装位置。

(二)各类货架特性比较表

各种货架特性比较如表5-2所示。

表5-2　货架特性比较

比较项目	托盘货架	倍深式	驶入式	重力式	后推式	移动式	自动仓
货架占用面积	大	中	小	小	中	小	小
储存密度	低	中	高	高	中	高	高
空间利用	普通	佳	很好	非常好	佳	非常好	很好
存取性	非常好	普通	差	普通	普通	好	非常好
先进先出	可	不可	不可	可	不可	可	可
巷道数	多	中	少	少	少	少	多
单位纵深储位数	1	2	最多15	最多15	最多5	1	2
堆存高度/m	6	10	10	10	10	10	14
入出库能力	中	中小	小	大	小	小	大

四、货架的使用注意事项

(1)防超载。货品存放的每层重量不得超过货架设计的最大承载。

(2)防超高超宽。货架层高、层宽已受限制,卡板及货物的尺寸应略小于净空间100 mm。

(3)防撞击。叉车在运行过程中,应尽量轻拿轻放。

(4)防头重脚轻。应做到高层放轻货、底层放重货的原则。

(5)货架上方有摆放货物时,操作人员尽量不要直接进入货架底部。

(6)如发现货架的横梁和立柱有变形损坏,应及时通知修理更换。

货杂采购
注意事项

任务五　自动分拣系统

一、自动分拣系统概述

自动分拣系统是一种利用智能机器和自动化技术,对物品、货物或产品进行分类和分拣的系统。其工作原理是被拣货物通过各种方式,经人工或机械搬送送入分拣系统,经合流后汇集到一条输送机上。物品接受激光扫描器对其条码

中通自动
分拣系统

的扫描或通过其他自动识别的方式,如光学文字读取装置、声音识别输入装置等,将分拣信息输入计算机中。计算机将所获得的物品信息与预先设定的信息进行比较,将不同的被拣物品送到特定的分拣道口位置上,完成物品的分拣工作,如图 5 - 34 所示。

图 5 - 34　自动分拣系统

(一)自动分拣系统的特点

1. 能连续、大批量地分拣货物

自动分拣系统采用流水线自动作业方式,不受气候、时间、人的体力等限制,可以连续运行。同时,自动分拣系统在单位时间内可分拣更多货物,因此其分拣能力是人工分拣无法比拟的。例如,目前世界上一般的自动分拣系统可以连续运行 100 h 以上,每小时可分拣 7000 件包装货物,而人工每小时只能分拣 150 件左右。

2. 分拣误差率极低

自动分拣系统的分拣误差率大小主要取决于所输入分拣信息的准确性。如果采用人工键盘或语音识别的方式输入,误差率仅在 3% 左右;而如果采用条码扫描输入,则几乎不会有差错。

3. 分拣作业基本实现无人化

自动分拣系统能最大限度地减少人员的使用,基本做到无人化操作。在自动分拣作业中,人的工作仅限于以下情况:送货车辆抵达自动分拣线的进货端时,由人工接货;由人工控制分拣系统的运行;在分拣线末端,由人工将分拣出来的货物进行集载、装车;自动分拣系统的经营、管理与维护等。

(二)自动分拣系统的组成

自动分拣系统一般由控制装置、分类装置、输送装置及分拣道口组成。

(1)控制装置的作用是识别、接收和处理分拣信号,根据分拣信号的要求指示分类装置,按商品品种、商品送达地点或货主的类别对商品进行自动分类。这些分拣需求可以通过不同方式,如可通过条形码扫描、键盘输入、重量检测、语音识别、高度检测及形状识别等方式,输入到分拣控制系统中去,根据对这些分拣信号的判断,来决定某一种商品该进入哪一个分拣道口。

(2)分类装置的作用是根据控制装置发出的分拣指示,当具有相同分拣信号

六大智能
拣货方式

的商品经过该装置时,该装置改变商品在输送装置上的运行方向,使其进入其他输送机或进入分拣道口。分类装置的种类很多,一般有推出式、浮出式、倾斜式等,不同的装置对分拣货物的包装材料、包装重量、包装货物底面的平滑程度等有不同的要求。

(3)输送装置的主要组成部分是传送带或输送机,其主要作用是使待分拣商品依次通过控制装置、分类装置。输送装置的两侧一般要连接若干分拣道口,使分好类的商品滑下主输送机(或主传送带)以便进行后续作业。

(4)分拣道口是将已分拣商品脱离主输送机(或主传送带)进入集货区域的通道,一般由钢带、皮带、滚筒等组成滑道,使商品从主输送装置滑向集货站台,在那里由工作人员将该道口的所有商品集中后或是入库储存,或是组配装车并进行配送作业。

以上四部分装置通过计算机网络联结在一起,配合人工控制及相应的人工处理环节构成一个完整的自动分拣系统。

(三)自动分拣系统的工作过程

一个分拣系统是由一系列各种类型的输送机、各种附加设施的控制系统等组成,大致可分为合流、分拣信号输入、分拣和分流、分运四个工作过程。

1. 合流

商品进入分拣系统,有用人工搬运方式或机械化、自动化搬运方式,也可以通过多条输送线进入分拣系统。经过合流逐步将各条输送线上输入的商品合并于一条汇集输送机上;同时将商品在输送机上的方位进行调整,以适应分拣信号输入和分拣的要求。汇集输送机能实现自动停止和启动的功能。如果前端分拣信号输入装置偶然发生事故,或商品和商品连接在一起,或输送机上商品已经满载时,汇集输送机就会自动停止,等恢复正常后再自行启动,所以它也起到缓冲作用。

2. 分拣信号输入

在这个过程中,商品接受激光扫描器对其条形码标签的扫描,或者通过其他自动识别方式,如光学文字读取装置、声音识别输入装置等,将商品分拣信息输入计算机。商品之间保持一个固定值的间距,对分拣速度和精度是至关重要的。即使是高速分拣机,在各种商品之间也必须有一个固定值的间距。当前的微型计算机和程序控制器已能将这间距减少到只有几英寸。

3. 分拣和分流

商品离开分拣信号输入装置后在分拣输送机上移动时,根据不同商品分拣信号所确定的移动时间,使商品运送到指定的分拣道口,由该处的分拣机构按照上述的移动时间自行启动,将商品从主输送机分离,使其进入分流滑道排出。

4. 分送

分拣出的商品离开主输送机,再经滑道到达分拣系统的终端。分送至所经过的滑道一般是无动力的,借助商品的自重从主输送机上滑行下来。各个滑道的终端,由操作人员将商品搬入容器或搬上车辆。

二、常见的自动分拣机

(一)挡板式分拣机

挡板式分拣机是利用一个挡板(挡杆)挡住在输送机上向前移动的商品,将商品引导到一侧的滑道排出的一种结构形式,如图5-35所示。挡板运行时,像一堵墙似的挡住商品向前移动,利用输送机对商品的摩擦力使商品沿着挡板表面移动,从主输送机上排出至滑道。平时挡板处于主输送机一侧,可让商品继续前移;如挡板作横向移动或旋转,则商品就排向滑道。

挡板一般安装在输送机的两侧,和输送机上平面不相接触,即使在操作时也只接触商品而不触及输送机的输送表面,因此它对大多数形式的输送机都适用。就挡板本身而言,也有不同形式,如直线型、曲线型,也有的在挡板工作面上装有滚筒或光滑的塑料材料,以减少摩擦阻力。

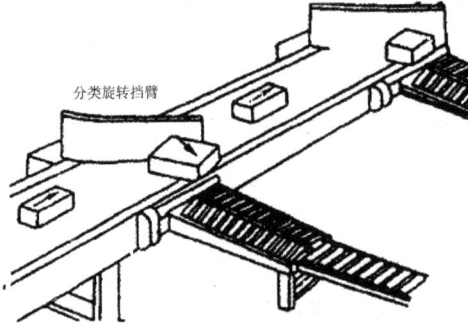

分类旋转挡臂

图5-35 挡板式分拣机

(二)浮出式分拣机

浮出式分拣机是把商品从主输送机上托起,从而将商品引导出主输送机的一种结构形式。从引离主输送机的方向看,一种是引出方向与主输送机构成直角;另一种是呈一定夹角(通常是30°～45°)。一般是前者比后者生产率低,且对商品容易产生较大的冲击力。浮出式分拣机大致有以下几种形式。

1.胶带浮出式分拣机

这种分拣结构用于辊筒式主输送机上,将有动力驱动的两条或多条胶带或单个链条横向安装在主输送辊筒之间的下方。当分拣机结构接受指令启动时,胶带或链条向上提升,接触商品底部,把商品托起,并将其向主输送机一侧移出。

2.辊筒浮出式分拣机

这种分拣机构用于辊筒式或链条式的主输送机上,将一个或数十个有动力的斜向辊筒安装在主输送机表面下方,分拣机构启动时,斜向辊筒向上浮起,接触商品底部,将商品斜向移出主输送机,如图5-36所示。

图5-36 滚筒浮出式分拣机

(三)倾斜式分拣机

1.条板倾斜式分拣机

这是一种特殊型的条板输送机,商品装载在输送机的条板上,当商品行走到需要分拣的位置时,条板的一端自动升起,使条板倾斜,从而将商品从主输送机分离,如图5-37所示。商品占用的条板数随不同商品的长度而定,经占用的条板数如同一个单元,同时倾斜,因此,这种分拣机对商品的长度在一定范围内不受限制。

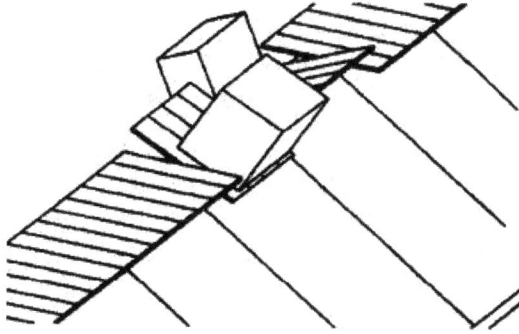

图 5-37　条板倾斜式分拣机

2. 翻盘式分拣机

这种分拣机是由一系列的盘子组成,盘子为铰接式结构,向左或向右倾斜,如图 5-38 所示。装载商品的盘子行驶到一定位置时,盘子倾斜,将商品翻到旁边的滑道中,为减轻商品倾倒时的冲击力,有的分拣机能控制商品,将其以抛物线状来倾倒出来。这种分拣机适合许多商品的形状和大小,但以不超出盘子为限。对于长形商品可以跨越两只盘子放置,倾倒时两只盘子同时倾斜。这种分拣机能常采用环状连续输送,其占地面积较小,又由于是水平循环,使用时可以分成数段,每段设一个分拣信号输入装置,以便商品输入,而分拣排出的商品在同一滑道排出,这样就可提高分拣能力。

图 5-38　翻盘式分拣机

(四)滑块式分拣机

滑块式分拣机是一种特殊形式的条板输送机。输送机的表面用金属条板或管子构成,如竹席状,而在每个条板或管子上有一枚用硬质材料制成的导向滑块,能沿条板做横向滑动,如图 5-39 所示。平时滑块停止在输送机的侧边,滑块的下部有销子与条板下导向杆联结,通过计算机控制,当被分拣的货物到达指定道口时,控制器使导向滑块有序地自动向输送机的对面一侧滑动,把货物推入分拣道口,从而商品就被引出主输送机。这种方式是将商品侧向逐渐推出,并不冲击商品,故商品不容易损伤,它对分拣商品的形状和大小适用范围较广。

图 5-39 滑块式分拣机

(五)托盘式分拣机

托盘式分拣机是一种应用十分广泛的机型,它主要由托盘小车、驱动装置、牵引装置等组成,如图 5-40 所示。其中托盘小车形式多种多样,有平托盘小车、U 形托盘小车、交叉带式托盘小车等。

传统的平托盘小车利用盘面倾翻、重力卸载货物,结构简单,但存在着上货位置不稳、卸货时间过长的缺点,从而造成高速分拣时不稳定以及格口宽度尺寸过大。

图 5-40 托盘式分拣机

任务六　仓储辅助设备

一、计量设备

计量设备是利用机械原理或电测原理对货物的重量、长度、数量、容积等量值进行度量的器材、仪器的总称。由于仓储作业需要在仓库中使用的计量设备很多,如入库作业需要获得货物的重量、数量等参数,因此计量设备在仓储作业中的应用非常广泛。

(一)计量设备的分类

根据计量物理量的不同,计量设备可分为以下几种。

(1)重量计量设备。它包括各种磅秤、地中衡、轨道衡、电子秤等。

(2)流体容积计量设备。它包括液面液位计、流量计等。

(3)长度计量设备。它包括检尺器、长度计量仪等。

(4)个数计量设备。它包括自动计数器、自动计数显示装置等。

(二)仓储作业中常用的计量设备

仓储作业中常用的计量设备主要有地磅、电子秤、自动计数显示装置等。

1. 地磅

地磅也称汽车衡,是设置在地面上的大磅秤,通常用来称卡车的载货吨数,如图 5-41 所示。地磅标准配置主要由称重传力机构(秤体)、高精度称重传感器、称重显示仪表三大元件组成,由此即可完成基本的称重功能,也可根据不同用户的要求选配打印机、大屏幕显示器、称重管理软件等,以满足更高层次的数据管理及传输的需要。

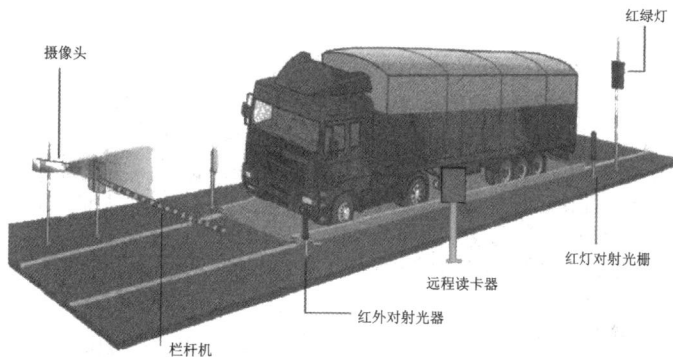

图 5-41 地磅

2. 电子秤

电子秤是利用物体的重力作用来确定物体质量(重量)的测量仪器,如图 5-42 所示。电子秤主要由称重传感器、放大系统和显示仪表三部分构成,具有计重准确、结构简单、安装调试使用方便、体积小、重量轻、计量速度快等优点,是物流领域计重装置的发展方向。

图 5-42 电子秤

3. 自动计数显示装置

自动计数显示装置是一种用于计数的计量设备,安装于多品种、小批量、多批次的拣选式货架上。每当取出一件货物,相应的显示装置上就显示出数量指示,可观察显示装置,确认拣选数量、库存数量,如果和电子计算机联机,则可由计算机立即汇总、记录。在多品种、小批量、多批次、高速度的操作场合,用这种装置可以防止计数混乱、防止出现差错,所以应用很广泛。

二、保管养护设备

仓储保管养护设备是指在仓库中完成货物保管养护作业所需要的各种机械设备。仓库中常用的保管养护设备有通风机、除湿机、除锈机、空气幕等。

(一)通风机

通风机是依靠输入的机械能提高气体压力并排送气体的机械设备,是对仓库湿度进行控制的设备。通风机可分为轴流式通风机(见图 5-43)和离心式通风机(见图 5-44)两种。轴流式通风机的通风量较大,动力能源消耗少,但产生的空气压力差小,适用于在阻力较小的情况下进行通风;离心式通风机产生的空气压力差大,但消耗的能量多,适用于在阻力大的情况下进行通风。

图 5-43 轴流式通风机   图 5-44 离心式通风机

(二)除湿机

除湿机是仓库内用于货物除湿的机械设备,如图 5-45 所示。除湿机由压缩机、热交换器、风扇、盛水器、机壳及控制器组成,其工作原理是由风扇将潮湿空气抽入机内,通过热交换器使空气中的水分冷凝成水珠,变成干燥的空气排出机外,如此循环,使室内湿度降低。

图 5-45 除湿机

（三）空气幕

空气幕是通过贯流风轮产生强大气流，形成一面无形的门帘，如图 5-46 所示。空气幕由空气处理设备、通风机、风管系统及空气分布器组成。在仓库内安装空气幕，既能把室内外空气隔开，防止室内外冷热空气交换，同时又具有防尘、防污染、防蚊蝇的功效。

图 5-46　空气幕

三、安全消防设备

安全消防设备是指用于仓库防盗、防火的各种安全消防器材、工具的总称。仓库常用的安全消防设备主要有防盗报警系统、火灾自动报警系统以及各种类型的灭火器。

1. 防盗报警系统

防盗窃和防破坏是确保仓库安全的重要工作之一，而要做好这项工作，需要用到防盗报警系统。防盗报警系统主要由防盗传感器和防盗报警控制器组成，前者设在保护现场，用来对被监视目标进行探测；后者放在值班室，用来接收传感器送来的盗情信息，进行声、光报警。

2. 火灾自动报警系统

火灾自动报警系统是为了让人们早期发现火灾，并及时采取有效措施控制和扑灭火灾而设置在建筑物中或其他场所的一种自动消防设备。

火灾自动报警系统能够在火灾初期将燃烧产生的烟雾、热量和光辐射等通过感温、感烟和感光等火灾探测器变成电信号，传输到火灾报警控制器，并同时显示出火灾发生的部位，记录火灾发生的时间。

3. 灭火器

灭火器是扑救初起火灾的重要消防器材，它轻便、灵活、实用，是仓库消防较理想的第一线灭火工具。按照内装灭火剂的不同，灭火器可分为干粉灭火器、二氧化碳灭火器、泡沫灭火器、1211 灭火器等。

（1）干粉灭火器可用于扑救易燃液体、有机溶液、可燃气体和电气设备的初起火灾，不能扑救轻金属燃烧的火灾。

（2）二氧化碳灭火器适于扑救贵重仪器设备、档案资料、计算机室内的火灾，也适于扑救带电的低压电器设备和油类火灾，但不可用于扑救钾、钠、镁、铝等物质火灾。

（3）泡沫灭火器最适于扑救液体火灾，不能扑救水溶性可燃、易燃液体（如醇、酯、酮等）火灾和电器火灾。

（4）1211灭火器灭火时不污染物品、不留痕迹，特别适用于扑救精密仪器、电子设备、文物档案资料火灾。

理论测评

一、选择题

1. 面向社会提供服务，以经营为手段、以营利为目的是哪种类型仓库？（　　）

A. 公共仓库　　　　　B. 营业仓库　　　　　C. 自备仓库

2. 仓库内存放的物品，要求控制库内氧气和二氧化碳浓度，这类仓库称为（　　）。

A. 普通仓库　　B. 保温仓库、冷藏仓库、恒湿恒温库　　C. 特种仓库　　　D. 气调仓库

3. 按建筑封闭程度分类，仓库可分为（　　）。

A. 封闭式仓库　　　　B. 冷库　　　　C. 半封闭式仓库　　　D. 露天仓库

4. 用来储存粮食、饲料等粉末状的散装的物料，可采用（　　）。

A. 露天仓库　　　　B. 高层货架仓库　　C. 罐式仓库

5. 仓库的天花板高度最低应该是（　　）。

A. 5～6 m　　　　B. 6～7 m　　　　C. 4～6 m

6. 采用多层仓库时，要特别重视对（　　）的设计。

A. 大门　　　　B. 站台　　　　C. 上下楼的通道

7. 自动化立体仓库的货架按照货物存取形式分为（　　）。

A. 单元货架式　　　B. 移动货架式　　　C. 拣选货架式　　　D. 单元负载式

8. 自动化立体仓库的周边设备主要有（　　）。

A. 液压升降平台　　B. 辊道输送机　　　C. 台车　　　D. 叉车

9. 巷道堆垛机由（　　）构成。

A. 机架　　　B. 起升机构　　　C. 运行机构　　　D. 电气设备　E. 载货台

10. 自动化立体仓库的功能一般包括自动（　　）功能等。

A. 收货、存货　　B. 取货、发货　　C. 储存和保管　　　D. 信息处理

11. 车辆与月台间的间距和高度差常采用（　　）设备。

A. 车尾附升降台　　B. 升降平台　　　C. 移动式登车桥　　　D. 吊车

12. 月台数量的确定需要参考（　　）等数据。

A. 有关进出货的历史资料

B. 尖峰时段的到达车辆数

C. 每车装卸货所需时间

D. 在可预见的未来，进出货能力的预留

13. 站台的安排方式通常来说有哪几种？（　　）

A. 进货及出货站台共用

B. 进出货站台分区相邻

C. 进出货在相邻两侧

D. 进出货作业使用不同码头，站台在对侧

14. 布置（　　）形式的站台能最大程度降低作业差错率。

A.U形   B.I形   C.L形

15.空间及设备使用率最大的站台是哪种布置形式?(　　)

A.U形   B.I形   C.L形

16.按封闭程度分,货架可分为(　　)。

A.层架式货架、抽屉式货架、轮胎货架等

B.钢货架、木货架、钢筋混凝土货架等

C.敞开式货架、半封闭式货架、封闭式货架等

D.悬臂式货架、橱柜式货架、棚板式货架等

17.以下有关固定的重力式货架的说法中,正确的是(　　)。

A.可减少通道数量,降低存货密度   B.出入库位置固定

C.一个滑道可存放多种货物   D.建造费用较高,施工期短

18.悬臂式货架可用于储存(　　)。

A.钢材   B.木材   C.档案

19.大批量、少品种的货物可采用(　　)货架。

A.层格架   B.重力式货架   C.驶入式货架   D.旋转式货架

20.高层货架的高度一般在(　　)m以上。

A.10   B.15   C.12

21.自动分拣系统的特点是(　　)。

A.能连续、大批量地分拣货物   B.分拣误差率极低

C.分拣作业基本实现无人化   D.高效快速

22.自动分拣系统一般由(　　)组成。

A.控制装置   B.分类装置   C.输送装置   D.分拣道口

23.分拣时,商品的长度在一定范围内不受限制的是(　　)。

A.浮出式分拣机   B.条板倾斜式分拣机 C.滑块式分拣机   D.托盘式分拣机

24.仓库中常用的保管养护设备有(　　)等。

A.通风机   B.除湿机   C.除锈机   D.空气幕

25.根据计量物理量的不同,计量设备可分为(　　)。

A.重量计量设备   B.流体容积计量设备 C.长度计量设备   D.个数计量设备

26.(　　)通常用来称卡车的载货吨数。

A.地磅   B.电子秤   C.流量计   D.检尺器

27.以下选项中,既能把室内外空气隔开,又具有防尘、防污染、防蚊蝇功效的是(　　)。

A.通风机   B.除湿机   C.除锈机   D.空气幕

28.(　　)特别适用于扑救精密仪器、电子设备、文物档案资料火灾。

A.干粉灭火器   B.二氧化碳灭火器 C.泡沫灭火器   D.1211灭火器

29.常见的计量设备有(　　)。

A.地重衡   B.轨道衡   C.电子秤

30.计量设备的特点不包括(　　)。

A.稳定性   B.灵敏性   C.不变性   D.准确性

二、简答题

1. 简述常见的仓储设备。

2. 仓库的结构设计要考虑哪方面因素？

3. 简述自动化立体仓库的特点。

4. 简述巷道式堆垛机的组成。

5. 简述货架的功能。

6. 货架选用应考虑哪些因素？

7. 列举三种常见的货架及适用范围。

8. 简述自动分拣系统的工作过程。

9. 列举三种常见的自动分拣机。

10. 简述常见的安全消防设备。

任务工单

参观调研某自动化立体仓库

工作任务	根据现有的实训条件,参观某自动化立体仓库,完成调研报告及汇报PPT		
教学模式	任务驱动	教学地点	某自动化立体仓库
任务目标	1.了解自动化立体仓库的主要布局、运作原理 2.熟悉自动化立体仓库相应设备的特点及用途		
设备器材			

任务分析思路

1. 分组后参观自动化立体仓库

2. 做好笔记,拍好照片,参观结束后,分组讨论,并撰写一份500字左右的调研报告以及准备汇报PPT

调研报告参考格式:

    调研地点:××

    调研时间:××

    调研人员:××

    调研内容:××(重点在于仓库的布局以及自动化设备的特点及用途)

    调研总结:××

评价内容		配分	考核点	备注
作业 (90分)	内容正确, 逻辑清晰	30	画出仓库的平面布局图,分析运作原理	
		40	写出各类自动化设备的用途及特点	
	文档格式正确,无语病	20	内容格式正确,无语病等	
职业 素养 (10分)		10	听从老师安排,保持参观地的卫生清洁	工作场地脏、乱、差;严重违反纪律,造成恶劣影响的,本项记0分

项目六 包装与流通加工设备

任务引入

阿迪达斯公司在美国的一家超市里设立了组合式鞋店,鞋店里摆放的不是做好了的鞋,而是做鞋用的半成品。这些半成品款式花色多样,有 6 种鞋跟、8 种鞋底,均为塑料制造。鞋面的颜色以黑、白为主,搭带的颜色有 80 种,款式有百余种,顾客进来可任意挑选自己所喜欢的各个部分,交给职员当场进行组合。只要 10 分钟,便可组装成一双新的鞋。

思考:阿迪达斯鞋店职员的行为属于哪种物流作业? 在该种作业中,可能用到哪些设备?

任务目标

一、知识目标

1. 了解包装设备的特点和分类,熟悉常见的包装设备,了解包装自动生产线;
2. 了解流通加工设备的分类和作用,熟悉常见的流通加工设备。

二、能力目标

1. 能够识别常见的包装设备;
2. 能够操作封口机等常见的包装设备。

任务一 包装设备概述

包装设备是指能完成全部或部分产品和商品包装过程的设备。包装过程包括充填、裹包、封口等主要工序,以及与其相关的前后工序,如清洗、堆码和拆卸等。此外,包装还包括计量或在包装件上盖印等工序。使用机械包装产品可提高生产率,减轻劳动强度,适应大规模生产的需要,并满足清洁卫生的要求。

一、包装设备的作用

包装是产品进入流通领域的必要条件,而实现包装的主要手段是使用包装机械。随着时代的发展、技术的进步,包装设备在包装领域中正起着越来越大的作用,其主要作用有以下几点。

1. 可大大提高劳动生产率

机械包装比手工包装快得多,如糖果包装,手工包糖 1 分钟只能包十几块,而糖果包装机每分钟可达数百块甚至上千块,提高效率数十倍。

2. 能有效地保证包装质量

机械包装可根据包装物品的要求,按照需要的形态、大小,得到规格一致的包装物,而手工包装是无法保证的。这对出口商品尤为重要,只有机械包装才能达到包装规格化、标准化,符合集合包装的要求。

3. 能实现手工包装无法实现的操作

有些包装操作,如真空包装、充气包装、贴体包装、等压灌装等,都是手工包装无法实现的,只能用机械包装实现。

4. 可降低劳动强度,改善劳动条件

手工包装的劳动强度很大,如用手工包装体积大、重量重的产品,既耗体力,又不安全;而对轻小产品,由于频率较高,动作单调,易使工人得职业病。

5. 有利于工人的劳动保护

对于某些严重影响身体健康的产品,如粉尘严重、有毒的产品,有刺激性、放射性的产品,用手工包装难免危害健康,而机械包装则可避免产生这些危害,且能有效地保护环境不被污染。

6. 可降低包装成本,节省贮运费用

对松散产品,如棉花、烟叶、丝、麻等,采用压缩包装机压缩打包,可大大缩小体积,从而降低包装成本。同时由于产品体积大为缩小,节省仓容,减少保管费用,有利于运输。

7. 能可靠地保证产品卫生

某些产品,如食品、药品的包装,根据卫生法是不允许用手工包装的,因为会污染产品,而机械包装避免了人手直接接触食品、药品,保证了卫生质量。

8. 可促进相关工业的发展

包装机械涉及材料、工艺、设备、电子、电器、自动控制等多种学科,要求各相关学科同步、协调地发展,任何学科的问题都将影响包装机械的整体性能。因此,包装机械的发展将有力地促进相关学科的进步。另外,为适应包装机械高速包装的需要,其相关的前后工序也势必与之适应,也就推动了相关工序的同步发展。

二、包装设备的特点

包装机械既具有一般自动机械的共性,也有其自身的特性。其主要特点如下:

(1)大多数包装机械结构复杂,运动速度快,动作精度高。为满足性能要求,对零部件的刚度和表面质量等都有很高的要求。

(2)用于食品和药品的包装机要便于清洗,与食品和药品接触的部位要用不锈钢或经化学处理的无毒材料制成。

(3)进行包装时的作用力一般都较小,所以包装机的电动机功率较小。

(4)包装机一般都采用无级变速装置,以便灵活调整包装速度、调节包装机的生产能力。

(5)包装机械是特殊类型的专业机械,种类繁多,生产数量有限。为便于制造和维修,减少设备投资,在各种包装机的设计中应注意标准化、通用性及多功能性。

三、包装设备的分类

1. 按自动化程度分

按自动化程度分,包装设备可分为全自动包装机和半自动包装机。

（1）全自动包装机是指自动供送包装材料和内装物，并能自动完成其他包装工序的机器。

（2）半自动包装机是指由人工供送包装材料和内装物，但能自动完成其他包装工序的机器。

2. 按包装产品的类型分

按包装产品的类型分，包装设备可分为专用包装机、多用包装机和通用包装机。

（1）专用包装机是指专门用于包装某一种产品的机器。

（2）多用包装机是指通过调整或更换有关工作部件，可以包装两种或两种以上产品的机器。

（3）通用包装机是指在指定范围内适用于包装两种或两种以上不同类型产品的机器。

3. 按功能分

按功能分，包装设备可分为充填机、灌装机、封口机、裹包机、贴标机、清洗机、干燥机、杀菌机、捆扎机及多功能包装机等。

任务二　常见的包装机械设备

一、充填机

充填机是指将要包装的材料按预订量充填到包装容器内的机器。按计量方式分，充填机可分为容积式充填机、称重式充填机和计数式充填机。

1. 容积式充填机

容积式充填机是指将物料按照预定容积充填到包装容器内的机械设备，如图 6-1 所示。

图 6-1　容积式充填机

这种设备结构简单、体积较小、计量速度高，但是精度较低，常用于充填密度较稳定的粉末、细颗粒、音状物料，或体积比质量要求更重要的物料，如咖啡粉、奶粉、白糖、牙膏等。常见的容积式充填机有量杯式、螺杆式、计量柱塞式、气流式、插管式等多种类型，如表 6-1 所示。

表6-1　容积式充填机的分类

分类	适用范围	特点
量杯式充填机	流动性良好的粉末状、颗粒状、碎片状物料	工作速度快,计量精度低,结构简单
螺杆式充填机	流动性良好的粉末状、颗粒状物料,或结构紧凑、无粉尘飞扬的物料,如咖啡粉、面粉等	结构紧凑,无粉尘飞扬,计量范围宽
计量泵式充填机	流动性好、无结块的细粉粒物料,如茶叶末、精盐	结构紧凑,计量速度快
柱塞式充填机	粉料、粒料及黏稠类物料	计量精度高,工作速度慢,计量范围易于调节
气流式充填机	医药、化工行业的粉料	计量精度高,可减少物料的氧化
插管式充填机	药品行业的小剂量药粉	计量范围小,计量精度低

2. 称重式充填机

称重式充填机是将物料按照预定质量充填到包装容器的机械设备,如图6-2所示。其结构复杂、体积较大、计量精度高、计量速度较慢,适合于充填易受潮、易结块、粒度不均匀、流动性差的物料。称重式充填机由供料机构、称量机构、开斗机构构成。其工作原理是:由供料机构将待称物料供到称量机构中,当达到所需要的质量时停止供料,再由开斗机构开斗放料充填。

图6-2　称重式充填机

称重式充填机按计量方式的不同可分为毛重式充填机和净重式充填机。其中,毛重式充填机是指对完成充填作业的物料和包装容器一起称重的机械设备;净重式充填机是指对物料称出预定质量后,再将物料充填到包装容器的机械设备。

3. 计数式充填机

计数式充填机是将物料按照预定数目充填到包装容器内的机械设备(见图6-3),适用于充填块状、片状、条状、棒状、颗粒状的物料。计数式充填机计数定量的方法有两种:一是在包装前通过供送机构将杂乱的被包装物按一定的形式和要求进行排列,再进行计数;二是从混乱的被包装物的集合体中直接取出一定数量。

全自动胶囊充填机

图 6-3　计数式充填机

二、灌装机

灌装机是将液体产品按预订量灌注到包装容器内的机械设备(见图 6-4),主要用于在食品领域中对啤酒、饮料、乳品、酒类、植物油和调味品的包装,还包括洗涤剂、矿物油和农药等化工类液体产品的包装。该类设备不仅可以使黏稠度较低的物料(如酒类、油类、果汁、牛奶、饮料、酱油、药水等)依靠自重以一定速度流动,也可以使某些黏稠物料(如牙膏、药膏等)依靠压力以一定速度流动。

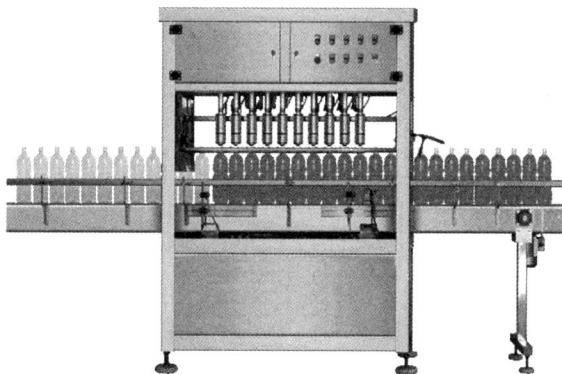

图 6-4　罐装机

按照灌装原理的不同,灌装机可分为等压式灌装机、负压式灌装机、常压灌装机和压力式灌装机等。

(1)等压式灌装机是指先向包装容器内充气,使容器内压力与储液箱内压力相等,再将储液箱中的液料灌入包装容器内的机械设备,常用于灌装啤酒和碳酸饮料。

(2)负压式灌装机利用灌装机中配置的真空系统,使包装容器处于一定的真空度,从而使储液箱内的液料在一定的压差或真空状态下注入包装容器内。

(3)常压灌装机的液料箱和计量装置处于高位,包装容器置于下方,在大气压下依靠液料自重自动流进包装容器内。

（4）压力灌装机是指灌装密封系统处于高于大气压力的状态中，将正压力加于液料上使液料被"压入"包装容器内的机械设备，主要用于不含气饮料（如矿泉水）、调味品及一些低黏度液料的塑料瓶灌装。

液体灌装设备

三、封口机

封口机是指在包装容器内盛装产品后对容器进行封口的机器，如图 6-5 所示。其主要作用是使产品得以密封保存，保持产品质量，避免产品污染变质。

奶茶封口机

图 6-5　封口机

（一）封口机分类

按照被封口包装容器的不同，封口机可分为封袋机、封瓶机、封罐机、封箱机四大类。

（1）封袋机主要用于各种塑料袋、纸袋、编织袋、布袋、复合袋等的封口。封袋机通过加热、加压的方式完成热塑性材料包装袋的封口，或者采用封口辅助物（如缝纫线、胶带、U 形卡等）完成包装袋的缝合、胶合、钉合及扎合等。

（2）封瓶机主要用于玻璃瓶、塑料瓶等的封盖。封瓶机通过压力将瓶盖压封在瓶口上，或通过滚纹封轮将铝质扭断盖滚封在瓶口上，通过旋盖夹头将带有螺纹的盖旋合在瓶口上。

（3）封罐机主要用于铝罐及玻璃罐的封口。封罐机通过滚轮将罐盖与罐体的结合部相互卷曲勾合以封闭金属罐；带有螺口的玻璃罐可采用螺旋式封瓶机将盖封压在瓶口上，达到密封效果。

（4）封箱机主要用于各种尺寸的外包装箱的封口。封箱机可采用胶带、箱钉、黏合剂等对包装箱进行钉合或黏合。

（二）封口机的结构及工作原理

一般来讲，封口机由机架、减速调速传动机构、封口印字机构、输送装置及电器电子控制系统等部件组成。

封口机工作时，首先接通电源，各机构开始工作，电热元件通电后加热，使上、下加热块急剧升温，并通过温度控制系统调整到所需温度，压印轮转动，根据需要冷却系统开始冷却，输送带送转并由调速装置调整到所需的速度。

当装有物品的包装放置在输送带上，袋的封口部分被自动送入运转中的两根封口带之间，并带入加热区,加热块的热量通过封口带传输到袋的封口部分,使薄膜受热熔软,再通过冷却区使薄膜表面温度适当下降,然后经过滚花轮(或印字轮)滚压,使封口部分上下塑料薄膜粘合并压制出网状花纹(或印制标志),最后导向橡胶带与输送带将封好的包装袋送出机外,完成封口作业。

(三)封口机操作注意事项

(1)使用交流电源供电,检查电源电压是否符合要求。正确使用额定保险丝,在装卸保险丝时必须先将电源线拔除。

(2)应使用单独的电源插座,并且插座及其连线允许通过的电流大于 10 A。插头与插座应接触良好,否则容易损坏封口机。

(3)封口机应放置在通风、干燥、灰尘少的地方,并水平放置,与墙壁或其他物体的距离应大于 20 cm,确保排风正常。

(4)不要将金属物品放于封口处,以避免设备超载而损坏。

(5)为避免人身伤害,需使用接地交流电源插座,主线路板地线绝不能与机箱连接。

(6)工作时请勿触摸电路板及散热片,线路板及散热片带有高压,不能将金属物品伸入机箱内,否则可能发生严重的触电事故。

(7)本机正常启动后,为避免被烫伤或触电,勿随意触摸封口头。

四、热收缩包装机

1. 工作原理

热收缩包装机采用石英远红外管加热,收缩温度和输送速度稳定可调,用适宜的包装材料加热收缩,进行货物包装,如图 6-6 所示。包装之后的产品,能密封、防潮、防撞击,此种包装方式适用于多件物品裹紧包装和托盘包装。

托盘包装机

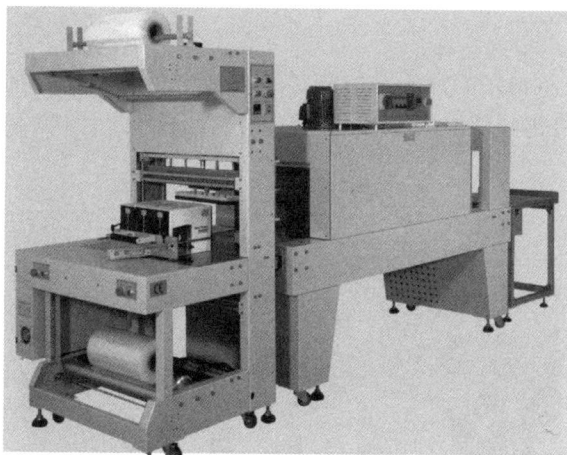

图 6-6　热收缩包装机

2. 热收缩包装操作注意事项

(1)在收缩包装过程中,若发现皱纹过多,说明温度过低或速度太快,这时可提高温度值或降低输送速度。

（2）若出现收缩裂纹现象，说明温度值过高或输送速度太慢，可根据实际情况予以调整。由于温度值与速度值互相牵制，有时可能需要反复调节多次才能达到要求。

（3）确定所选用包装膜的材料，再选购热收缩包装机。

五、裹包机

裹包机是指用薄型挠性包装材料将一个或多个固态物体进行全部或局部裹包的机械设备，如图6-6所示。裹包机应用范围广泛，可适用于食品、医药、化工、五金、电器、日用百货及烟草等行业中各种形状物体的自动包装。

矿泉水裹包机

图 6-6　裹包机

裹包机的工作原理是将被缠绕物体放置于转盘中央，启动转盘电机转动，自然地带动转盘转动，使物体实现外围的裹包、缠绕。与此同时，升降机电机也启动，带动缠绕捆扎机整个组合体做上下运动，使物体高度上下缠绕，实现了物体整个外表的缠绕包装。

五、贴标机

贴标机是指将事先印制好的标签粘贴到包装容器的特定部位的机械设备，如图6-7所示。贴标机适用范围广泛，可用于制药、食品、轻工、日化等行业。

全自动贴标机

图 6-7　贴标机

　　贴标机的工作原理是当传感器发出贴标物准备贴标的信号后,贴标机上的驱动轮转动。由于卷筒标签在装置上为张紧状态,当底纸紧贴剥离板改变方向运行时,标签由于自身材料具有一定的坚挺度,前端被强迫脱离、准备贴标。此时贴标物体恰好位于标签下部,在贴标轮的作用下,实现同步贴标。贴标后,卷筒标签下面的传感器发出停止运行的信号,驱动轮停止,一个贴标循环结束。

六、捆扎机

　　捆扎机是指利用带状或绳状捆扎材料将一个或多个包件紧扎在一起的机械设备,如图6-8所示。

　　捆扎机的主要功能是:将包件捆紧、扎牢并压缩,增加外包装强度,减少散包所造成的损失;提高装卸效率,节省运输时间、空间,降低运输成本。捆扎机应用范围极广,几乎可用于所有行业的产品包装中。

图6-8　捆扎机　　　　自动捆扎机

目前,我国生产的捆扎机基本上采用塑料作为捆扎材料,利用热熔搭接的方法,使紧贴包件表面的塑料袋两端加压黏合,从而达到捆紧包件的目的。

任务三　包装自动生产线

　　包装自动生产线是指由数台智能控制的自动包装机连续组成的包装系统,如图6-9所示。应用包装自动生产线可以大大提高劳动生产率,提高包装产品质量,降低包装产品成本。包装自动生产线特别适用于品种少、大批量的产品包装,是包装工业发展的方向。

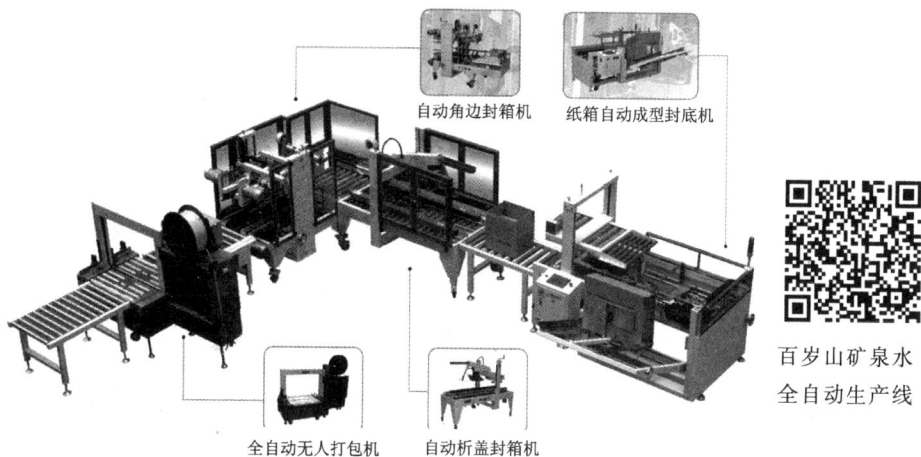

自动角边封箱机　　　纸箱自动成型封底机

百岁山矿泉水
全自动生产线

全自动无人打包机　　自动析盖封箱机

图6-9　包装自动生产线

一、包装自动生产线概述

　　包装自动生产线就是由数台智能自动包装机连续组成的包装系统,在自动包装线上还要设置自动扫描、自动计量、自动检测、自动包装、自动分拣、自动运输储存装置、调整补偿装置及自动供送料装置。工人直接操作指令开关，PLC系统（可编程逻辑控制器）按设定好的工序自动完成供料、输送、自动计量、自动包装、自动分拣、自动控制等生产的全过程，这种工作系统就称为包装自动生产线。

自动生产线除了具有生产线的一般特征外，还具有更严格的生产匹配性。因此、包装机械以联机的方式居多，单独使用的情况很少，特别是具有一定规模的产品加工厂如食品厂。

二、包装自动生产线的分类

1. 按包装机的排列形式分

按包装机的排列形式分，包装自动生产线可分为串联自动包装线、并联自动包装线和混联自动包装线。

(1)串联自动包装线：各包装机按工艺流程单台顺序连接，各单机生产节拍相同。

(2)并联自动包装线：将相同包装机分成数组，共同完成同一包装操作。在此类自动包装线中间一般需设置一些换向或合流装置。

(3)混联自动包装线：在一条包装自动线上，同时采用串联和并联两种连接形式，主要是为平衡各包装机的生产节拍。

(二)按包装机之间的联系特征分

按包装机之间的联系特征分，包装自动生产线可分为刚性自动包装线、柔性自动包装线和半柔性自动包装线。

(1)刚性自动包装线：各包装机之间用输送装置直接连接起来，以一定的生产节拍运行。如果其中一台设备发生故障停车，将引起全线停车。

(2)柔性自动包装线：各包装机之间均连有储料器，由储料器为后续包装机供料。如果某台设备发生故障，不会因此而影响其他设备的工作，故生产效率高，但投资较大。

(3)半柔性自动包装线：将全线分成若干区段，对不宜出现故障的地方不设储料器，提高其"刚性"；对经常出现故障的地方设置储料器，提高其"柔性"。这样既可保证生产效率，又不至于投资过大。

三、包装自动生产线的组成

包装自动生产线主要由自动包装机、输送装置、辅助工艺装置、控制系统等组成。

1. 自动包装机

自动包装机是包装自动生产线最基本的工艺设备，是自动线的主体。它无须操作人员直接参与，各机构能自动实现协调运作，在规定时间内完成包装操作。其作业主要包括包装材料（或包装容器）与被包装物料的输送与供料、定量、充填、灌装、封口、贴标等。

2. 输送装置

输送装置是将各台自动包装机连接起来，使之成为一条自动线的重要装置。它不仅负责包装工序间的传送，还负责包装材料（或包装容器）和被包装物料进入自动线以及成品离开自动线的作业过程。

3. 辅助工艺装置

在包装自动生产线中，为满足工艺上的要求，使自动线能协调工作，还需配置一些辅助工艺装置,如转向装置、分流装置、合流装置等。

(1)转向装置主要用于改变被包装物料的输送方向或输送状态。

(2)分流装置主要用于平衡生产节拍,提高生产率,在前台包装机完成加工后,须将其分流给几台包装机来完成后续工序。

(3)合流装置主要是等其他包装机完成包装后,将其合流给一台包装机继续进行包装加工。

4.控制系统

在包装自动生产线中,控制系统起着类似人类神经系统的作用,它将自动线中的所有设备联结成一个有机整体。随着科学的进步,各种新技术(如光电控制技术、数控技术等)应用于包装自动生产线中,使其控制系统更趋完善、更加可靠、效率更高。

四、自动包装生产线的布置

包装工艺路线和生产线设备确定后,应合理解决包装生产线在车间中的排列走向和安装位置等。具体问题可从以下几个方面考虑。

1.合理布局

设备布置应本着简单、实用、经济的原则,力求最佳布局。实际上包装生产线的布局形式较为灵活。由于被包装物品的包装形式、工艺过程、生产能力及设备形式、场地等情况不同,有着各种不同的布局方式,最合适的即为最好的。

2.设备辅件布置恰当

包装生产线中的管道、电线应尽可能集中敷设,利用管线棚架,由空间架送,以免影响地面操作。作业场所较为干燥的场合可将管线设置在地下沟槽中,潮湿环境中则尽可能在空间敷设,并尽量贴近建筑墙壁架设。

3.合理划分区域

不同的区域有不同的目的和作用,有时出于物料输送或仓储等方面的考虑,采用楼层布置上层包装、下层仓储;有的出于卫生、安全等方面的考虑,将物品的整理及包装材料的整理同包装区域隔离开;有的为了保障安全,采用隔栏、隔网将通道、活动区与自动机隔开;车间内还应设置物品堆放区,但堆放区、操作区、通道等不同区域要明确划分开,以利于生产管理及操作。

任务四　流通加工及设备

流通加工设备是完成流通加工任务的专用机械设备。流通加工设备的加工对象是进入流通过程的商品,它通过改变或完善商品的原有形态来实现生产与消费的"桥梁和纽带"作用,使商品在流通过程中实现价值增值。

一、流通加工设备的功用

1.可以提高原材料利用率

利用流通加工机械对流通对象进行集中下料,可将生产厂直接运来的简单规格产品按使用部门的要求进行下料。例如,将钢板进行剪板、切裁,将钢筋或圆钢裁制成毛坯各种长度及大小的板、方等。集中下料可以优材优用、小材大用、合理套裁,有很好的技术经济效果。北京、济南、丹东等城市对平板玻璃进行流通加工(集中裁制、开片供应),玻璃利用率从60%左右提高到85%~95%。

2. 可以进行初级加工,方便用户

那些用量小或临时需要的企业,缺乏进行高效率初级加工的能力,依靠流通加工点的机械设备进行流通加工可使这些企业省去初级加工的设备及人力等,从而方便了用户。目前发展较快的初级加工有将水泥加工成生混凝土,将原木或板方材加工成门窗、冷拉钢筋及冲制异型零件、钢板预处理、整形、打孔等。

3. 提高加工效率

由于建立集中加工点,可以采用效率高、技术先进、加工量大的专门机具和设备。这样做既提高了加工质量,也提高了设备利用率,还提高了加工效率,其结果是降低了加工费用及原材料成本。例如,一般的使用部门在对钢板下料时,采用气割的方法留出较大的加工余量,不但出材率低,而且由于热加工容易改变钢的组织,加工质量也不好。集中加工后可设置高效率的剪切设备,在一定程度上防止了上述缺点。

二、流通加工设备的分类

流通加工设备种类繁多,按照不同的标准,可分成不同的种类。

(一)按流通加工形式分类

1. 剪切加工设备

剪切加工设备是进行下料加工或将大规格的钢板裁小或裁成毛坯的设备。例如,用剪板机进行下料加工,用切割设备将大规格的钢板裁小或裁成毛坯等。

2. 冷冻加工设备

冷冻加工设备是为了解决鲜肉、鲜鱼或药品等在流通过程中保鲜及搬运装卸问题而采用的低温冷冻的加工设备。

3. 分选加工设备

分选加工设备是根据农副产品的规格、质量离散较大的情况,为了获得一定规格的产品而采取的分选加工设备。

4. 精制加工设备

精制加工设备主要是用于农、牧、副、渔等产品的切分、洗净、分装等简单加工的设备。

5. 组装加工设备

组装加工设备是采用半成品包装出厂,在消费地由流通部门所设置的流通加工点进行拆箱组装的加工设备。

(二)根据流通加工的对象分类

根据加工对象的不同,流通加工设备可分为以下几种。

1. 金属加工设备

某些金属材料的长度、规格不完全适用于用户,若采用单独剪板下料方式,设备闲置时间

长、人力消耗大,而采用集中剪板、集中下料方式可以避免单独剪板下料的一些弱点,提高材料利用率。

2. 水泥加工设备

水泥加工设备主要包括混凝土搅拌机械、混凝土搅拌站、混凝土输送车、混凝土输送泵、车泵等。混凝土搅拌机械是水泥加工中常用设备之一,它是制备混凝土,将水泥、骨料、砂和水均匀搅拌的专用机械。

3. 玻璃加工设备

在流通中,用于玻璃的加工设备主要是指对玻璃进行切割等加工的专用机械,包括各种各样的切割机。在流通中对玻璃进行精加工还需清洗机、磨边机、雕刻机、烤花机、钻花机、丝网印刷机、钢化和夹层装备、拉丝机、拉管机、分选机、堆垛机、瓶罐检验包装设备、玻璃加工工具和金刚石砂轮等。

4. 木材加工设备

木材是容重轻的物料,在运输时占有相当大的容积,往往使车船满装但不能满载。同时,木材装车、捆扎也比较困难,需要利用机械设备对木材进行磨制、压缩和锯裁等加工。这类设备主要有磨制、压缩木片机械和集中开木下料机械两类。

5. 煤炭加工设备

煤炭加工机械是对煤炭进行加工的设备,主要包括除矸加工机械、管道输送煤浆加工机械和配煤加工机械等。

6. 食品流通加工设备

食品流通加工设备依据流通加工项目可分为冷冻加工设备、分选加工设备、精制加工设备和分装加工设备。

三、常见的流通加工方式与设备

流通加工机械类型很多,根据流通加工的对象不同,采用不同的流通加工机械。按加工对象的不同,流通加工机械可分为搅拌混合机械、金属加工设备机械、木材加工机械、玻璃加工机械、煤炭加工机械、冷链流通加工机械等。

(一) 搅拌混合机械

搅拌混合机械是制备混凝土,将水泥、骨料、砂和水均匀搅拌的专用机械,主要包括混凝土搅拌机械、混凝土搅拌站、混凝土输送车、混凝土输送泵、车泵等。

代替现场搅拌混凝土的作业方式,将粉状水泥输送到使用地区的流通加工点(集中搅拌混凝土工厂或称商品混凝土工厂),在那里搅拌成商品混凝土,然后供给各个工地或小型构件厂使用,这是水泥流通加工的另一种重要方式。这种流通加工的形式有以下优点:

(1)这种流通加工方式把水泥的使用从小规模的分散形态改变为大规模的集中加工形态。因此,可以充分应用现代管理科学技术组织现代化的大生产;可以发挥现代设备和现代化管理方法的优势,大幅度地提高生产效率和混凝土质量。集中搅拌可以采取准确的计量手段,选择最佳的工艺;可以综合考虑外加剂及混合材料的影响,根据不同需要,大量使用混合材料拌制不同性能的混凝土;能有效控制骨料质量和混凝土的离散程度,可以在提高混凝土质量、节约

图 6-10　混凝土搅拌机与混凝土罐车

水泥、提高生产率等方面获益,具有大生产的一切优点。例如,制造每立方米混凝土的水泥使用量,采用集中搅拌一般能比分散搅拌减少 20～30 kg。

(2)与分散搅拌比较,相等的生产能力,集中搅拌的设备在吨位、设备投资、管理费用、人力及电力消耗等方面,都能大幅度降低。由于生产量大,可以采取措施回收使用废水,防止各分散搅拌点排放洗机废水造成的污染,有利于环境保护。由于设备固定不动,还可以避免因经常拆建所造成的设备损坏,延长设备的寿命。

(3)采用集中搅拌的流通加工方式,可以使水泥的物流更加合理。这是因为,在集中搅拌站(厂)与水泥厂(或水泥库)之间可以形成固定的供应渠道,这些渠道的数量大大少于分散使用水泥的渠道数量,在这些有限的供应渠道之间,就容易采用高效率、大批量的输送形态,有利于提高水泥的散装率。在集中搅拌场所内还可以附设熟料粉碎设备,直接使用熟料实现熟料粉碎及拌制商品混凝土两种流通加工形式的结合。另外,采用集中搅拌混凝土的方式,也有利于推广应用新技术,简化工地材料的管理,节约施工用地等。

(二)金属加工机械

金属加工机械是对金属进行剪切、折弯、下料、切削加工的机械,主要包括剪板机(见图 6-11)、折弯机(见图 6-12)等。

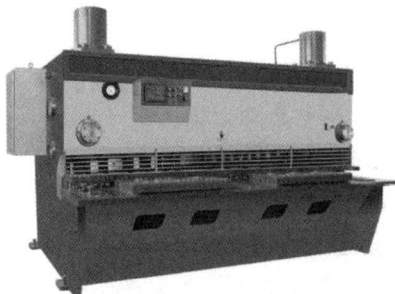

图 6-11　剪板机

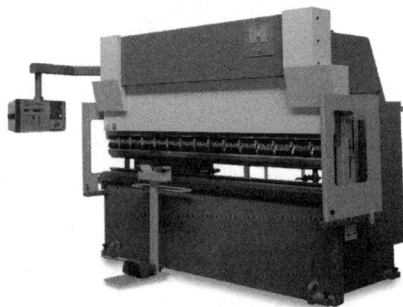

图 6-12　折弯机

热连轧钢板和钢带、热轧厚钢板等板材最大交货长度常可达 7～12 m,有的是成卷交货,对于使用钢板的用户来说,大、中型企业由于消耗批量大,可设专门的剪板、下料加工设备,按生产需要进行剪板、下料加工。但是,对于使用量不大的企业和多数中、小型企业来讲,单独设置剪板、下料的设备有设备闲置时间长、人员浪费大、不容易采用先进方法的缺点,钢板的剪板及下料加工可以有效地解决上述弊病。剪板加工是指在固定地点设置剪板机进行下料加工或设置种种切割设备,将大规格钢板裁小或切裁成毛坯,降低销售起点,便利用户。集中下料加工目前专设于流通部门的还少见,主要是大型企业、公司,集中安装设备进行此项工作。钢板剪板机下料的流通加工有如下几项优点:

(1)物料本身不发生变化,可保证原来的交货状态,因而有利于进行高质量加工。

(2)加工精度高,可减少废料、边角料,也可减少再进行机加工的切削量,既可提高再加工效率,又有利于减少消耗。

(3)由于集中加工可保证批量及生产的连续性,可以专门研究此项技术并采用先进设备,从而大幅度提高了效率,降低了成本。

(4)能使用户能简化生产环节,提高生产水平。和钢板的流通加工类似,还有圆钢、型钢、线材的集中下料、线材冷拉加工等。

(三)木材加工机械

1.磨制、压缩木屑机械

木材是容重轻的物资,在运输时占有相当大的容积,往往使车船满装但不能满载,同时,装车、捆扎也比较困难。从林区外送的原木中有相当一部分是用来造纸的,可以在林木生产地就地将原木磨成木屑,然后采取压缩方法使之成为容重较大、容易装运的形状,运至靠近消费地的造纸厂,这种办法比直接运送原木可以节约一半的运费。

2.锯木机械

在流通加工点利用木锯机(见图6-13)等机械将原木锯裁成各种规格锯材,将碎木、碎屑集中加工成各种规格板,还可根据需要进行打眼、凿孔等初级加工。过去用户直接使用原木加工复杂、加工场地大、加工设备多,更严重的是资源浪费大,木材平均利用率不到50%,平均出材率不到40%。实行集中下料按用户要求供应规格料,可以使原本利用率提高到95%,出材率提高到72%左右,经济效果好。

图6-13　锯木机械

(四)玻璃切割机械

玻璃切割机械是对玻璃进行切割的专用机械,包括各种各样的切割机(见图6-14)。平板玻璃的"集中套裁、开片供应"是重要的流通加工方式,这种方式是在城镇中设立若干个玻璃套裁中心,负责按用户提供的图纸统一套裁开片,向用户供应成品,用户可以将其直接安装到采光面上。在此基础上也可以逐渐形成从工厂到套裁中心的稳定的、高效率的、大规模的平板玻璃"干线输送",以及从套裁中心到用户的小批量、多户头的"二次输送"的一种现代物流流通模式。这种方式的好处是:第一,平板玻璃的利用率可由不实行套裁时的62%~65%提高到90%以上。第二,可以促进平板玻璃包装方式的改革,从工厂向套裁中心运输平板玻璃,如果形成固定渠道便可以实现大规模集装,这样不但节约了大量包装费用,而且可防止玻璃在流通中大量破损。第三,套裁中心按用户需要裁制,有利于玻璃生产厂简化规格,实现单品种大批量生产。这不但能提高工厂生产率,而且可以简化工厂切裁、包装等工序,使工厂能集中力量解决生产问题。第四,现场切裁玻璃劳动强度大,废料也难于处理,应用集中套裁可以广泛采用专用设备进行裁制,废玻璃相对数量少并且易于集中处理。

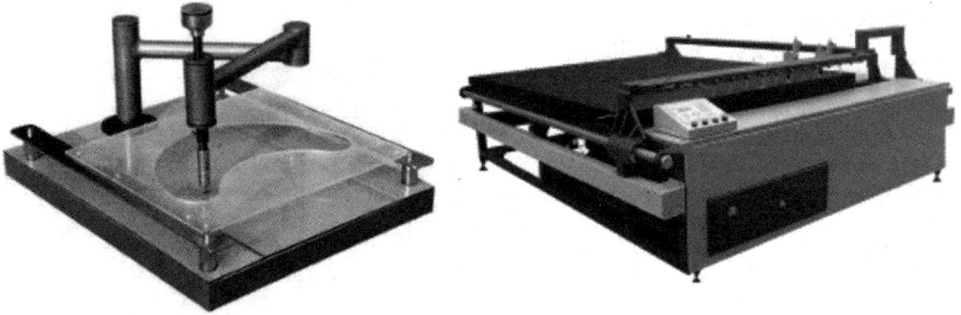

图6-14 玻璃切割机械

(五)煤炭加工机械

煤炭加工机械是对煤炭进行加工的机械,主要包括除矸加工机械、管道输送煤浆加工机械、配煤加工机械。除矸是以提高煤炭纯度为目的的加工形式。一般煤炭中混入的矸石有一定发热量,混入一些矸石是允许的,也是较经济的。但是,有时则不允许煤炭中混入矸石,在运力十分紧张的地区要求充分利用动力,多运"纯物质",少运矸石,在这种情况下,可以采用除矸的流通加工排除矸石。

煤炭的运输方法主要采用运输工具载运方法,运输中损失浪费较大,又容易发生火灾。采用管道运输是近代兴起的一种先进技术。目前,某些发达国家已开始投入运行,有些企业内部也采用这一方法进行燃料输送。在流通的起始环节将煤炭磨成细粉,本身便有了一定的流动性,再用水调和成浆状则具备了流动性。可以像其他液体一样进行管道输送。这种方式不和现有运输系统争夺运力,输送连续、稳定而且快速,是一种经济的运输方法。

配煤加工是在使用地区设置集中加工点,将各种煤及一些其他发热物质,按不同配方进行掺配加工,生产出各种不同发热量的燃料,称作配煤加工。这种加工方式可以按需要发热量生产和供应燃料,防止出现热能浪费、"大材小用"的情况,也防止出现发热量过小、不能满足使用要求的情况。工业用煤经过配煤加工还可以起到便于计量控制、稳定生产过程的作用,在经济及技术上都有价值。

(六)冷链流通加工设备

冷链物流泛指冷藏冷冻类物品在生产、贮藏运输、销售,到消费前的各个环节中始终处于规定的低温环境下,以保证物品质量和性能的一项系统工程。它是随着科学技术的进步、制冷技术的发展而建立起来的,是以冷冻工艺学为基础、以制冷技术为手段的低温物流过程。由于冷冻类产品要求所处的环境通常为低温或低湿环境,所以称为冷冻产品,冷冻产品的供应链称为冷链,用于制造低温、低湿环境的设备,称为冷链设备。食品冷链由冷冻加工、冷冻贮藏、冷藏运输及配送、冷冻销售四个方面构成。

(1)冷冻加工包括肉禽类、鱼类和蛋类的冷却与冻结,以及在低温状态下的加工作业过程,也包括果蔬的预冷、各种速冻食品和奶制品的低温加工等。在这个环节上主要涉及的冷链装备有冷却装置、冻结装置和速冻装置。

(2)冷冻贮藏包括食品的冷却储藏和冻结储藏,以及水果、蔬菜等食品的气调贮藏,它是保证食品在储存和加工过程中的低温保鲜环境。此环节主要涉及各类冷藏库/加工间、冷藏柜、冻结柜及家用冰箱等。

(3)冷藏运输包括食品的中、长途运输及短途配送等物流环节的低温状态,主要涉及铁路冷藏车、冷藏汽车、冷藏船、冷藏集装箱等低温运输工具。在冷藏运输过程中,温度波动是引起食品品质下降的主要原因之一,所以运输工具应具有良好的性能,在保持规定低温的同时,更要保持稳定的温度,这对远途运输尤其重要。

(4)冷冻销售包括各种冷链食品进入批发零售环节的冷冻储藏和销售,它由生产厂家、批发商和零售商共同完成。随着大中城市各类连锁超市的快速发展,各种连锁超市正在成为冷链食品的主要销售渠道,在这些零售终端中,大量使用了冷藏/冻陈列柜和储藏库,由此逐渐成为完整的食品冷链中不可或缺的重要环节。

理论测评

一、选择题

1. 包装设备的作用包括(　　)。

A. 可以大幅度提高劳动生产率

B. 改善劳动条件,降低劳动强度

C. 降低包装成本,节约储运费用

D. 减少包装场地面积,节约基建投资

2. 按包装产品的类型分,包装设备可分为(　　)。

A. 全自动包装机、半自动包装机

B. 专用包装机、多用包装机、通用包装机

C. 充填机、灌装机、封口机、裹包机

D. 贴标机、清洗机、干燥机、杀菌机、捆扎机

3. 以下物料中,一般用灌装机装入包装容器的有(　　)。

A. 啤酒　　　　　　　B. 酱油　　　　　　　C. 香烟　　　　　　　D. 胶囊

4. 包装的分类中,以下哪些是按功能分类的?(　　)

A. 全自动包装机、半自动包装机

B.专用包装机、多用包装机和通用包装机

C.充填机、灌装机、封口机、裹包机、贴标机、清洗机、干燥机、杀菌机

5.按照被封口包装容器的不同,封口机可分为以下哪几种?( )

A.封袋机　　　　　B.封瓶机　　　　　C.封罐机　　　　　D.封箱机

6.包装自动生产线主要由( )组成。

A.自动包装机　　　B.输送装置　　　　C.辅助工艺装置　　D.控制系统

7.以下哪些不是根据流通加工的对象分类的?( )

A.金属加工设备　　B.水泥加工设备　　C.精制加工设备　　D.煤炭加工设备

E.分选加工设备

8.根据流通加工的对象不同,流通加工机械可分为以下哪几种?( )

A.金属加工设备机械

B.搅拌混合机械

C.木材加工机械

D.玻璃加工机械

9.食品冷链由以下哪几方面构成?( )

A.冷冻加工　　　　B.冷冻贮藏　　　　C.冷藏运输及配送　D.冷冻销售

10.具体的冷链运输设备有哪些?( )

A.冷藏列车　　　　B.冷藏船　　　　　C.冷藏集装箱　　　D.冷藏汽车

二、简答题

1.包装设备有哪些特点?

2.封口机操作有哪些注意事项?

3.热收缩包装操作有哪些注意事项?

4.自动包装生产线的布置应考虑哪些因素?

5.简述一下流通加工设备的功用。

📝 任务工单

包装设备的操作

工作任务	认识常见的包装设备并选择某一包装设备按规范进行操作		
教学模式	任务驱动	教学地点	物流实训基地
任务目标	1.能够识别常见的包装设备 2.能够操作封口机等常见的包装设备		
设备器材	封口机、捆扎机、裹包机等		
任务分析思路			

根据下面流程对封口机进行操作

| | 准备工作 | 设备操作 | 完成 |

```
检查场地
   ↓
准备物料 ────→ 穿入胶膜
                   ↓
               开机预热
                   ↓
     ┌─────────→ 放入胶杯 ←─────────┐
     │             ↓                │
    不合格      施压1~2 s          下一件
     │             ↓                │
     └───────── 取出检查           │
                   ↓                │
                 合格 ─────────────→ 暂存
                                     ↓
                                   交货
```

评价内容		配分	考核点	备注
作业 (80分)	操作规范	80	能按要求正确操作封口机、捆扎机等包装设备	
职业 素养 (20分)		20	整齐摆放操作工具及凳子,工作台面整洁	工作场地脏、乱、差;严重违反考场纪律,造成恶劣影响的,本大项记0分

项目七　物流信息技术与设备

任务引入

九州通医药集团投资 3 亿元建立了上海九州通现代医药物流中心，这个新物流中心引进了多项现代化物流信息管理技术，其中应用了日本电气股份有限公司（NEC）的 RFID（俗称电子标签）技术对全程冷链管理系统进行温度管理。

通过药品出库时在冷藏箱中放置带有温度传感器的 RFID 标签，把货物信息包括药品温度实时地储存在 RFID 芯片中。货物到达后通过手持型读写器批量读取货物及温度信息，可以实现全程的温度信息瞬间获取，降低人工成本及出错率。

据悉，目前松冷和 NEC 还在共同探索多项技术的融合，将 RFID 温度标签技术与 GPS 技术、冷链信息系统相融合，运输过程中货物温度记录数据读取之后将自动上传至温控数据信息平台，客户可以随时上网下载与之相对应的记录数据，从而实现货物在途信息查询、实时温度监控和地理位置跟踪，这将填补冷链运输温控环节的空白。

思考：物流信息技术包含哪些设备？各有什么作用？

任务目标

一、知识目标

1. 了解条码技术、RFID 技术、物联网技术、EDI 技术、GIS 技术、GPS 技术、POS 技术的概念、特征与功能；

2. 理解条码技术、RFID 技术、物联网技术、EDI 技术、GIS 技术、GPS 技术、POS 技术的基本原理和其在物流领域中的具体应用。

二、能力目标

1. 能够运用条码打印软件打印条码；

2. 能够运用 RFID 手持终端完成货物出入库、盘点、信息查询等功能。

任务一　条码技术与设备

一、条码概述

（一）条码的概念

条码（bar code）是由一组规则排列的条、空及其对应字符组成的标记，用以表示一定的信息。

条码通常用来对物品进行标识，如一瓶啤酒或一个托盘。所谓对物品的标识，就是首先给某一物品分配一个代码,然后以条码的形式将这个代码表示出来,并且标识在物品上,以便识读设备通过扫描识读条码符号而对该物品进行识别。条码不仅可以用来标识物品,还可以用来标识资产、位置和服务关系等。图 7-1 所示为某一商品条码。

图 7-1 标准商品条码

(二)条码的特点

(1)可靠性强。条码的读取准确率远远超过人工记录,平均每 15000 个字符才会出现一个错误。键盘输入数据出错率为三百分之一,利用光学字符识别技术出错率为万分之一,而采用条码技术误码率低于百万分之一。

(2)效率高。条码的读取速度很快,相当于每秒 40 个字符。与键盘输入相比,条码输入的速度是键盘输入的 5 倍,并且能实现"即时数据输入"。

(3)采集信息量大。利用传统的一维条码一次可采集几十位字符的信息,二维条码更可以携带数千个字符的信息,并有一定的自动纠错能力。

(4)成本低。与其他自动化识别技术相比较,条码技术仅仅需要一小张贴纸和相对构造简单的光学扫描仪,成本相当低廉。

(5)易于制作。条码的编写很简单,制作也仅仅需要印刷,被称作为"可印刷的计算机语言"。

(6)易于操作。条码识别设备的构造简单,使用方便。

(7)灵活实用。条码符号可以手工键盘输入,也可以和有关设备组成识别系统实现自动化识别,还可和其他控制设备联系起来实现整个系统的自动化管理。

(三)条码的分类

根据码制,一维条码码制可分为 EAN 条码、UPC 条码、UCC/EAN-128 条码、交叉 25 条码、39 条码、Codabar(库德巴码)等。

根据维度,条码可以分为一维条码和二维条码,如图 7-2 所示。一维条码只是在一个方向(一般是水平方向)表达信息,在垂直方向则不表达任何信息,其一定的高度通常是为了便于阅读器地对准。二维条码是在水平和垂直方向的二维空间存储信息的条码。表 7-1 是两者的区别。

图 7-2 一维条码和二维条码

表 7-1　一维条码和二维条码的区别

条码类型	一维条码	二维条码
图片	一维条码是将宽度不等的多个黑条和空白，按照一定的编码规则排列，用以表达一组信息的图形标识符	二维条码是用某种特定的几何图形按一定规律在平面(二维方向上)分布的黑白相间的图形记录数据符号信息
信息密度	低	高
信息内容	数字、英文	数字、英文、中文、图片、声音
纠错能力	只能校验，不能纠错	有很强的错误纠正能力，并可根据需要设置不同的纠错
数据库	必须依赖数据库或通信网络的存在	可不依赖数据库或通信网络而单独存在
本质	对物品进行代号标识	对物品进行细节描述
优点	技术成熟、使用广泛，设备成本低廉，点阵图形，信息密度高，数据量大	二维条码生成后不可更改，安全性高，支持多种文字，包括英文、中文、数字等，可将照片、声音等内容进行数字化编码
缺点	信息量少，只支持英文或数字，需与电脑数据库结合	

二、条码的识读

(一)条码的识读原理

要将按照一定规则编译出来的条码转换成有意义的信息，主要是扫描和译码两个过程。物体的颜色是由其反射光的类型决定的，白色物体能反射各种波长的可见光，黑色物体则吸收各种波长的可见光，所以当条码扫描器光源发出的光在条码上反射后，反射光照射到条码扫描器内部的光电转换器上，光电转换器根据强弱不同的反射光信号，转换成相应的电信号。电信号输出到条码扫描器的放大电路增强信号之后，再送到整形电路将模拟信号转换成数字信号。白条、黑条的宽度不同，相应的电信号持续时间长短也不同。译码器通过测量脉冲数字电信号 0,1 的数目来判别条和空的数目。通过测量 0,1 信号持续的时间来判别条和空的宽度。此时所得到的数据仍然是杂乱无章的，要想知道条码所包含的信息，则需根据对应的编码规则，将条形符号换成相应的数字、字符信息。最后由计算机系统进行数据处理与管理，物品的详细信息便被识别了。条码的识读原理如图 7-3 所示。

解密超市
商品条码

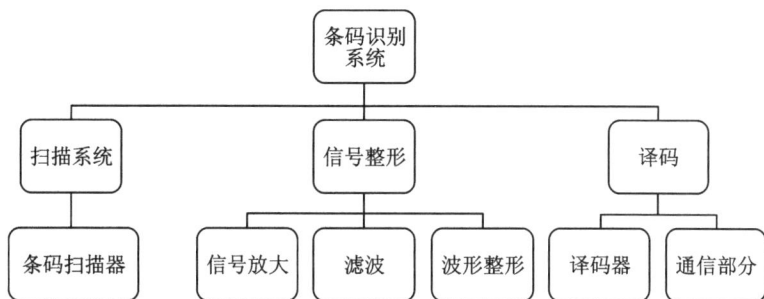

图 7-3　条码的识读原理

(二)条码识读设备

条码识读设备是指用来读取条码信息的设备。它使用一个光学装置将条码的条空信息转换成电平信息,再由专用译码器翻译成相应的数据信息。

目前,条码识读设备虽然种类繁多,但大体上可分为两大类,即在线式阅读器和便携式阅读器。在线式阅读按其功能和用途,可分为多功能阅读器和条类在线式专用阅读器。这类阅读器一般直接由交流电源供电,多功能阅读器除具有识别多种常用码制的功能外,还可根据不同需要增加可编程功能、可显示功能以及多机联网通信功能等。便携式阅读器则配有数据存储器,通常由电池供电,当数据收集后,先把数据存储起来,然后转储上万个条码的便携式阅读器,它广泛应用于仓库管理、商品盘点以及各种野外作业中。

扫描器作为阅读器的输入装置,发展也很快,大体上可分为接触式、非接触式、手持式和固定式扫描器等。目前常用的有笔式、CCD 式和激光式扫描器等。下面简单介绍几种常见的条码扫描器。

1.笔式扫描器

笔式扫描器是笔形的扫描器,笔头装有光元件,如图 7-4 所示。其扫描方式为:在条码符号上从左到右,或从右到左将笔式扫描器进行移动而实现读取。需要操作员手持扫描器,以一定的速度移动。数据的读取是一次扫描决定的,当光笔通过斑点或缺损位置时无法读取。对于有弯曲面的商品,条码的读取也很困难。对于没有经验的操作者来说,也容易造成首次读取失败。这种扫描器在操作时存在着一定的局限性,但它价格低廉、坚固耐用、小巧灵活。

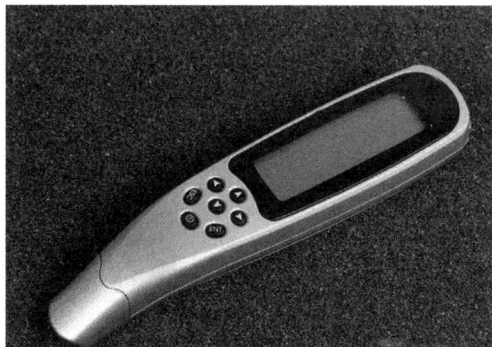

图 7-4　笔式扫描器

2. 手持式扫描器

手持式扫描器具有小型、使用方便的特点,如图 7-5 所示。阅读时只需将读取头(光源)接近或轻触条码即可进行自动读取。手持式扫描具有以下优点:

(1)无须进行移动即可进行自动扫描读取条码信息;

(2)条码符号缺损对扫描器识读影响很小;

(3)弯曲面(300 以内)商品的条码也可读取;

(4)扫描速度为 30~100 次/秒,读取速度快。

手持式扫描器所使用的光源有激光(氦-氖激光、半导体激光)和可见光 LED(发光二极管)。LED 类扫描器又称 CCD 扫描器,激光手持式扫描器,又称激光枪。由于激光枪、CCD 扫描器具有性能稳定、价格适中、首读率高、使用简便等优点,目前在条码扫描系统中应用最为普遍。

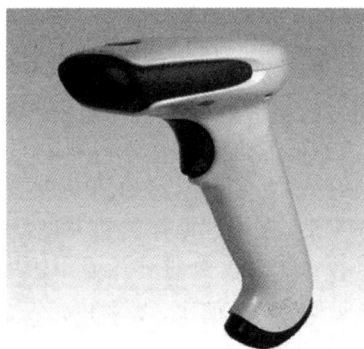

图 7-5　手持式扫描器

3. 台式扫描器

台式扫描器的用途很广,大都固定安装在某一位置上,用来识读在某一范围内出现或通过的条码符号。台式扫描器是用于超级市场 POS 系统的台式激光扫描器,这种扫描器对条码的方向没有要求,又称全方位扫描器,读取距离为几厘米到几十厘米,如图 7-6 所示。

由于台式激光扫描器具有性能稳定、扫描速度快等优点,目前在超市的 POS 系统中应用最为普遍。为方便在不同场合的使用,现在台式激光扫描器的形状也多样化,有台灯式扫描器及其他各种形状的台式扫描器。

图 7-6　台式扫描器

4.便携式数据采集器

便携式数据采集器是为适应一些现场数据采集,如扫描笨重物体的条码符号而设计的,它是将扫描器带到物体的条码符号而设计的,适合于仓库等场合。便携式数据采集器是将扫描器带到物体的条码符号前进行扫描的采集器,因此又称为手持终端机、盘点机,它由电池供电,有自己的内部存储器,可以储存一定量的数据,并将数据传输给计算机,如图7-7所示。由于所有的便携式数据采集器都有一定的编程能力,可以满足不同场合的应用需要。目前已经推出了能存储上万个条码信息的便携式数据采集器。

图7-7 便携式数据采集器

三、条码技术在物流行业的典型应用

(一)库存管理中的条码应用

1.入库管理

入库时识读商品上的条码标签,同时录入货品的存放信息,将商品的特性信息及存放信息一同存入数据库。通过条码传递信息,有效地避免了人工录入的失误,实现了数据的无损传递和快速录入,将货品的管理推进到更深的层次。

2.出库管理

根据提货单或配送单,选择相应的产品出库。为出库备货方便,可根据产品的特征进行组合查询,可打印查询结果或生成可用于移动终端的数据文件。产品出库时,扫描货品上的二维条码,对出库商品的信息进行确认,同时更改其库存状态。

3.仓库内部管理

在库存管理中,条码可用于存货盘点。通过手持数据采集终端,收集库存货品信息,然后将收集到的信息由计算机进行集中处理,形成盘点报告。

(二)配送管理中的条码应用

条码在配送管理中具有重要的意义。配送前将配送货品资料和客户订单资料下载到移动终端中,到达配送客户后,打开移动终端,调出客户相应的订单,然后根据订单情况挑选货物并验证其条码标签,确认配送完一个客户的货物后,移动终端可以自动校验配送情况,并做出相应的提示。图7-8所示为仓库管理中二维条码应用示例。

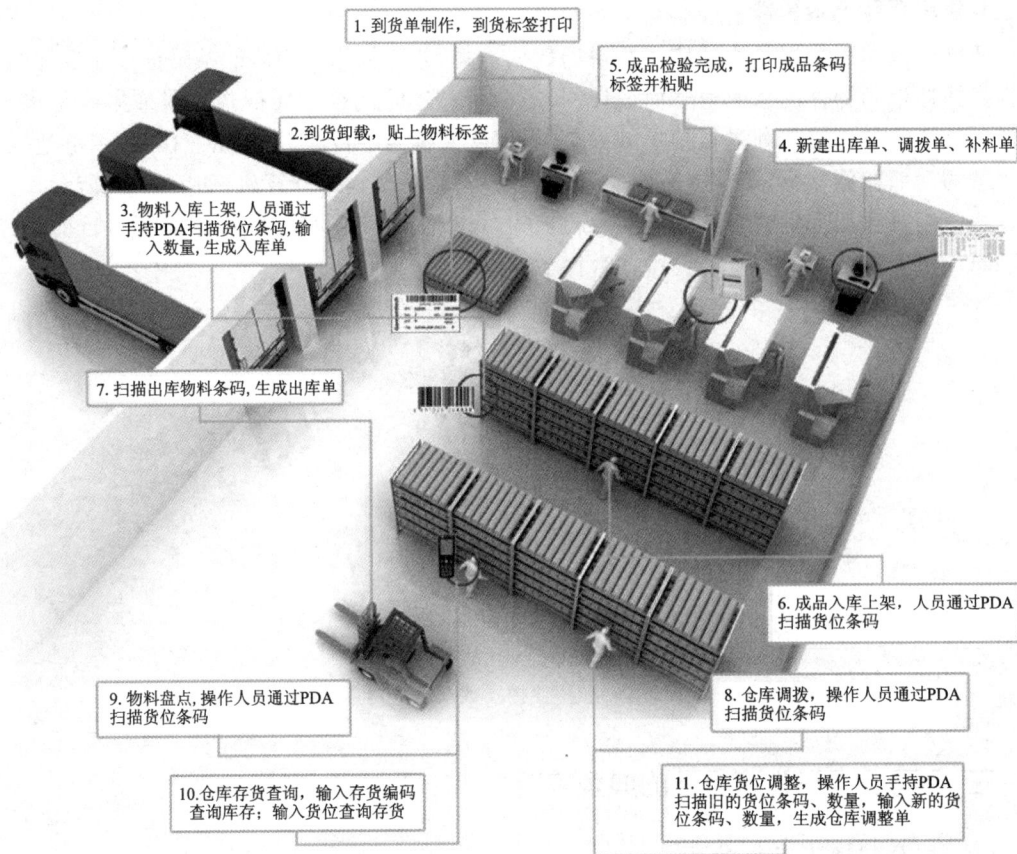

1. 到货单制作, 到货标签打印

5. 成品检验完成, 打印成品条码标签并粘贴

2. 到货卸载, 贴上物料标签

4. 新建出库单、调拨单、补料单

3. 物料入库上架, 人员通过手持PDA扫描货位条码, 输入数量, 生成入库单

7. 扫描出库物料条码, 生成出库单

6. 成品入库上架, 人员通过PDA扫描货位条码

9. 物料盘点, 操作人员通过PDA扫描货位条码

8. 仓库调拨, 操作人员通过PDA扫描货位条码

10. 仓库存货查询, 输入存货编码查询库存; 输入货位查询存货

11. 仓库货位调整, 操作人员手持PDA扫描旧的货位条码、数量, 输入新的货位条码、数量, 生成仓库调整单

图 7-8 仓储管理中二维条码应用

任务二 无线射频技术与设备

一、无线射频技术概述

无线射频识别技术(radio frequency identification, RFID), 或称射频识别技术, 是从 20 世纪 90 年代兴起的一项非接触式自动识别技术。它是利用射频方式进行非接触双向通信, 以达到自动识别目标对象并获取相关数据, 具有精度高、适应环境能力强、抗干扰强、操作快捷等许多优点。

目前常用的自动识别技术中, 条码和磁卡的成本较低, 但是都容易磨损, 且数据量很小; 接触式 IC 卡的价格稍高些, 数据存储量较大, 安全性好, 但是也容易磨损, 寿命短; 而射频卡实现了免接触操作, 应用便利, 无机械磨损, 寿命长, 无须可见光源, 穿透性好, 抗污染能力和耐久性强, 可以在恶劣环境下工作, 对环境要求低, 读取距离远, 无须与目标接触就可以得到数据, 支持写入数据, 无须重新制作新的标签, 可重复使用, 并且使用了防冲撞技术, 能够识别高速运动物体并可同时识别多个射频卡。

近年来,无线射频识别技术在国内外发展很快,RFID 产品种类很多,像 TI、Motorola、Philips、Microchip 等世界著名厂家都生产 RFID 产品,并且各有特点,自成系列。RFID 已被广泛应用于工业自动化、商业自动化、交通运输控制管理等众多领域,例如汽车或火车等的交通监控系统、高速公路自动收费系统、物品管理、流水线生产自动化、门禁系统、金融交易、仓储管理、畜牧管理、车辆防盗等。随着成本的下降和标准化的不断深化,RFID 技术的全面推广和普遍应用将是不可逆转的趋势。

自 2010 年中国物联网发展被正式列入国家发展战略后,中国 RFID 及物联网产业迎来了难得的发展机遇。2013 年,我国 RFID 的市场规模突破 300 亿元,规模增速达到 35.25%;2019 年,中国整体宏观环境遇冷,下游需求受到影响,2019 年市场增速有所下降,但整体仍保持上升势头,市场规模在 1100 亿元左右,如图 7-9 所示。

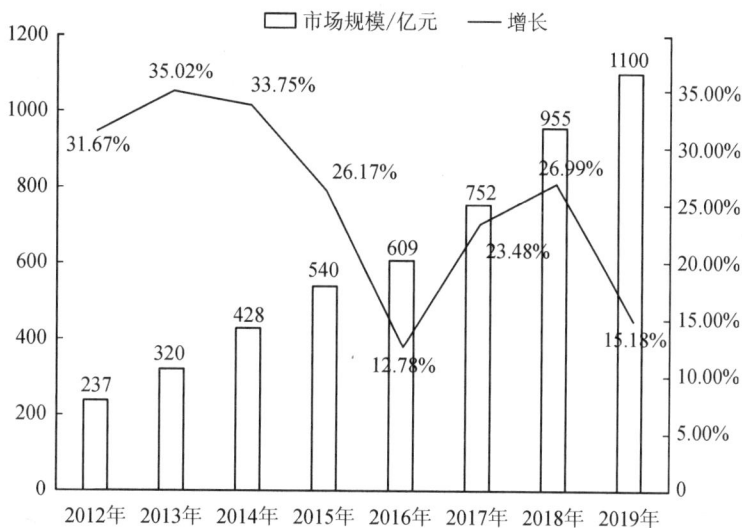

图 7-8 2012-2019 年中国 RFID 市场规模

二、无线射频系统的组成及基本原理

(一)无线射频系统的组成

RFID 系统因应用不同其组成会有所不同,但基本都由电子标签(tag)、阅读器(reader)和数据交换与管理系统(processor)三大部分组成。

电子标签(或称射频卡、应答器等)由耦合元件及芯片组成,其中包含带加密逻辑、串行带电可擦可编程只读存储器(EEPROM)、微处理器 CPU 以及射频收发及相关电路。电子标签具有智能读写和加密通信的功能,它是通过无线电波与读写设备进行数据交换的,工作的能量是由阅读器发出的射频脉冲提供的。

阅读器,有时也被称为查询器、读写器或读出装置,主要由无线收发模块、天线、控制模块及接口电路等组成。阅读器可将主机的读写命令传送到电子标签,再把从主机发往电子标签的数据加密,将电子标签返回的数据解密后送到主机。

数据交换与管理系统主要完成数据信息的存储及管理、对卡进行读写控制等。

(二)无线射频系统的基本原理

RFID 系统的工作原理如下：RFID 读写器接受指令后发出射频信号，RFID 标签进入磁场后，接收读写器发出的射频信号，凭借感应电流所获得的能量发送出存储在芯片中的产品信息（passive tag，无源标签或被动标签），或者主动发送某一频率的信号（active tag，有源标签或主动标签），读写器读取信息并解码后，送至信息系统进行有关数据处理，如图 7-10 所示。

RFID 标签原理

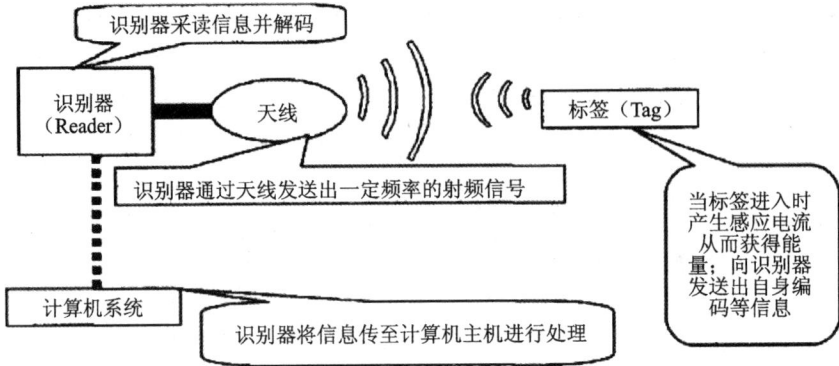

图 7-10　RFID 工作原理图

三、无线射频技术在物流领域中的应用

无线射频技术以其独特的优势，逐渐被广泛应用于工业自动化、商业自动化和交通运输控制管理等领域。随着大规模集成电路技术的进步以及生产规模的不断扩大，射频识别产品的成本将不断降低，其应用将越来越广泛。表 7-3 列举了无线射频技术几个典型应用。

表 7-3　无线射频技术几个典型应用

典型应用领域	具 体 应 用
车辆自动识别管理	铁路车号自动识别是射频识别技术最普遍的应用
高速公路收费及智能交通系统	高速公路自动收费系统是射频识别技术最成功的应用之一，它充分体现了非接触识别的优势。在车辆高速通过收费站的同时完成缴费，解决了交通的瓶颈问题，提高了车行速度，避免拥堵，提高了收费结算效率
货物的跟踪、管理及监控	射频识别技术为货物的跟踪、管理及监控提供了快捷、准确、自动化的手段。以射频识别技术为核心的集装箱自动识别，成为全球范围最大的货物跟踪管理应用
仓储、配送等物流环节	射频识别技术目前在仓储、配送等物流环节已有许多成功的应用。随着射频识别技术在开放的物流环节统一标准的研究开发，物流业将成为射频识别技术最大的受益行业
电子钱包、电子票证	射频识别卡是射频识别技术的一个主要应用。射频识别卡的功能相当于电子钱包，实现非现金结算。目前主要的应用在交通方面

典型应用领域	具 体 应 用
生产线产品加工过程自动控制	主要应用在大型工厂的自动化流水作业线上,实现自动控制、监视,提高生产效率,节约成本
动物跟踪和管理	射频识别技术可用于动物跟踪。在大型养殖场,可通过采用射频识别技术建立饲养档案、预防接种档案等,达到高效、自动化管理牲畜的目的,同时为食品安全提供保障。射频识别技术还可用于信鸽比赛、赛马识别等,以准确测定到达时间

任务三　物联网技术设备

一、物联网

(一)物联网概述

物联网(internet of things,IOT),即"物物相联"的互联网,是通过各类传感装置、RFID 技术、视频识别技术、红外感应、全球定位系统、激光扫描仪等信息传感设备,按约定的协议,根据需要实现物品互联互通的网络连接,进行信息交换和通信,以实现智能化识别、定位、跟踪、监控和管理的智能网络系统。

物流是物联网技术最重要的应用领域之一,物联网技术是实现智慧物流的基础。目前物联网在物流行业相对成熟的应用主要集中在以下四个方面:

1. 产品的智能可追溯网络系统

在医药、农产品、食品、烟草等行业领域,产品追溯系统发挥着货物追踪、识别、查询、信息采集与管理等方面的巨大作用,基于物联网技术的可追溯系统为保障产品的质量与安全提供了保障。

2. 物流过程的可视化智能管理网络系统

基于 GPS 卫星导航定位技术、RFID 技术、传感技术等多种技术,在物流过程中实时实现对车辆定位、运输物品监控、在线调度与配送可视化的管理。目前,物流作业的透明化、可视化管理已经初步实现,全网络化与智能化的可视管理网络还有待发展。

3. 智能化的企业物流配送中心

基于传感器、RFID 等物联网技术建立物流作业的智能控制、自动化操作的网络,实现物流配送中心的全自动化,实现物流与生产联动,并与商流、信息流、资金流全面协同。

4. 企业的智慧供应链

基于物联网技术升级智慧物流和智慧供应链的后勤保障网络系统,满足电商快速发展及智能制造等环境下产生的大量个性化需求与订单,帮助企业准确预测客户需求,实现整个供应链的智慧化。

(二)物联网技术架构

从技术架构上来看,物联网可分为三层:感知层、网络层和应用层。

（1）感知层是物联网发展和应用的基础，其任务是识别物体和采集系统中的相关信息，从而实现对"物"的认识与感知，它包括二氧化碳浓度传感器、温度传感器、湿度传感器、二维码标签、RFID 标签和读写器、摄像头、GPS 等感知终端。感知层的作用相当于人的眼、耳、鼻、喉和皮肤等神经末梢，它是物联网识别物体、采集信息的来源，其主要功能是识别物体，采集信息。

（2）网络层由各种私有网络、互联网、有线和无线通信网、网络管理系统和云计算平台等组成，相当于人的神经中枢和大脑，负责传递和处理感知层获取的信息。

（3）应用层是物联网和用户（包括人、组织和其他系统）的接口，它与行业需求结合，实现物联网的智能应用。

物联网的行业特性主要体现在其应用领域内，涉及绿色农业、工业监控、公共安全、城市管理、远程医疗、智能家居、智能交通和环境监测等各个行业。

（三）物联网关键技术

1. 传感器技术

传感器技术也是计算机应用中的关键技术。大家都知道，到目前为止绝大部分计算机处理的都是数字信号。自从有计算机以来，就需要传感器把模拟信号转换成数字信号，这样计算机才能处理。

2. RFID 标签

RFID 标签也是一种传感器技术，RFID 技术是融合了无线射频技术和嵌入式技术为一体的综合技术，RFID 在自动识别、物品物流管理方面有着广阔的应用前景。

3. 嵌入式系统技术

嵌入式系统技术是综合了计算机软硬件、传感器技术、集成电路技术、电子应用技术为一体的复杂技术。经过几十年的演变，以嵌入式系统为特征的智能终端产品随处可见；小到人们身边的 MP3，大到航天航空领域的卫星系统。嵌入式系统正在改变着人们的生活，推动着工业生产以及国防工业的发展。如果把物联网用人体做一个简单比喻，传感器就相当于人的眼睛、鼻子、皮肤等，网络就像人的神经系统，用来传递信息，嵌入式系统则是人的大脑，在接收到信息后要进行分类处理。

二、嵌入式系统

（一）嵌入式系统定义

嵌入式系统是"控制、监视或者辅助装置、机器和设备运行的装置"。从中可以看出，嵌入式系统是软件和硬件的综合体，还可以涵盖机械等附属装置。目前国内一个普遍被认同的定义是：以应用为中心，以计算机技术为基础，软件、硬件可裁剪，适应于应用系统对功能、可靠性、成本、体积、功耗要求严格的专用计算机系统。

（二）构成简介

嵌入式系统主要由硬件（hardware）和软件（software）构成。

（1）硬件部分含电源、控制器、外部功能器件。电源部分通过稳压、滤波等操作为系统提供稳定的能量供应，若电源工作不稳容易导致芯片损毁，或者对数字信号产生干扰。目前中控芯片常见的电压为 5V 或者 3.3V。目前市场上嵌入式系统比较常用的中控芯片是基于 ARM

架构的 STM(STM32、STM8 等)系列。外部功能器件类似于数模转换芯片、模数转换芯片、信号放大芯片等。

（2）软件部分主要由系统引导启动程序、操作系统、上层应用等构成。系统引导启动程序是在操作系统内核运行之前运行，可以初始化硬件设备、建立内存空间映射图，从而将系统的软硬件环境带到一个合适状态，以便为最终调用操作系统内核准备好正确的环境。系统引导启动程序启动之后，操作系统接手相关的操作，如创建任务、初始化外部设备等，上层应用实现特定某种应用，如我们常用的各种 App。

三、传感器

（一）传感器概述

传感器是一种检测装置，能感受到被测量的信息，并能将感受到的信息按一定规律变换成为电信号或其他所需形式的信息输出，以满足信息的传输、处理、存储、显示、记录和控制等要求。

人们为了从外界获取信息，必须借助于感觉器官。在研究自然现象和规律以及生产活动中，单靠人们自身的感觉器官的功能就远远不够了。为适应这种情况，就需要传感器。因此可以说，传感器是人类五官的延伸，又称之为电五官。

传感器是物联网发展的根本，基础传感器是探测和获取外界信息的源头，是物联网发展最根本的基础，也是战略性新兴产业的重要内容，其生产加工逐步融合了半导体加工工艺、微机电加工等技术，目前正在向智能化、系统化、高精度、大规模产业方向发展。

（二）传感器的组成

传感器一般由敏感元件、转换元件、变换电路和辅助电源四部分组成，如图 7-11 所示。

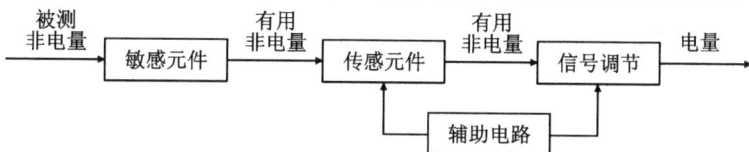

图 7-11　传感器的组成

敏感元件直接感受被测量的非电量，如温度、湿度等，并输出与被测量有确定关系的物理量信号；转换元件将敏感元件输出的物理量信号转换为电信号；变换电路负责对转换元件输出的电信号进行放大调制；转换元件和变换电路一般还需要辅助电源供电。

（三）传感器的分类

（1）按转换原理可将传感器分为物理传感器、化学传感器和生物传感器。

（2）按传感器的检测信息来分，可将其分为声敏、光敏、热敏、力敏、磁敏、气敏、湿敏、压敏、离子敏和射线敏等传感器。

（四）物流中常见的传感器

1. 湿度传感器

温度传感器是通过物体周围区域产生的热能量进行测量的仪器。它应用于空调、冰箱等适用于环境控制类的设备。在制造业、农业和健康产业等行业也会被使用。

温度传感器广泛应用于制造业及农业的每个物联网环境。在制造过程中,温度传感器可用于监控机器的温度。在农业生产中,温度传感器可用于监测土壤的水分和植物的温度。温度传感器包括热电偶、热敏电阻、电阻温度检测器(RTD)和集成电路(IC)。一些常见类型的温度传感器如图7-12所示。

2.湿度传感器

空气中的水蒸气或湿度会影响人的舒适度以及工业中的许多制造工艺。因此监测湿度很重要。常用的湿度测量单位是相对湿度(RH)、露点/霜点(D/F PT)和百万分率(PPM)。图7-13所示为某一型号的温度传感器。

图7-12 温度传感器　　　　图7-13　HPP801A031湿度传感器

无论传感技术、RFID技术都仅仅是信息采集技术之一。除传感技术和RFID技术外,GPS、视频识别、红外、激光、扫描等所有能够实现自动识别与物物通信的技术都可以称为物联网的信息采集技术。因此,传感网或者RFID是物联网的一种应用,但不是物联网的全部。

任务四　电子数据交换

一、EDI的起源

电子数据交换(electronic data interchange,EDI)的历史可以追溯到20世纪60年代末,欧洲和美国几乎同时提出EDI概念。1968年美国运输业的许多公司,联合成立了一个运输数据协调委员会(TDCC)研究开发电子通信标准的可行性,他们的方案形成了当今EDI的基础。

20世纪70年代以后,信息技术的发展使计算机及通信网络不断更新换代,通信、交通手段的革新使得生产社会化、国际化,加速了国际贸易的发展,跨国公司不断涌现。这些跨国公司为了获得最佳的经济效益,必然要在全球范围内合理安排原料进货、加工、装配及销售等,而所有这些活动都要求有极高的效率和准确性,通过使用EDI可以很容易地做到。EDI能使从原料到生产、销售的整个过程的各个环节更紧密地结合,从而降低了生产成本。

另外,由于全球贸易额的上升带来了各种贸易单证、文件数量的增多。价格因素在竞争中所占比重逐渐减小,而服务性因素所占的比重逐渐增大。企业开始在订单、原材料采购、及时销售、降低库存及有效管理等各个环节,以及他们的有效协同配合中获取降低成本的新途径。

因此,提高商业文件传递速度、处理速度、空间跨度及准确性,实现贸易"无纸化"成了贸易链中的所有成员共同的愿望。正是在这种背景下,以计算机、网络通信和数据标准为基础的 EDI 应运而生、并显示出强大的生命力。

二、EDI 的概念

EDI 是"electronic data interchange"的缩写,译为"电子数据交换"。它是一种在公司之间传输订单、发票等商业文件的电子化手段,由于其发展和实施方法各有不同,因此并无统一的解释。EDI 工作原理如图 7-14 所示。

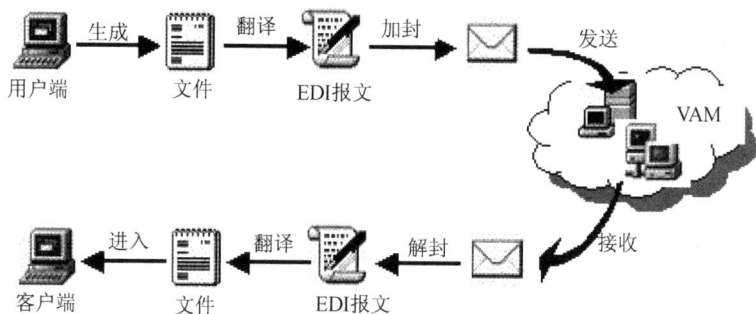

图 7-14　EDI 工作原理

(1)国际标准化组织(ISO)的定义:商业或行政事务处理,按照一个公认的标准,形成结构化的事务处理或信息数据结构,从计算机到计算机的数据传输。

(2)美国国家标准局 EDI 认证标准委员会的定义:独立组织之间通过电脑,以标准的语意结构来传输明确的业务或策略性信息。

(3)UN/EDIFACT 的定义:贸易伙伴电脑系统之间,以最少的人工介入方式交换标准格式的资料。

(4)在 ISO 9735《用于行政商业运输业电子数据交换的应用级语法规则》(GB—14805)中对 EDI 的定义:在计算机之间以商务的标准格式进行的商业或行政业务数据的电子传输。

三、EDI 的特点

由 EDI 的定义不难看出,EDI 作为企业自动化管理的工具之一,具有以下特点:

(1)EDI 是企业与企业之间传输商业文件数据。

(2)EDI 传输的文件数据都采用共同的标准。

(3)EDI 是通过数据通信网络,一般是增值网和专用网来传输数据。

(4)EDI 数据的传输是从计算机到计算机的自动传输,不需人工介入操作。

四、EDI 与电子邮件的区别

随着互联网的发展,越来越多的企业加入互联网络。企业已经开始把 Internet 服务融入日常管理当中,电子邮件就是企业经常使用的一项基本服务。尽管电子邮件也可以用来传输数据,但和 EDI 相比,仍有着本质的区别。

(1)EDI 的传输内容为格式化的标准文件并有格式校验功能,而电子邮件为非格式化的。

(2)EDI 的处理过程为计算机自动处理,不需人工干预,而电子邮件的处理过程需人工干预。

任务五　GPS 技术与 GIS 技术

一、GPS 技术

(一)GPS 的概念

GPS 即全球定位系统(global positioning system),是美国从 21 世纪 70 年代开始研制,历时 20 年,耗资 200 亿美元,于 1994 年全面建成,具有在海、陆、空进行全方位实时三维导航与定位能力的新一代卫星导航与定位系统。它通过接受美国发射的 24 颗卫星中任意 3 颗以上卫星所发射的导航信号,可以在任何地点、任何时候准确地测量到物体瞬时的位置,确切地说是物体的经纬度、高度、速度等位置信息。经多年我国测绘等部门的使用表明,GPS 以全天候、高精度、自动化、高效益等显著特点,赢得广大测绘工作者的信赖,并成功地应用于大地测量、工程测量、航空摄影测量、运载工具导航和管制、地壳运动监测、工程变形监测、资源勘察、地球动力学等多种学科,从而给测绘领域带来了一场深刻的技术革命。

GPS 定位
工作原理

(二)GPS 的组成

GPS 包括三大部分:空间部分——GPS 卫星星座,地面控制部分——地面监控系统,用户设备部分——GPS 信号接收机,如图 7-15 所示。

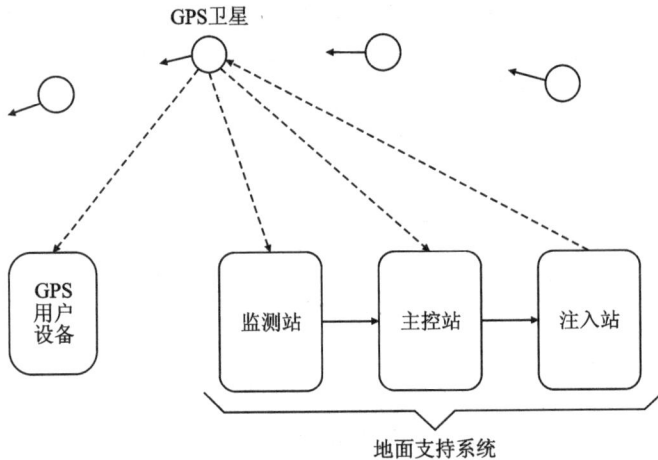

图 7-15　GPS 示意图

1. GPS 卫星星座

由 21 颗工作卫星和 3 颗在轨备用卫星组成 GPS 卫星星座,记作(21+3)GPS 星座。24 颗卫星均匀分布在 6 个轨道平面内,轨道倾角为 55°,各个轨道平面之间相距 60°,即轨道的升交点赤经各相差 60°。每个轨道平面内各颗卫星之间的平面夹角为 90°,在两万公里高空的 GPS 卫星,当地球对恒星来说自转一周时,它们绕地球运行二周,即绕地球一周的时间为 12 恒星时。

2. 地面监控系统

对于导航定位来说，GPS 卫星是一动态已知点。卫星的位置是依据卫星发射的星历——描述卫星运动及其轨道的参数算得的。每颗 GPS 卫星所播发的星历，是由地面监控系统提供的。卫星上的各种设备是否正常工作，以及卫星是否一直沿着预定轨道运行，都要由地面设备进行监测和控制。地面监控系统的另一重要作用是保持各颗卫星处于同一时间标准——GPS 时间系统。这就需要地面站监测各颗卫星的时间，求出钟差。然后由地面注入站发给卫星，卫星再由导航电文发给用户设备。GPS 工作卫星的地面监控系统包括一个主控站、三个注入站和五个监测站。

3. GPS 信号接收机

GPS 信号接收机的任务是：能够捕获到按一定卫星高度截止角所选择的待测卫星的信号，并跟踪这些卫星的运行，对所接收到的 GPS 信号进行变换、放大和处理，以便测量出 GPS 信号从卫星到接收机天线的传播时间，解译出 GPS 卫星所发送的导航电文，实时地计算出监测站的三维位置，甚至三维速度和时间。

GPS 卫星发送的导航定位信号，是一种可供无数用户共享的信息资源。对于陆地、海洋和空间的广大用户，只要用户拥有能够接收、跟踪、变换和测量 GPS 信号的接收设备，即 GPS 信号接收机。可以在任何时候用 GPS 信号进行导航定位测量。根据使用目的的不同，用户要求的 GPS 信号接收机也各有差异。目前世界上已有几十家工厂生产 GPS 接收机，产品也有几百种。这些产品可以按照原理、用途、功能等来分类。

(三)GPS 技术在物流领域的应用

1. 物流配送

GPS 对车辆的状态信息（包括位置、速度、车厢内温度等）以及客户的位置信息快速、准确地反映给物流系统，由特定区域的配送中心统一合理地对该区域内所有车辆做出快速的调度。这样便大幅度提高了物流车辆的利用率，减少了空载车辆的数量和空载的时间，从而减少物流公司的运营成本，提高物流公司的效率和市场竞争能力，同时增强物流配送的适应能力和应变能力。

2. 动态调度

运输企业可进行车辆待命计划管理。操作人员通过在途信息的反馈，车辆未返回车队前即做好待命计划，提前下达运输任务，减少等待时间，加快车辆周转，以提高重载率，减少空车时间和空车距离，充分利用运输工具的运能，提前预设车辆信息及精确的抵达时间，用户根据具体情况合理安排回程配货，为运输车辆排解后顾之忧。

3. 货物跟踪

通过 GPS 和电子地图系统，可以实时了解车辆位置和货物状况（车厢内温度、空载或重载），真正实现在线监控，避免以往在货物发出后难以知情的被动局面，提高货物的安全性。货主可以主动、随时了解到货物的运动状态信息以及货物运达目的地的整个过程，增强物流企业和货主之间的相互信任。

4. 车辆优选

查出在锁定范围内可供调用的车辆，根据系统预先设定的条件判断车辆中哪些是可调用的。在系统提供可调用的车辆的同时,根据最优化原则,在可能被调用的车辆中选择一辆最合适的车辆。

5. 路线优选

地理分析功能可以快速地为驾驶人员选择合理的物流路线,以及这条路线的一些信息,所有可供调度的车辆不用区分本地或是异地都可以统一调度。配送货物目的地的位置和配送中心的地理数据结合后,产生的路线将是整体的最优路线。

二、GIS 技术

(一)GIS 的概念

地理信息系统(geographic information system,GIS)是一种基于计算机的工具,它可以对在地球上存在的东西和发生的事件进行成图和分析。GIS 技术把地图这种独特的视觉化效果和地理分析功能与一般的数据库操作(例如查询和统计分析等)集成在一起。这种能力使 GIS 与其他信息系统相区别,从而使其在广泛的公众和个人、企事业单位中解释事件、预测结果、规划战略等中具有实 GIS 是什么? 用价值。

(二)GIS 的组成

GIS 由五个主要的元素所构成:硬件、软件、数据、人员和方法。

1. 硬件

硬件是 GIS 所操作的计算机。GIS 软件可以在很多类型的硬件上运行,从中央计算机服务器到桌面计算机,从单机到网络环境。

2. 软件

GIS 软件提供所需的存储、分析和显示地理信息的功能和工具。其主要的软件部件如下:

(1)输入和处理地理信息的工具;

(2)数据库管理系统(DBMS);

(3)支持地理查询、分析和视觉化的工具;

(4)容易使用这些工具的图形化界面(GUI)。

3. 数据

一个 GIS 中最重要的部件就是数据了。地理数据和相关的表格数据可以自己采集或者从商业数据提供者处购买。GIS 将把空间数据和其他数据源的数据集成在一起,而且可以使用那些被大多数公司用来组织和保存数据的数据库管理系统来管理空间数据。

4. 人员

GIS 如果没有人来管理系统和制订计划,将其应用于解决实际问题,那将没有什么价值。GIS 的用户范围包括从设计和维护系统的技术专家,以及那些使用该系统的工作人员。

5. 方法

成功的 GIS 具有好的设计计划和自己的事务规律,这些规范对每一个公司来说,具体的操作实践又是独特的。

(三)GIS 的功能

GIS 的基本功能是将表格型数据(无论它来自数据库、电子表格文件或直接在程序中输入)转换为地理图形显示,然后对显示结果浏览、操纵和分析。其显示范围从洲际地图到非常详细的街区地图,显示对象包括人口、输入、销售情况、运输线路以及其他内容。在许多情况下,这些地图能比一般表格或图形更为有效地帮助我们进行趋势和策略方面的研究,更易于将这类信息转化为其他形式的信息。一个优秀的 GIS 软件具有如下功能:

(1)具有存储和分析客观实体(具有特定位置和形状的地理要素,如点、线、面等)间的空间关系,或使它们相互连接并进行拓扑计算的功能;

(2)具有存储和分析各实体所附大量属性数据的功能;

(3)具有比简单的数据管理和查询更为强大的多层分析功能,使以图层形式组成的地图多层可视并进行多样化统计和逻辑操作;

(4)具有整理来源不同或范围不等的数据,以多种方式使之可视化的功能;

(5)具有强大的地理图形和图像处理功能。

总之,使现实世界中具有地理属性的信息实现数据地图化、数据可视化和思维可视化,从而为决策、分析提供支持,是 GIS 的根本目标。未来的地理信息系统更要求能产生和显示计划和决策带来的城市景观和区域景观的变化,并能够运用人工智能和专家系统进行决策支持。

任务六 POS 系统技术和设备

一、POS 系统概述

1. POS 系统概述

(一)POS 系统的概念

POS(point of sale)系统即销售时点信息系统,是指通过自动读取设备(如收银机)在销售商品时直接读取商品销售信息(如商品名、单价、销售数量、销售时间、销售店铺、购买顾客等),并通过通信网络和计算机系统传送至有关部门进行分析加工,以提高经营效率的系统。

POS 系统最早应用于零售业,以后逐渐扩展至其他如金融、旅馆等服务行业,利用 POS 系统的范围也从企业内部扩展到整个供应链。

(二)POS 系统的功能

1. 自动转支付

自动转支付即依据交易信息将客户在银行开立的信用卡账户上的部分资金自动转到商家在银行开立的账户上。

2. 自动授权

自动授权是指具有信用卡的自动授权功能,如能自动查询信用卡等。

3. 信息管理

信息管理是指在 POS 上完成一笔交易后,POS 还能自动更新客户和商家在银行的档案功能。

(三)POS 系统的组成

POS 系统由前台 POS 系统和后台管理信息系统两大部分组成。

1. 前台 POS 系统

前台 POS 系统是指通过自动读取设备(如扫描器等)在销售商品时直接读取商品销售信息,实现前台销售业务的自动化,是通过 POS 机对商品交易进行实时服务和处理,然后通过通信网络和计算机系统传至后台的管理信息系统。

2. 后台管理信息系统

后台管理信息系统包括计算机和相应的管理软件。后台管理信息系统负责全部商品的进、销、存管理。它根据前台 POS 系统提供的销售数据,控制进货数量,优化库存。通过系统计算、分析和汇总,得出相应的商品销售信息,为企业管理部门和管理人员的决策提供依据。

(四)POS 系统的特点

POS 系统具有以下特点:
(1)用户界面友好,人机交流友善;
(2)储存数据巨大,管理商品量多;
(3)二次开发容易,修改扩充方便;
(4)组件相对独立,维修相当方便;
(5)适应多方组件,链接多种设备;
(6)采用联网结构,系统实时响应;
(7)多种付款方式,转账成为可能。

二、POS 机

POS 机,又称 POS、POS 收款机,它是前台 POS 系统的主要设备。POS 机一般的结构有主机、显示器、键盘、条码扫描器、票据打印机、顾客显示器、钱箱,此外还有读卡器、客户密码键盘、网络接口等,如图 7-16 所示。

(一)POS 机的工作原理

(1)通过对条码的扫描,获取商品具体信息,经传送后台管理信息系统处理,在显示器中显示出商品的销售金额。

(2)通过读卡器读取金融磁卡(包括信用卡、借记卡、会员卡、内部卡等)信息,由 POS 操作人员输入交易金额,持卡人输入客户密码后,POS 机将信息传送银联中心和后台管理信息系统。

(3)确认完成联机交易,最后打印相应票据。POS 机的应用实现了金融磁卡的联机消费,保证了交易的安全、快捷和准确,避免了手工查询黑名单和压单等繁杂劳动,提高了工作效率。

(二)POS 机的分类

1. 按通信方式分

按通信方式分类,POS 机可分为以下两种。

(1)固定 POS 机(见图 7-16)。其优点是:软件升级和维护比较容易,网络拨号速度快,交易清算比较容易。其缺点是:需要连线操作,客人需要到收银台付账。固定 POS 机适用于一体化改造项目的类型商户。

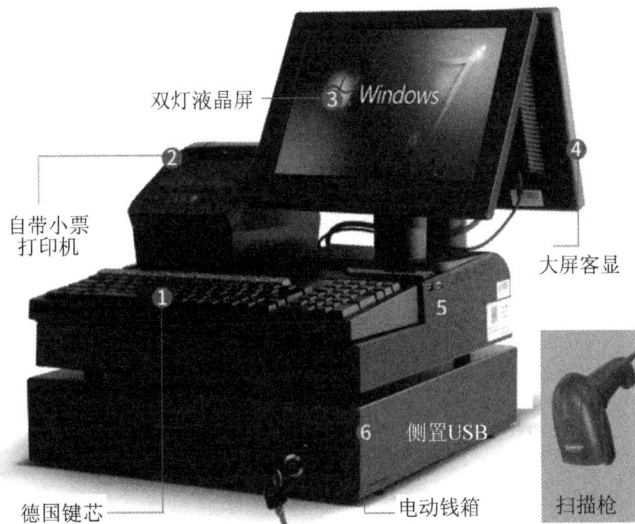

图 7 - 16 POS 机结构

（2）无线 POS 机（见图 7 - 17），也称手持 POS 机。其优点是：无线操作方便，付款地点形式自由，体积小巧携带容易。其缺点是：通信信号不稳定，数据容易丢失，成本高。无线 POS 机适用于上门收取款项的类型商户。

图 7 - 17 无线 POS 机

2. 按使用功能分

按使用功能分类，POS 机可分为以下三种。

（1）简易授权专用 POS 机。其优点是：直接沟通银行，操作简单。其缺点是：功能少，不方便。简易授权专用 POS 机适用于一般的类型商户。

（2）转账 POS 机。其优点是：具有查询、转账和清算等功能。转账 POS 机适用于一般的类型商户。

（3）收银式 POS 机。其优点是：功能齐全，应用全面。收银式 POS 机适用于宾馆、酒店、百货等大型的商户。

理论测评

一、选择题

1. 根据码制,一维条码码制可分为( )等。

A．EAN 条码　　　　B．UPC 条码　　　　C．39 条码　　　　D．Codabar(库德巴码)

2. 条码识别可分为哪几个过程?( )。

A．扫描　　　　　　B．译码　　　　　　C．信号整形　　　　D．分辨

3. 根据维度,条码可以分为( )。

A．一维条码　　　　B．二维条码　　　　C．三维条码

4. 以下属于条码识读设备的是( )。

A．光笔　　　　　　B．手持式扫描器　　C．台式扫描器　　　D．便携式数据采集器

5. 扫描器作为阅读器的输入装置,发展也很快,大体上可分为以下哪几种?( )

A．接触式　　　　　B．非接触式　　　　C．手持式　　　　　D．固定式扫描器

6. RFID 系统因应用不同,其组成会有所不同,但基本都由( )组成。

A．电子标签　　　　B．阅读器　　　　　C．传感器　　　　　D．数据交换与管理系统

7. RFID 阅读器由( )等组成。

A．无线收发模块　　B．天线　　　　　　C．控制模块　　　　D．接口电路

8. 传感器按转换原理可分为以下哪几类?( )

A．物理传感器　　　B．湿度传感器　　　C．化学传感器　　　D．生物传感器

9. 目前物联网在物流行业相对成熟的应用主要集中在以下哪几个方面?( )

A．产品的智能可追溯网络系统

B．物流过程的可视化智能管理网络系统

C．智能化的企业物流配送中心

D．企业的智慧供应链

10. 从技术架构上来看,物联网可分为哪几大类?( )

A．感知层、网络层和应用层

B．传感器、传感器网关

C．私有网络、互联网、有线和无线通信网

D．物联网和用户的接口

11. 以下哪个选项是电子标签的功能?( )

A．将主机的读写命令传送到电子标签

B．从主机发往电子标签的数据加密,将电子标签返回的数据解密后送到主机

C．智能读写和加密通信的功能

D．完成数据信息的存储及管理、对卡进行读写控制

12. 关于 EDI 的概念中,以下哪个选项是国际标准化组织(ISO)的定义?( )

A．商业或行政事务处理,按照一个公认的标准,形成结构化的事务处理或信息数据结构,从计算机到计算机的数据传输

B．独立组织之间通过电脑,以标准的语意结构来传输明确的业务或策略性信息

C．贸易伙伴电脑系统之间,以最少的人工介入方式交换标准格式的资料

D. 在计算机之间以商务的标准格式进行的商业或行政业务数据的电子传输

13. 以下哪个选项是 GPS 工作卫星的地面监控系统?(　　)

A. 一个主控站、两个注入站和五个监测站

B. 一个主控站、三个注入站和五个监测站

C. 一个主控站、三个注入站和四个监测站

D. 两个主控站、三个注入站和五个监测站

14. GPS 卫星星座分别由几颗工作卫星和在轨备用卫星组成?(　　)

A. 21 和 3　　　　　　　B. 20 和 3　　　　　　C. 21 和 4　　　　　　D. 18 和 3

15. GPS 包括以下哪几部分?(　　)

A. 空间部分　　　　　B. 地面控制部分　　　C. 用户设备部分　　D. 后台管理系统

16. 以下哪些选项是 GIS 的主要的元素?(　　)

A. 硬件　　　　　　　B. 软件　　　　　　　C. 数据　　　　　　　D. 人员和方法

17. 以下哪些选项是 GIS 的功能?(　　)

A. 信息传递和查询,支持管理的功能

B. 存储和分析各实体所附大量属性数据的功能

C. 强大的地理图形和图像处理功能

D. 整理来源不同或范围不等的数据,以多种方式使之可视化的功能

18. POS 机按通信方式分类可分为以下哪几种?(　　)

A. 固定 POS 机　　　　　　　　　　B. 转账 POS 机

C. 简易授权专用 POS 机　　　　　　D. 无线 POS 机

19. POS 系统由(　　)组成。

A. 前台 POS 系统　　　B. 后台管理信息系统

C. 中央管理系统

20. 以下哪个选项是 POS 系统的主要功能?(　　)。

A. 自动转支付,自动授权,信息管理

B. 信息传递和查询

C. 智能读写和加密通信

二、简答题

1. 简述条形码的特点。

2. 简述 RFID 的应用。

3. EDI 与电子邮件有哪些区别?

4. 物联网有哪三大技术?

5. 简述 GPS 系统的功能。

✎ 任务工单

物流信息技术设备实训

工作任务	学习 WMS 系统的基本操作,运用软件及条码打印机打印条形码,贴在货物、托盘及货架上,并运用 RFID 手持终端完成出入库等作业			
教学模式	任务驱动		教学地点	某物流仓库
任务目标	1. 掌握物流仓储管理系统的基本操作流程 2. 利用条码打印软件及打印机打印货物、托盘、货架的物流条码 3. 通过 RFID 手持终端完成货物出入库、盘点、信息查询等功能			
设备器材	计算机、条码打印机、RFID 手持终端			
评价内容	配分	考核点		备注
操作规范 (80分)	20	能够操作 WMS 系统		
	30	能运用条码打印软件及硬件打印物流条码		
	30	能运用 RFID 手持终端完成货物出入库、盘点、信息查询等功能		
职业 素养 (20分)	20	听从老师安排,保持参观地的卫生清洁		工作场地脏、乱、差;严重违反纪律,造成恶劣影响的,本大项记 0 分

项目八 物流设备的管理

任务引入

××快递创建于 2002 年 5 月 8 日,是一家以快递为核心业务,集跨境、快运、商业、云仓、航空、金融、智能、传媒等生态版块于一体的综合物流服务企业,截至 2019 年 9 月 30 日,全网服务网点近 30000 个,转运中心 89 个,直接网络合作伙伴逾 4750 家,干线运输车辆逾 6600 辆(其中逾 3950 辆为高运力甩挂车),干线运输线路超过 2400 条,网络通达 98% 以上的区县,乡镇覆盖率超过 89%。由于业务量的增加,该快递企业已选好地址打算新建一个分拨中心。

思考:请为该分拨中心制订设备的配置方案,以提高日后货物的储存、分拣、集散作业的效率。并针对这些设备制订相应的管理方案。

任务目标

一、知识目标

1. 了解物流设备的选配原则,熟悉物流设备的选型步骤;
2. 熟悉物流设备的三级保养制度;
3. 了解物流设备点检的种类,熟悉物流设备点检的工作要求;
4. 了解物流设备修理的方式和种类;
5. 熟悉物流设备更新的对象和时机;
6. 熟悉设备使用的安全注意事项。

二、能力目标

1. 能够根据企业实际情况为其选配合适的物流设备;
2. 能够对常见的物流设备进行日常维护保养。

任务一 物流设备管理概述

物流设备管理指的是以企业生产经营为依据,通过一系列的技术、经济、组织措施,对设备的规划、设计、制造、选型、购置、安装、使用、维护、修理、改造直至报废的全过程进行科学的管理。其目的是充分发挥设备效能并寻求最经济的寿命周期费用,从而获得最佳的投资效果。

一、设备寿命周期费用

设备寿命周期指设备从规划、制造、安装调试、使用、维修、改造直至报废的全过程。从整体上保证和提高设备的可靠性、维修性和经济性。对设备实行全过程管理,是设备管理改革的重要方向。

设备寿命周期费用(LCC)是指设备的全过程中消耗的总费用,由原始费和使用费组成。原始费(设备费)是一次支出或集中在短期内支出的费用。自制的设备包括研究、设计和制造费用;外购设备包括价格、运输和安装调试等费用。使用费(运转维持费)是为了保证设备正常运行而定期支付的费用,包括能源费、固定资产税、保险费、维修费和操作工人工资等。

$$设备寿命周期费用＝购置费＋维持费用＋拆除费用－残值$$

设备周期费用的概念贯穿设备的一生,因此,追求寿命周期费用最省这一目标,必须贯穿设备运行过程的始终,如图8-1所示。只有在设备寿命一生中采取有效的管理措施,才能达到寿命周期费用最经济的目标。

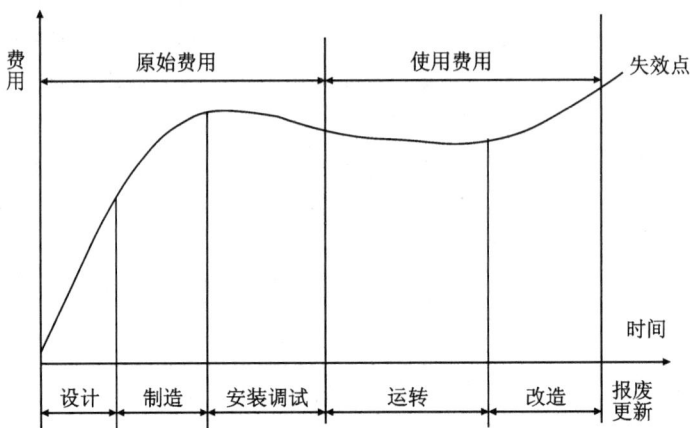

图8-1 设备寿命周期费用示意图

因此,在进行设备经营决策时,不能只考虑设备寿命周期某一阶段(制造、采购、使用维修)的经济性,更要十分注重设备原始费和使用费总和的经济性。如在设计某种新设备时,既要考虑降低制造成本,又要考虑使用费用经济合理;在选择新设备时,不能贪图价格便宜,同时要考虑设备购置后的一系列其他费用。事实上,购置价格最便宜不一定寿命周期费用最低,而寿命周期费用最佳并不等于寿命周期费用最低,还应考虑设备的生产效率和对产量质量的保证程度等因素。在实际工作中,经济与技术是辩证的统一,因为经济效益是推动生产工具发展的直接动力,只有技术先进、经济合理的新机器设备才能得到广泛应用,所以设备管理的计划、购置、使用、更新、改造等环节均须按技术先进和经济合理的原则进行经济效益分析,以此作为对诸多方案进行评价、选择和决策的主要依据,这也是提高经济效益的重要途径。

总之,通过技术和经济的科学管理措施,对企业的重要生产设备进行综合管理,做到全面规划,合理配置,择优选购,正确使用,精心维护,科学检修,适时改造和更新,使设备经常处于良好的技术状态,不断改善和提高企业的技术装备,使设备周期费用最经济、综合效能最高。

二、设备综合效率

要使设备达到综合效能最高,现代设备管理的另一个特点就是追求以设备综合效率最高为目标。所谓综合效率包括生产量(production)、品质(quality)、交货期(delivery)、成本(cost)、安全(safety)、工作士气(morale)六个方面。要分析设备的综合效率可以从以下几个方面进行考核:

P——生产效率有没有提高的余地？工作时间能否缩短？

Q——品质稳定性如何？不良率是否增大？消费者抱怨情况如何？

C——材料有没有浪费？机械运转率高吗？间接人员是否过多？非作业时间多不多？

D——交货期是否经常有拖延？计划的准确度高吗？

S——有没有不安全的动作？环境中有没有安全隐患？设备操作正常吗？

M——员工精神状态如何？人机关系配合怎么样？

这是行为科学在设备管理中的应用。PQCDSM通常可以作为设备综合效益的评价，在评价时可以采用定性定量方式进行。和寿命周期费用一起分析，可以进一步测算设备的费用效益，其计算公式为

$$费用效益＝综合效益/寿命周期费用$$

这个比值越大，说明选择的设备效益越好，而寿命周期费用越少，也越划算。

任务二　物流设备的合理选配

物流设备一般投资大、使用期限长。物流设备的配置与选择，是物流设备管理的开始阶段，更是影响物流设备管理水平和经济效益的关键。在配置与选择物流设备时，一定要进行科学决策和统一的规划。

一、物流设备的选配原则

设备选择总的原则是技术上先进、经济上合理。采用先进设备的目的，是为了获得最大的经济效益，而不是片面地追求技术上的先进。只有技术上先进和经济上合理两者一致时，先进的设备才有发展的生命力。一般说来，技术先进和经济合理是统一的。这是因为，技术上先进往往表现为设备的生产率高，能够保证作业质量。但是，由于种种原因，有时两者的表现是矛盾的。例如，某台设备的效率比较高，但可能能源消耗量大，或者设备零部件磨损快，这样从全面经济效果来衡量就不一定适宜。再如，某些先进设备自动化水平和生产效率都很高，适合大批量作业，在作业量还不够大的情况下使用，往往会负荷不足，而这类设备价格又高，从经济效果的角度看是不合算的，因此，这样的设备是不可取的。通过以上分析可以看出，在选择机器设备时，必须全面地考虑到技术和经济要求。通常应考虑以下几方面原则。

（一）系统性与适应性原则

系统化就是在物流机械设备配置、选择中用系统的观点和方法，对物流机械设备运行所涉及的各环节进行系统分析，把各个物流机械设备与物流系统总目标、物流机械设备之间、物流机械设备与操作人员之间、物流机械设备与物流作业任务等有机严密地结合起来，改善各个环节的机能，使物流机械设备配置、选择最佳，使物流机械设备能发挥最大的效能，并使物流系统整体效益最优。

适应性是指在选配物流设备时，应充分考虑物流设备与当前物流活动之间的适应性，设备的特性要符合货物的特殊要求和货运量的需要，应注意物流作业的实际需要和发展规划之间的适应性。

（二）经济合理性原则

物流设备的配置是物流企业最主要的经济开支项目，它不仅包括最初的购置费用，还包括

后期的使用费用。购置费用和使用费用在一定条件下是相互矛盾的,往往呈现出效益背反的关系,例如某些设备的购置费用较高,但是其性能好、能耗低、维修费用低。因此,企业应全面考察物流设备的价格和运行费用,选择那些在整个使用周期中总费用最低的物流设备。在多数情况下,物流机械设备技术先进性与经济性原则也会互相矛盾,需要权衡,做出合理判断。

(三)技术先进性原则

技术先进性不是指物流设备一定要是最先进、最领先的,而是指所配备的设备能够反映当前科学技术的先进成果,在主要技术性能、结构、操作条件、先进技术的应用等方面具有前瞻性,能满足未来发展的要求。所以既要防止选择技术上落后的设备投入使用后造成效率低下,也要防止脱离企业实际需要而一味地追求所谓的先进性。

(四)可靠性与安全性原则

企业在选配物流设备时,应尽量保证其在规定的使用条件下和使用期限内完成规定而少出故障。如果这种可靠性不高,就无法保持稳定的物流作业能力。

安全性是物流设备保证人身和货物安全以及环境免遭危害的能力,包括设备的自动控制性能、自动保护性能,以及对错误操作的防护和警示性能等。在选配物流设备时,应充分考虑其安全性,防止人身事故,保证物流作业顺利进行。

(五)灵活性原则

灵活性是指物流设备应对不同工作条件、不同工作需求时的适应程度。灵活性内容包括:一是在工作对象固定的条件下,设备能够适应不同的工作条件和环境,操作使用比较灵活方便;二是对于工作对象可变的加工设备,要求能够适应多种加工性能,通用性强;三是结构紧凑、重量轻、体积小。上述这些因素是相互联系、互相制约的。因此,企业在选择设备时,对各种因素要统筹兼顾、权衡利弊、综合评价,选择购置设备的最优方案。

(六)环保性

环保性是指物流设备对环境保护的性能。环境保护一般以设备的噪声和设备排放的有害物质对环境污染的程度来表示。在选择设备时,应选择噪声控制在保护人体健康的卫生标准范围内的设备。

二、物流设备配备选择的过程

(一)了解物流设备规划的要求

设备规划是企业根据生产经营发展总体规划和本企业设备结构的现状而制订的用于提高企业设备结构合理化程度和机械化作业水平的计划。科学的设备规划能够减少购置设备的盲目性,使企业的有限投资满足重点需要,从而提高投资效益。

设备规划主要包括设备更新规划、设备现代化改造规划、新增设备规划等。企业进行设备规划时要考虑企业经营发展的需要、现有设备的技术状况、资金状况以及相关法规的要求等。

企业为物流中心指定恰当的设备之前,必须对作业、动作、流程及在运行的系统有一个清晰的理解。仓库内的某个作业如何影响其他作业,从设备选择角度来看是极其重要的。例如,叉车搬运前,是否有必要选择规划可伸缩式输送系统以提高非单元化货品的卸货效率。

具体操作中,应列举机械要求、空间需求,并让与备选设备有关的所有物流作业成员参与评论,以确认没有遗漏任何要素,并以此需求为出发点,着手制订设备选配方案。下面举例说明在选择卸货设备和数据采集录入设备时需要考虑的问题,如表 8 - 1 所示。

表 8 - 1 确定设备性能要求的考虑因素

设备用途	必须考虑的因素举例
卸货设备	1. 现有的卸货设备是什么类型的(非新建物流中心) 2. 需要卸货、搬运的单位载荷形式 3. 货品单元重量(单元指大包装、托盘化包装等) 4. 出货时采用什么形式的单位单元化容器 5. 卸货后,货品是否需要暂存,放在何处 6. 对物料搬运设备的限制性因素有哪些 7. 是否需要举升货品? 举升高度是多少 8. 作业效率指标的要求 9. 这种设备需要完成其他作业吗 10. 其他因素
数据采集、录入设备	1. 需要录入什么数据 2. 数据录入的时间要求 3. 商品条码和物流条码情况 4. 是否需要打印条码、标签和辅助单据 5. 托盘是否需要标签 6. 其他因素

(二)收集有关资料,并进行详细分析比较

为了使物流设备的选配更加合理,物流企业需要搜集大量的相关资料进行科学分析。需要搜集的资料主要包括以下几种:

(1)经济资料。它包括货物的种类、特性、货运量、货物流向等,它直接影响着物流设备的选配。在搜集有关经济资料时,不仅要掌握目前和近期的情况,还需要摸清远景的发展或变化趋势。对搜集到的经济资料应进行必要的审查、核实、分析研究,并作出有关的统计分析表。

(2)技术资料。它包括物流设备技术性能现状及发展趋势、主要生产厂家的技术水平状况、使用单位对设备的技术评价等。这些资料是把握物流设备技术状况的重要数据。

(3)自然条件资料。它包括库场仓库条件、地基的承受能力、地基基础、作业空间等资料。

(三)设备预算

制定基本预算书时要明确必要的物流作业设备项目,对设备购入、支持物流的信息系统设备制定基本预算书。目的不明的预算会浪费资金,也会造成计划进度的延迟,事后的费用追加也会造成资金的紧张和预算膨胀。必须对设备的费用做一个比较详尽、可靠的预算。

(四)对设备进行经济技术评价

对设备进行经济技术评价,通常采用定性分析与定量分析相结合的方法。

1. 定性分析

定性分析就是对研究对象进行"质"的方面的分析。具体地说是运用归纳和演绎、分析与

综合以及抽象与概括等方法,对获得的各种材料进行思维加工,从而能去粗取精、去伪存真、由此及彼、由表及里,达到认识事物本质、揭示内在规律的目的。

定性分析常被用于对事物相互作用的研究中。它主要是解决研究对象"有没有"或者"是不是"的问题。在进行设备选择时定性分析常考虑的问题有满足作业的能力、满足物流量波动的能力、灵活性(方便重新布置)、空间利用程度、安全性和设备易维护性、工作条件和雇员满意度、方便管理程度、操作难度、故障率及故障损失、备品备件数量、可扩展性。还要对人事问题如失业人员的处置需求、劳动合同约定和工会因素、投入使用时间、环境要求、公共关系效果等因素进行分析。

2.定量分析

定量分析,也叫经济评价法,即用数字说话。首先是成本计算,通常成本分两类:投资成本和年运行成本。最普遍的投资成本是设备的采购、安装、调试费用。年运行成本是使用设备过程中不断发生的费用。典型的年运行成本项目包含物流作业人员的工资、设备维护费用、税和保险费等。下面介绍几种定量分析中常见的技术经济评价法。

(1)投资回收期法。

投资回收期法是指根据投资回收期的长短来判断选配方案好坏的方法。采用该方法时,需要计算使用物流设备所获得的净收益来回收投资的年数,其计算公式如下

$$\eta = \sum K / \sum P \qquad (8-1)$$

式中:η——物流设备的投资回收期,单位为年;

$\sum K$——物流设备的投资总额,单位为元;

$\sum P$——使用物流设备后的平均收益额,单位为元/年。

(2)现值比较法。

现值比较法是指把设备在预计寿命周期内每年支付的维持费和残值,按现值系数换算成相当于设备的初期费用,然后再和设备的原始投资费用相加,进行总费用现值的比较,总现值为正且最大者为最优方案。

(3)综合评比法。

综合评比法是指在技术指标评分的基础上列入经济指标,一并作为评价项目,统一考虑加权和进行评分,得出的结果就是综合评分,以得分多者为佳。

(五)选择物流设备和物流设备供应商

接下来的工作是说明所需设备的详细规格。通常这个阶段的重要工作是说明设备需求的详细规格,并接触供应商,详细咨询供应商资质及设备的说明。对供应商的考核可以从以下几个方面入手。

1.响应方面

响应方面包括:货物供应商是否在承诺时间内提供设备并安装到位;是否在承诺时间内做好准备及业务处理工作等内容;服务偏差度是否在控制范围内。

2.价格方面

价格方面包括:供应商是否按照协议价格提供设备或安装服务;是否根据市场价的变化而调整价格并及时向采购办提供价格调整信息,所提供的设备价格是否高于市场上同品牌同型号原装产品普遍价格。

3. 质量方面

质量方面包括:货物类供应商供应的货物是否为原装正规产品,是否完全符合协议规定的质量、规格和性能,是否存在因包装、设计、工艺、材料或服务的缺陷而产生的故障;服务类供应商提供的如会议场所、客房和饭菜质量等服务是否符合定点协议约定,保单的正确率、车辆维修的返修率不得高于行业标准等内容。

4. 服务方面

服务方面包括售后服务是否及时、周到、良好。

如何选择存储设备　　　如何选择搬运设备　　　如何选择输送设备

三、装卸搬运设备的选择方法和数量确定

(一)选择方法

(1)根据距离和物流量指示图,确定设备的类别,如图8-2所示。简单的搬运设备适合于距离短、物流量小的搬运需要;复杂的搬运设备适合于距离短、物流量大的搬运需要。简单的运输设备适合于距离长、物流量小的运输需要;复杂的运输设备适合于距离长、物流量大的运输需要。

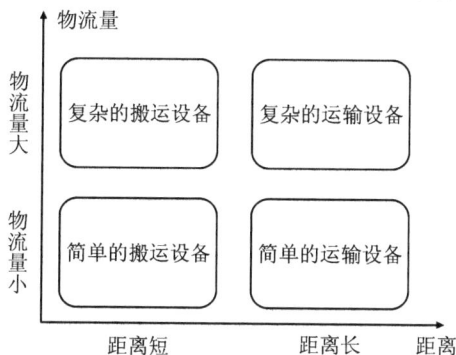

图8-2　距离、物流量和搬运运输设备

(2)根据设备的技术指标、货物特点以及运行成本、使用方便等因素,选择设备系列型号,甚至品牌。在设备选型时要注意以下方面:

①设备的技术性能。它是指能否胜任工作以及设备的灵活性要求等。

②设备的可靠性。它是指在规定的时间内能够工作而不出现故障,或出现一般性故障易立即修复且安全可靠。

③工作环境的配合适应性。它是指工作场合是露天还是室内,是否有震动,是否有化学污染以及其他特定环境要求等。

④经济因素。它包括投资水平、投资回收期及性能价格比等。

⑤可操作性和使用性。它是指操作是否易于掌握、培训的复杂程度等。

⑥能耗因素。它是指设备的能耗应符合燃烧与电力供应情况。

⑦备件及维修因素。设备条件和维修应方便、可行。

(二)装卸搬运设备数量的确定

装卸搬运设备的配置数量主要根据仓库作业量确定,并使仓库有较高的设备配置系数。配置系数可按下式计算

$$K = \frac{Q_c}{Q_t} \tag{8-2}$$

式中:K——仓储设备配置系数,一般取 $K=0.5-0.8$

Q_c——仓储机械设备能力,即设备能完成的物流量

Q_t——仓储过程总物流量。

通常情况下,当 $K>0.7$ 时,表明机械化作业程度高;当 $K=0.5-0.7$ 时,表明机械化作业程度中等;当 $K<0.5$ 时,表明机械化作业程度低。

在为仓库配置机械设备时,可以根据仓库的要求预先规定一个 K 值,来计算设备所需完成的物流量,从而进行设备的配置计算。机械设备数量配置,可用下式计算

$$Z = \sum_{i=1}^{m} Z_i \tag{8-3}$$

式中:Z——仓库内机械设备总台数;

m——机械设备类型数;

Z_i——第 i 类机械设备台数。

其中

$$Z_i = \frac{Q_{ci}}{(Q_c \beta \eta \delta \tau)_i} \tag{8-4}$$

式中:Q_{ci}——第 i 类机械计划完成的物流量;

Q_c——设备的额定起(载)重量;

β——起重系数,即平均一次吊装或搬运的重量与 Q_c 的比值;

η——单位工作小时平均吊装或搬运次数,由运行距离、运行速度及所需辅助时间确定;

δ——时间利用系数,即设备年平均工作小时与 τ 的比值;

τ——年日历工作小时,一班制取 7 h 乘以工作日数。

机械设备能力的评价参数 $\beta\eta\delta$ 值应根据作业场所的性质、物品种类以及机械设备类型进行实测确定。

总物流量 Q_t 可由下式计算

$$Q_t = \sum_{i=1}^{n} (H_i \cdot a_i) \tag{8-5}$$

式中:n——作业场所的数目;

H_i——第 i 个场所的年吞吐量;

a_i——第 i 个场所的倒搬系数,根据物品的重复搬运次数确定。无二次搬运时,$a_i=1$。机械设备计划完成的总物流量,可由总物流量 Q_t 乘以设备配置系数 K 求得,即

$$Q_c = KQ_t \tag{8-6}$$

计算某类机械设备数量时,Q_{ci} 可由 Q_c 分配决定。

任务三 物流设备的使用管理

设备的使用是设备寿命周期中所占时间最长的环节。做好设备的使用管理工作,可以为设备创造良好的工作环境和条件;可以合理配备操作工人;可以严格操作程序,保证设备精度,减少设备的磨损,提高设备利用率,实现设备满负荷运转,发挥设备的综合效益。物流设备的使用管理包括设备的组织管理、技术管理、安全管理和经济管理等具体内容。

一、设备使用管理的基本要求

物流设备使用管理的基本要求是:保持设备良好的技术状态,进行合理的生产组织,充分发挥物流设备的效能,安全、高效、优质、低耗地完成所负担的作业任务,并取得最佳的经济效益。具体来说要做到以下几点。

(一)要为各类设备合理地安排生产任务

使用设备时,必须根据工作对象的特点,合理安排生产任务,避免人为的损失。这里包括两个方面的内容:一方面要严禁设备超负荷运转,不要"小马拉大车";另一方面也要避免"大马拉小车",造成设备和能源的浪费。

(二)切实做好工人操作设备的技术培训工作

工人在操作、驾驶、使用设备之前,必须学习有关设备的性能、结构和维护保养知识,掌握操作技能和安全技术规程等必需的知识和技能,经过考核合格后,方准使用设备。在管理中,要严禁无证者操作或驾驶。

(三)创造使用设备良好的工作条件和环境

例如,安装必要的防护、防潮、防腐、保暖、降温等装置,在环境恶劣的条件下(如雨天、风天等)禁止作业。

(四)制定一套科学的规章制度

要针对设备的不同特点和要求,制定一套科学的规章制度,如安全操作规程、岗位责任制、定期检查维护规程等。在这些制度里,具体规定了各类设备的使用方法、操作和维护保养的要求,以及其他有关注意事项。

二、物流设备的正确使用

物流设备的正确使用包括技术合理和经济合理两方面内容。技术合理就是按有关技术文件上规定的物流机械设备性能、使用说明书、操作规程、安全规则、维护和保养规程,以及不同的工作状况、工作环境、自然条件下使用要求,正确操作使用物流机械设备。经济合理就是在物流机械设备性能允许范围内,能充分发挥物流机械设备的效能,以高效、低耗获得较高的经济效益。

(一)物流机械设备正确使用的衡量标志

评价物流机械设备是否属于正确使用,可以由三个方面指标作为考察的主要标志。

1. 高效率

物流机械设备的使用,必须使其作业能力得以充分发挥。在物流作业流水线所需的设备中或综合机械化组合中,至少应使其主要物流机械设备的物流作业能力得以充分发挥。物流机械设备如果长期处于低效运行状态,那就是不合理使用的主要表现。

2.经济性

在物流机械设备使用已经达到高效率时,还必须考虑经济性的要求。经济性要求是使物流机械设备在完成一定工作量的物流作业时所需使用费成本最低。不同的物流机械设备,不同作业性质,具有相应的经济性指标。如在码头前沿作业的港口抓斗起重机,各个港口的管理部门都制定有"最经济指标"。如果使用费成本经常高于这一定值,也就称不上正确使用。

3.故障率

物流机械设备的故障率是指在规定的使用寿命内发生故障的概率。引起设备故障的主要原因除设备的自然磨损和老化外,还有人为因素、维护保养、使用环境条件等方面。制订合理的设备操作规程及维护保养制度并严格执行,是降低设备故障率、保持设备技术状态完好和延长使用寿命的重要手段。

以上三个标志是衡量物流机械设备是否做到正确使用的主要标志。要达到上述要求的因素是多方面的,有物流作业设计方面、专业人员素质方面、运行管理方面的因素,也有各种技术措施方面的因素等。正确使用物流机械设备就是对这些因素进行分析和研究,找出有效的解决办法。

(二)物流机械设备使用管理制度

1.物流设备的"三定"管理

为了严格设备使用责任制度,一种有效的方法就是对设备使用者实行"三定"管理。所谓"三定"制度指的是对机械实行"定机""定人""定岗"。各机械所属单位要通过"三定"制度,把人、机固定下来,确保机械使用过程中的每个环节、每项要求、每项工作都具体落实到每个人身上,做到人人有岗位,事事有专职,台台设备有人管理,责任到位。

一人操作一台或多台机械设备即为该机械设备负责人,承担班长职责;班组共同使用的设备以及一些不宜固定操作人员的机械设备应由所在班组的班组长设专人负责;多班作业或多人操作的机械设备应任命一人为总负责人。

对主要机械设备实行组长负责制,组长应选择责任心强、有一定技术水平和组织能力的人员担任。

2.机械操作交接班管理

对于连续运转和多班制工作的物流机械设备,要建立严格的交接班制度。物流机械设备交接班时,交接双方都要全面检查,做到不漏项目,交代清楚,由交方负责填写交接记录。接方核对相符签收后,交方才能下班。交接班制主要包括以下内容:交清本班次生产作业任务的完成情况;交清物流机械设备运转情况;交清保养修理与技术监测情况;填写本班运行记录。物流机械设备管理人员应经常检查交接班记录的填写情况,并作为操作人员日常考核的依据之一。

3.凭证操作制度

为了加强物流机械设备使用和操作人员管理,保证设备完全运转,一些物流机械设备如载货汽车、起重机等的操作人员,需要经过该机种的技术考核合格后,取得操作证,方能独立操作该种机械设备。

4.岗位责任制度

为了加强操作人员和管理人员的工作责任心,安全高效地完成生产作业任务,必须遵守岗位责任制。岗位责任制的内容主要包括:严格遵守"三定"制度、凭证操作制度、操作维护规程;加强学习,掌握技能,做好点检、日常维护、定期保养工作;参与所操作设备的检查和修理工作,并对外包修理项目进行技术验收;不违章作业,抵制违章指挥;认真执行交接班制度,填好设备运行记录;若发生事故,按有关规程采取相应的制止措施;管理好使用的工具、属具。

5.使用管理监督检查制度

为保证物流机械设备的正确使用管理,应根据有关规定,结合实际情况制定切实可行的使用管理、监督检查制度。

(三)物流机械设备正确使用的注意事项

正确、合理地使用物流机械设备,能使设备减轻磨损,保持良好的工作性能,更好地发挥设备的效能,延长设备的使用寿命。为此,在物流机械设备的使用中,应做好如下工作。

(1)健全组织保障体系,做好设备安装工作。从企业领导到一线操作人员都应树立起关心设备、爱护设备的思想,使人人都参与设备管理。在使用前首先要严格按质量标准安装设备,安装后要经试运转验收合格才能投入使用。

(2)合理安排设备的工作量负荷。在安排设备工作量时,应根据设备本身的技术操作要求和物流作业的任务量,经过科学的计算,合理确定。不同的物流机械设备,其性能、结构、效率、使用范围、工作条件和能力都不相同,所以在安排工作量时,需按照设备的不同技术条件分别确定。既要充分发挥设备的效能,提高设备利用率,又要防止设备的过度疲劳和磨损,更不允许超负荷使用。合理安排设备的工作量也是为设备的计划检修打下基础。

(3)加强对操作人员的规范管理。要做到正确使用设备,必须使操作使用人员熟知设备的性能、操作和使用程序。这就要求不断地对操作使用人员进行技术培训,严格考核制度,不断提高操作人员的操作技术水平。合格的操作人员必须做到"四懂四会",即懂性能、懂结构、懂原理、懂用途,会使用、会维护保养、会检查、会排除故障。

(4)做好物流机械设备使用的技术供应工作。要及时提供规格、质量符合要求的燃油、润滑油、液压油、备品配件等,以及轮胎、钢丝绳等替换零部件,这是保证物流机械设备正常运行的物质条件。

(5)健全和完善物流机械设备的使用管理制度,并督促制度的贯彻执行。同时,定期开展物流机械设备使用检查评比活动。

三、物流机械设备的维护保养管理

(一)物流机械设备保养管理的基本内容

要想使物流机械设备经常处于完好状态,除了正确使用设备之外,还要做好维护保养工作。维护保养工作做得好,设备不但能保持正常运转,减少设备的故障及修理次数,而且还能延长设备的使用寿命。

维护保养是指对设备进行清洁、润滑、紧固、调整、防腐、检查等一系列工作的总称,其目的是减缓设备的磨损,及时发现和处理设备运行中出现的异常现象。

由于物流机械设备结构、性能和使用方法不同,设备维护保养工作的具体内容也不完全一致。但设备维护保养的基本内容是一致的,即清洁、安全、润滑、防腐、检查。

清洁是指各种物流机械设备要清洁,做到无灰、无尘、整齐,保持良好的工作环境。

安全是指设备的保护装置要齐全,各种装置不漏水、不漏油、不漏气、不漏电,保证安全,不出事故。

润滑是指设备要定时、定点、定量加油,保证润滑面正常润滑,保证运转畅通。

防腐是指要防止设备腐蚀,提高设备运行的可靠性和安全性。

要实现上述维护保养,必须加强维护保养管理,在维护保养过程中严格遵守有关作业制度和注意事项、操作程序、维护保养规程和规范。

(二)物流机械设备的三级保养制度

设备的维护保养方法很多,无论采用哪种方法,其目的都是为了使设备保持其良好性能,提高设备效率,降低成本,更好地为物流作业服务。

1.设备的日常维护保养

物流机械设备的日常维护是全部维护工作的基础。它的特点是经常化、制度化。一般日常维护保养包括班前、班后和运行中维护保养。参加日常维护保养的人员主要是操作工人。要严格按操作规程操作,集中精力工作,注意观察设备运转情况和仪器、仪表,通过声音、气味发现异常情况。设备不能带故障运行,如有故障应停机检查,及时排除故障,并做好故障排除记录。

日常维护保养的内容大部分在设备的外部。其具体内容有:搞好清洁卫生;检查设备的润滑情况,定时、定点加油;紧固易松动的螺丝和零部件;检查设备是否有漏油、漏气、漏电等情况;检查各防护、保险装置及操纵机构、变速机构是否灵敏可靠,零部件是否完整。

2.设备的一级保养

设备的一级保养是要使设备达到整齐、清洁、润滑和安全的要求,减少设备的磨损,消除设备隐患,排除一般故障,使设备处于正常技术状态。通过一级保养,使操作者逐步熟悉设备的结构和性能。设备一级保养的具体内容有:对部分零部件进行拆卸清洗;对部分配合间隙进行调整;除去设备表面斑迹和油污;检查调整润滑油路,保持通畅不漏;清洗附件和冷却装置等。

参加一级保养的人员以操作工人为主,以维修工人为辅。保养一般在每月或设备运行500~700 h后进行。每次保养之后,要填写保养记录卡,谁保养,谁记录,并将其装入设备档案。

3.设备的二级保养

设备的二级保养,又叫年保。其主要目的是延长设备的大修周期和使用年限,使操作者进一步熟悉设备的结构和性能,使设备达到完好标准,提高及保持设备的完好率。

设备的二级保养的具体内容有:根据设备使用情况进行部分或全部解体检查或清洗;检查、调整精度,校正水平;检修电器箱、电动机,修整线路;对各传动箱、液压箱、冷却箱清洗换油;修复和更换易损件。

参加二级保养的人员以维修工人为主,操作工人参加。保养时间一般是按一班制考虑,一年进行一次,或设备累计运转2500 h后进行。保养后,要填写保养记录卡。

任务四　物流设备的维修管理

物流机械设备在使用过程中,由于各零件的磨损、老化、腐蚀或由于不正常操作等原因,在使用一定的寿命期限时,其技术性能和使用性能必然会下降,使维修费用增加,必须根据不同情况,采取修理、更新和技术改造等补偿措施。

一、物流设备的磨损理论

(一)设备磨损的分类

设备的磨损包括设备使用过程中的摩擦磨损、零件的老化、贬值、陈旧等,包括有有形磨损和无形磨损两个方面。

1.设备的有形磨损

设备的有形磨损也称物质磨损,是指设备发生实体上的磨损,机器设备在使用过程中因震荡、摩擦、腐蚀、疲劳或在自然力作用下造成的设备实体的损耗。有形磨损又可以分为两种情况。

(1)第一种为有形磨损:在使用过程中,由于摩擦、应力及化学反应等原因造成的有形磨损,又称使用磨损。表现为:零部件尺寸变化,形状变化;公差配合性质改变,性能精度降低;零部件损害。

(2)第二种为有形磨损:不是由于使用而产生的,而是源于自然力的作用所发生的有形磨损,又称自然磨损。表现为:金属件的生锈、腐蚀,相交件和塑料件的老化等。

(3)有形磨损的规律。设备有形磨损的发展过程具有一定的规律性,一般分为三个阶段。第一阶段为初期磨损阶段。在该阶段,设备磨损速度快,时间跨度短,对设备没危害,是必经阶段,叫"磨合"或"跑合"。第二阶段为正常磨损阶段。在该阶段,设备处于最佳运行状态,磨损速度缓慢,磨损量小,曲线呈平稳状态。第三阶段为急剧磨损阶段。在该阶段,设备磨损速度非常快,丧失精度和强度,事故概率急升。设备有形磨损示意图如图8-3所示。

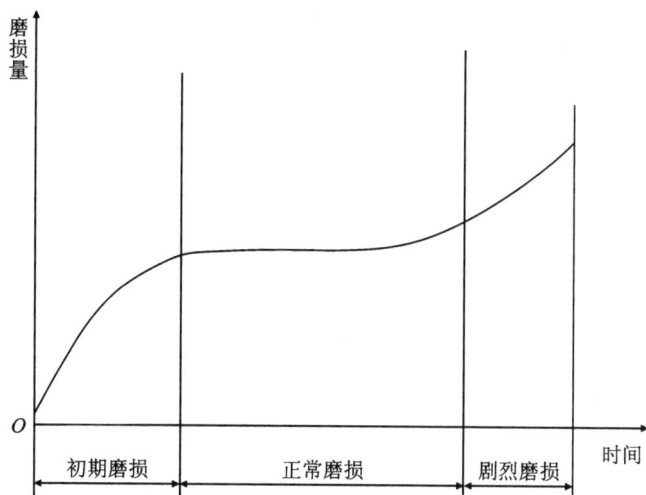

图8-3　设备有形磨损示意图

2. 设备的无形磨损

该种磨损不表现为实体的变化,却表现为设备原始价值的贬值,又叫精神磨损。设备的无形磨损有两种情况。

(1)第一种为无形磨损:由于设备制造工艺的不断改进,劳动生产率不断提高,致使生产同种设备所需要的社会平均劳动减少,成本降低,从而使原已购买的设备贬值。该种磨损不影响设备功能。

(2)第二种为类无形磨损:由于社会技术的进步,出现性能更完善、效率更高的新型设备,致使原有设备陈旧落后,丧失部分或全部使用价值,又叫技术性无形磨损。其后果是生产率大大低于社会平均水平,因而生产成本大大高于社会平均水平。

(二)设备磨损的补偿

要保持设备的正常运行,并使其处于良好的技术状态,就必须对其磨损进行必要的补偿。根据磨损的情况不同,采取补偿的方式也不一样。对于有形磨损的补偿是修理,对于无形磨损的局部补偿是技术改造,而对于不可消除的有形磨损和无形磨损的完全补偿是设备的更新。图 8-4 所示为设备磨损与补偿的相互关系。

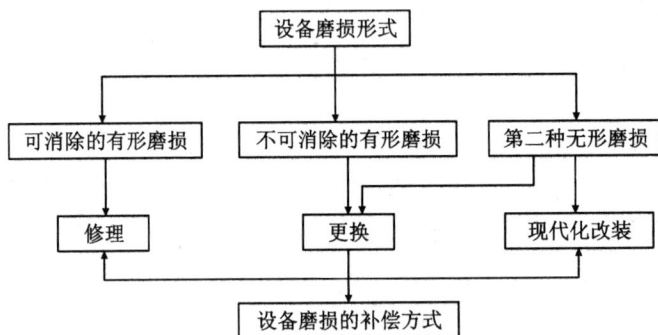

图 8-4 设备磨损与补偿的相互关系

二、物流设备的维修管理

设备修理是对设备的磨损或损坏所进行的补偿或修复,其实质是补偿设备的物质磨损。

(一)设备的故障规律

设备故障是指设备在其寿命周期内,由于磨损或操作使用等方面的原因,使设备暂时丧失其规定功能的状况。设备的故障可以分为突发故障和劣化故障两种。①突发故障是突然发生的故障。发生时间随机,较难预料,设备使用功能丧失。②劣化故障是由于设备性能的逐渐劣化所引起的故障。发生速度慢,有规律可循,局部功能丧失。

实践证明,可维修设备的故障率随时间的推移呈图 8-5 所示的曲线形状,这就是著名的"浴盆曲线"。设备维修期内的设备故障状态分三个时期。

第一个时期为初始故障期。该阶段故障率比较高,故障主要是由于材料缺陷、设计制造质量差、装配失误、操作不熟练等原因造成的。随着设备使用过程中的不断调整和改进,故障发生率会随着时间延长而下降。

第二个时期为偶发故障期。该阶段设备已经进入正常运转阶段,故障率低且稳定。故障

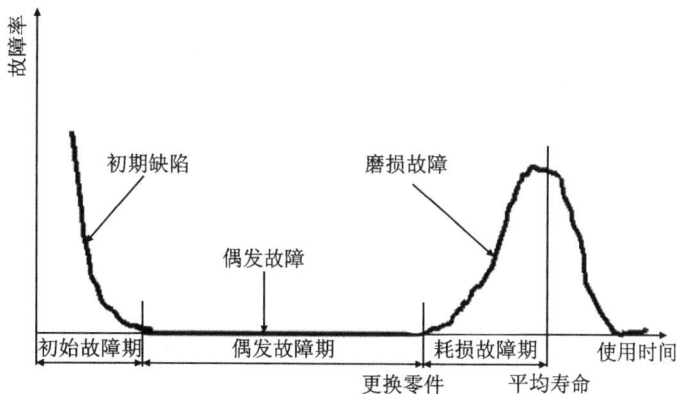

图 8-5 设备机械故障曲线

原因多为操作失误、保养不善、使用不当等外部随机因素引起的。偶发故障期是设备的实际使用期，通常持续相当长的时间。在使用过程中应严格注意故障发生前的异常现象并及时消除，使故障率得到适当降低。

第三个时期为磨损故障期。该阶段设备的零件已经老化，故障率急剧升高，磨损严重，有效寿命即将结束。通过有计划地更换零件与维护保养可以减少故障，延长设备的使用寿命。

故障发生率的统计描述是决定设备维修管理的重要依据。在初期故障期，主要找出设备可靠性低的原因，进行调整和改进，保持设备故障率稳定；在偶发故障期，应注意提高操作工人与维修工人的技术水平；在磨损故障期，应加强设备的日常维护保养、预防检查和计划修理工作。

(二)物流设备的修理类别

根据维修内容和技术要求以及工作量的大小及对设备维修工作的划分，预防修理分为大修、项修(中修)和小修三类。

1. 小修

设备小修是工作量最小的计划维修。对于实行状态监测维修的设备，小修的内容是针对日常点检、定期检查和状态监测诊断发现的问题，拆卸有关部件，进行检查、调整、更换或修复失效的零件，以恢复设备的正常功能。对于实行定期维修的设备，小修的主要内容是根据掌握的磨损规律，更换或修复在维修间隔期内即将失效的零件，以保证设备的正常功能。

2. 项修

项修也叫中修，是项目维修的简称。它是根据设备的实际情况，对状态劣化已难以达到生产工艺要求的部件进行针对性维修。项修时，一般要进行部分拆卸、检查、更换或修复失效的零件，必要时对基准件进行局部维修和调整精度，从而恢复所修部分的精度和性能。项修的工作量视实际情况而定。项修具有安排灵活、针对性强、停机时间短、维修费用低、能及时配合生产需要、避免过剩维修等特点。对于大型设备，组合机床，流水线或单一关键设备，可根据日常检查、监测中发现的问题，利用生产间隙时间(节假)安排项修，从而保证生产的正常进行。目前中国许多企业已较广泛地开展了项修工作，并取得了良好的效益。

3. 大修

设备的大修是工作量最大的计划维修。大修时，对设备的全部或大部分部件解体；修复基准件,更换或修复全部不合格的零件;修复和调整设备的电气及液、气动系统;修复设备的附件以及翻新外观等;全面消除修前存在的缺陷,恢复设备的规定功能和精度。

(三)设备维修方式

设备的维修方式是企业选择的一项设备维修制度,是指设备的维修保养、检查、修理中采取的一系列技术组织措施的总称。目前的维修方式主要有事后维修方式、预防维修方式、改善维修方式、改造维修方式等。

1. 事后维修方式

设备发生故障或性能、精度降低到合格水平以下,因不再能使用所进行的非计划性维修称为事后维修,也就是通常所称的故障维修。

物流设备发生故障后,往往给生产造成较大损失,也给维修工作造成困难和被动。但对有些故障停机后再维修而不会给生产造成损失的设备,采用事后维修方式可能更经济。例如对结构简单、利用率低、维修技术不复杂、能及时获得维修用配件,且发生故障后不会影响生产任务的设备,就可以采用事后维修方式。

2. 预防维修方式

根据设备的工作环境、零部件及控制系统的工作状况,依靠监测信息,事先编制修理计划和修理项目及相应的工艺方案,开展对设备的维修作业,称为预防修理。预防修理可分为两大类:一是定期修理,二是定检定项修理。

3. 改善维修方式

所谓改善维修,是采用新工艺、新方法对设备维修作业工艺的改进。改善维修对提高维修水平、提高设备维修质量有极大的促进作用。

以上修理方式各有优缺点,企业可根据自己的物流作业特点、各类物流作业机械的特性、故障规模、修理费用、停机损失、资金、修理效果等情况分别择优选用。

如何做好设备
维修管理?

任务五 设备的更新和技术改造

随着设备在生产中使用年限的延长,设备的有形磨损和无形磨损日益加剧,故障率增加,可靠性相对降低,导致使用费上升。其主要表现为,设备大修理间隔期逐渐缩短,使用费用不断增加,设备性能和生产率降低。当设备使用到一定时间以后,继续进行大修理已无法补偿其有形磨损和全部无形磨损,虽然经过修理仍能维持运行,但很不经济。解决这个问题的途径就是进行设备的更新和改造。

一、物流设备的更新

(一)设备更新的概念

从广义上讲,补偿因综合磨损而消耗掉的机械设备,就叫设备更新。它包括总体更新和局部更新,包括设备大修理、设备更新和设备现代化改造。从狭义上讲,设备更新是以结构更加先进、技术更加完善、生产效率更高的新设备去代替物理上不能继续使用,或经济上不宜继续使用的设备,同时旧设备又必须退出原生产领域。

根据目的不同,设备更新可分为两种类型。一种是原型更新,即简单更新。也就是用结构相同的新设备来更换已有的严重性磨损而物理上不能继续使用的旧机器设备,主要解决设备损坏问题。另一种是以结构更先进、技术更完善、效率更高、性能更好、耗费能源和原材料更少的新型设备,来代替那些技术陈旧、不宜继续使用的设备。

(二)设备的报废

有设备的更新就有设备的报废,设备的报废必须按制度、按程序进行。设备经长期运行使用,不断磨损、老化,生产效率、安全性、可靠性不断下降,对这些设备就应进行报废处理。凡满足下列情况之一者,就可以进行设备报废处理。

(1)经长期使用或发生重大、特大事故,基础件已严重损坏,修理后其技术性能也不能达到生产工艺要求的;

(2)设备老化,技术性能落后,耗能高(超过定额标准20%以上),效率低,经济效益差的;

(3)维修费用过高(一次大修超过原值50%以上),继续使用经济上不合算的;

(4)机型已淘汰,性能低劣,又不能降级使用的;

(5)主要零、部件无法补充而长期失修的;

(6)严重污染环境,危害人身安全与健康,进行改造又不经济的。

设备报废后,要认真处理残体,回收残值。对于危险性和危险性大的设备,如起重设备、叉车等,除按一般报废程序办理外,还需办理报废申报与注销手续。

经检验评定判废的设备,由检验单位出具书面报告,同时报送该设备使用登记的安全监察机构。设备报废后,使用部门应将该设备使用证、使用登记表、检验报告及时向原使用登记的安全监察机构办理报废注销手续。原使用登记的安全监察机构确认后,在上述文件上加盖报废和注销标记,并收回设备的使用证和注册铭牌。使用部门应及时销毁报废设备,防止流失而给社会构成事故隐患。

(三)设备更新的时机

设备更新必然要考虑经济效益。企业要考虑什么时候设备更新在经济上最有利,即选择更新的时机。设备更新时机的选择要以设备的寿命时间长短为依据。由于计算的依据不同,设备的寿命周期可以分为物质寿命、技术寿命、折旧寿命、经济寿命。

1.设备的物质寿命

设备的物质寿命又称为自然寿命或物理寿命。它是指设备实体存在的时间的长短,即设备投入使用到报废所经历的时间。换句话说,就是到了设备的物质寿命,设备已经无法正常使用了。

2.设备的技术寿命

设备的技术寿命是指由设备在技术上有存在价值的时间,即从设备开始使用到技术落后而被淘汰所经历的时间。设备技术寿命取决于设备的无形磨损速度。科学技术的发展加快了设备的更新换代的速度,使设备的技术寿命缩短。要延长设备的技术寿命必须进行设备的技术更新改造。

3.设备的折旧寿命

设备的折旧寿命是指设备从购进到其在财务账簿上账面价值为零所经历的时间。设备的累计折旧已经完全补偿设备的固定资产投入。

4.设备的经济寿命

设备的经济寿命是指设备的使用费用最经济来确定的使用年限,通常是指设备平均使用费用最低的年数。超过该年数,如不进行设备更新改造,设备的费用就会大幅增加。一般情况下,设备的经济寿命终了,也就是设备更新的最佳时期。其条件是在设备达到经济寿命年限以前,该设备技术上仍然可用,不存在技术上提前报废问题。

5. 其他方面

除了考虑设备的以上寿命方面外,企业还要从以下方面考虑对设备进行更新。

(1)宏观环境给予的机会或限制。例如:国家鼓励技术更新,出台相应的优惠更新政策或制裁继续使用陈旧落后设备的政策;国家鼓励行业的发展,使企业有很好的投资机会;与企业有关的国际市场出现有利于投资或紧缩的新形势等。

(2)微观环境中出现的机遇。例如,对方以较低的费用出让优良设备,而本企业可用。对于信息灵通、社会关系良好、背景条件有利的单位及个人,遇到这种机会的概率较大。

(3)企业生产经营的迫切需要。如某物流企业所处的经济环境正值国家大力支持行业发展、企业业务量增长很快、有很好的市场前景的时期。

(四)设备的经济技术寿命的计算

设备的经济寿命一般认为是设备更新的最佳年限,对经济寿命的计算主要有低劣化系数法和年金法。

1.低劣化系数法

低劣化系数法是指随使用年限的延长,设备的技术寿命会越来越低劣、设备的维持费用会越来越高的现象。低劣化系数法计算经济寿命的公式为

$$T = \sqrt{\frac{2K}{\lambda}} \tag{8-7}$$

式中:T——设备经济寿命;

K——设备的原始价值;

λ——每年增加的维持费用。

【例8-1】某物流设备的原值是320000元,每年增加的维持费用是10000元,试求该设备的经济寿命。

解:设备经济寿命为

$$T = \sqrt{\frac{2K}{\lambda}} = \sqrt{\frac{2 \times 320000}{10000}} = 8(年)$$

即设备在使用8年后更换设备是合算的。

2.年金法

如果设备的残值不是常数,设备的运行成本不与设备的作业量成正比,设备的年维持费用的增长额不是定值,在考虑设备的资金时间价值的条件下,年平均总费用可以用年金法求取。在贴现率为常数时,年平均总费用最小所对应的年限即是设备的经济寿命。设备的年平均总费用的计算公式为

$$A_{cj} = \left[K_0 - \frac{S_j}{(1+i)^j} + \sum_{n=1}^{j} \frac{C_n}{(1+i)^j} \right] \left[\frac{i(1+i)^j}{(1+i)^j - 1} \right] \tag{8-8}$$

式中：A_{cj}——设备使用 j 年的年平均总费用；

$\quad\quad S_j$——设备使用到 j 年年末的净值；

$\quad\quad K_0$——设备的原值；

$\quad\quad i$——年利率；

$\quad\quad j$——设备的计算期(年)；

$\quad\quad n$——设备的使用年数；

$\quad\quad C_n$——第 n 年的设备维持费用。

【例8-2】某物流配送中心购置小型货车，购置价格为100000元，贴现率 $i=8\%$，年维持费用和年末残值如表8-3所示，试确定其经济寿命。

表8-3 小型货车维持费用以及残值表 （单位:元）

年数	1	2	3	4	5	6	7
年维持费用	10000	12000	14000	16000	20000	25000	36000
年末残值	90000	70000	60000	42000	28000	15000	8000

解：根据公式 $A_{cj} = \left[K_0 - \dfrac{S_j}{(1+i)^j} + \sum\limits_{n=1}^{j} \dfrac{C_n}{(1+i)^j} \right] \left[\dfrac{i(1+i)^j}{(1+i)^j - 1} \right]$，把已知条件代入，并假设 $j=1,2,3,4,5,6,7$，分别计算年平均总费用 A_{cj}，如表8-4所示。

表8-4 小型货车年平均总费用

年数 j	1	2	3	4	5	6	7
总费用 A_{cj}	56000	33384	32218	33679	34306	35115	36133

可见在 $j=3$ 年时有最小的年平均总费用。则该小型货车的经济寿命为3年。

二、物流设备的技术改造

(一)物流设备技术改造的概念

物流设备的技术改造是指为了提高企业的经济效益，通过采用国内外先进的、适合我国情况的技术成果，改变现有设备的性能、结构、工作原理，以提高设备的技术性能或改善其安全、环保特性，使之达到或局部达到先进水平所采取的重大技术措施。

对企业现有的技术改造包括对工艺生产技术和装备改造两部分内容，而工艺生产技术改造的绝大部分内容还是设备，所以企业要重视设备技术改造。技术改造包括设备革新和设备改造的全部内容，不过范围更广泛，可以是一台设备的技术改造，也可以是一个工序、一个流程，甚至一个生产系统的技术改造。

(二)设备技术改造的目标与着眼点

企业进行设备改造主要是为提高设备的技术水平，以满足生产要求，企业在注重经济效益的同时还必须注重社会效益。为此，企业应注重从以下几个方面进行物流设施设备的技术改造。

1. 提高设施设备的工作能力,提高效率

设备经过改造后,要使原设备的技术性能得到改善,提高设施设备的工作能力和工作效率,使之达到或局部达到新设备的水平,满足物流作业的要求。比如:改普通货架为重力式货架,提高了仓库的存储能力,提高了作业的效率,节省了工作环节和费用;增加其重机械的吊具和叉车的叉具,实现"一机多用";改进费事费时的机械式台秤,改为电子秤,提高工作效率;改以往的普通货车为专用货车,实现合理运输等。

2. 通过技术改造,改变作业流程,实现机械化操作

物流作业流程的规划,依赖于设施设备的配置,通过设施设备的技术改造改变落后的物流作业流程。比如:通过条码技术和射频技术的使用,改变靠人力识别、记录、输送物品信息的作业流程;采用托盘技术改变运输、装卸、搬运、储存的作业流程。通过这些技术改造,实现了机械化操作。

3. 提高设备运行安全性

安全是最大的节约,对影响人身安全的设备,应进行针对性改造,防止人身伤亡事故的发生,确保安全生产。

4. 大力提升物流企业的信息化水平

利用现代信息技术改造传统物流,推广条码、EOS(电子订货系统)、EDI(电子数据交换)、DRP(配送需求计划)、ASS(自动分拣系统)等先进的物流技术,提高物流企业货物存储、分拣、加工、配送等环节的服务效率和运作质量。充分整合物流信息资源,建立公共信息平台,实现资源共享、数据共用、信息互通。

5. 进行标准化与模块化改造

当前,经济全球化特征日渐明显,中国入世更加快了企业的国际化进程。物流装备也需要走向全球化,而只有实现了标准化和模块化,才能与国际接轨。因此,标准化、模块化成为物流装备发展的必然趋势。标准化既包括硬件设备的标准化,又包括软件接口的标准化。

通过实现标准化,可以轻松地与其他企业生产的物流装备或控制系统对接,为客户提供多种选择和系统实施的便利性。模块化可以满足客户的多样化需求,可按不同的需要自由选择不同功能模块,灵活组合,增强了系统的适应性。同时模块化结合能够最佳利用现有空间,可以根据货物存取量的增加和供货范围的变化进行调整。

6. 智能化与人性化改造

科技的进步使物流装备越来越重视智能化与人性化设计,以降低工人的劳动强度,改善劳动条件,使操作更加轻松自如。

世界领先的林德公司推出多项改进设计,使叉车更具人性化。例如:叉车的低重心设计,使上下更加方便;侧向座椅设置,使驾驶叉车更容易;配有电子转向功能,不管搬运多重的货物,所需转向力均小于10牛顿,仅为传统堆垛车的1/10,使操作更为轻松;货叉自动对准托盘等,还能实现故障自我诊断,使叉车更加智能化。

再如,堆垛机的地上控制盘操作界面采用大屏幕触摸屏,以人机对话方式半堆垛机的各种状态与操作步骤清楚地显示出来,即使初次使用也能操作自如。今后,智能化操作盘将成为更多自动仓库系统供应商的优先选择。

7.绿色化与节能化

随着全球环境的恶化与人们环境意识的增强,有些企业在选用物流装备时会优先考虑对环境污染小的绿色产品或节能产品。因此,有远见的物流装备供应商也开始关注环保问题,采取有效措施使其产品达到环保要求。例如:尽可能将废气排放量减少到最低水平;采用新的装置与合理的设计,降低设备的震动、噪音与能源消耗量等。

理论测评

一、选择题(不定向)

1.选配物流设备的过程中所搜集的资料主要包括(　　)。

　　A.经济资料　　　　B.技术资料　　　　C.社会资料　　　　D.自然条件资料

2.合理使用物流设备包括(　　)两个方面。

　　A.广度合理　　　　B.精度合理　　　　C.技术合理　　　　D.经济合理

3.物流设备维护与保养的基本内容包括(　　)。

　　A.清洁　　　　　　B.安全　　　　　　C.润滑　　　　　　D.防腐

4.(　　)是为了减少设备磨损、消除隐患、延长设备使用寿命,使设备处于正常技术状态而进行的日常维护。

　　A.日常保养　　　　B.一级保养　　　　C.二级保养　　　　D.三级保养

5.我国工业企业现行的设备维护保养制度分为三级,具体是(　　)。

　　A.日常保养　　　　B.一级保养　　　　C.二级保养　　　　D.三级保养

6.(　　)是由操作人员和维修人员每日进行的例行维护作业。

　　A.日常点检　　　　B.定期点检　　　　C.不定期点检　　　　D.专项点检

7.(　　)是指在修复故障的同时对设备局部装置进行改进,根除故障根源。

　　A.事前修理　　　　B.事后修理　　　　C.改善修理　　　　D.预防修理

8.物流设备更新的对象主要包括(　　)。

　　A.役龄过长、技术经济性能差的物流设备

　　B.大修次数过多或修理后技术状况无法恢复的物流设备

　　C.技术落后或相对陈旧的物流设备

　　D.严重浪费能源的物流设备

9.设备的寿命周期可以分为(　　)。

　　A.物质寿命　　　　B.技术寿命　　　　C.经济寿命　　　　D.自然寿命

10.目前设备的维修方式主要有(　　)等维修制度。

　　A.事后维修方式　　B.预防维修方式　　　C.改善维修方式

二、简答题

1.简述物流设备管理的概念。

2.简述物流设备的选型步骤。

3.保证物流设备合理使用的措施有哪些?

4.物流设备点检的工作要求有哪些?

5.简述设备报废的条件。

任务工单一

仓库设备配置

工作任务	结合前面所学,为某仓库或者快递网点等进行设备的简单配置,自拟相应的条件		
教学模式	任务驱动	教学地点	计算机房
任务目标	能够根据物流的具体需求,对仓库进行设备的简单配置		
设备器材	30~40 台计算机、草稿纸		

任务分析思路

1. 拟订仓库的类型、保管的货物及出入库量等

2. 根据物流任务选择仓库的装卸搬运设备、仓储设备、信息处理设备等,并对装卸搬运设备的数量进行粗略计算

3. 形成任务实施报告,以 Word 的形式提交

评价内容		配分	考核点	备注
作业 (90分)	内容正确, 逻辑清晰	70	能根据物流需求合理地为仓库进行设备的简单配置	
	格式正确 无语病	20	Word 内容格式正确,无语病,PPT 简洁美观	
职业 素养 (10分)		10	整齐摆放操作工具及凳子、工作台面整洁	工作场地脏、乱、差;严重违反考场纪律,造成恶劣影响的,本大项记0分

任务工单二

电动叉车的日常维护保养

工作任务	某快消品配送中心有合力牌蓄电池叉车三台,叉车的型号为 CPD10－ZJ1,已经连续使用了500 h,现需要进行一级保养。具体要求如下: 完成日常保养和各项内容; 清理、擦拭日常保养以外的各配件表面及机体内部的积尘和油垢; 检查调整指令器踏板行程,从接通起动开关到叉车行走应有的适当行程; 检查失控保护电路工作是否正常,即接通电锁,将走行电动机电枢接头与机壳短路,若继电器吸合、指示灯灭即正常; 检查叉车蓄电池极柱有无腐蚀,封口有无开裂。		
教学模式	任务驱动	教学地点	物流实训中心
任务目标	能够根据具体的保养要求,完成叉车保养工作		
设备器材	型号为 CPD10－ZJ1 叉车三台、工具箱、黄油、机油、抹布及笔、纸材		

任务分析思路

1. 根据老师的要求规范完成相关作业；
2. 理解叉车各部位保养工作的要点、难点及注意事项。

评价内容		配分	考核点	备注
作业 (80分)	作业 完整度	60	能按照题目给出的要求完成所有的保养项目作业，每少一个部分扣 15 分。总扣分数超过 60 分时，总扣分数按 60 分计算	
	每个作业项目的实施情况	20	每个保养项目完成较差扣 2 分，完成一般的扣 1 分。在作业过程中不规范操作出现一次扣一分。总扣分数超过 20 分时，总扣分数按 20 分计算	
职业 素养 (20分)		5	卷面保持整洁，摆放整齐	工作场地脏、乱、差；严重违反考场纪律，造成恶劣影响的，本大项记 0 分
		5	操作前对电源和外接设备进行检查；任务完成后，整齐摆放操作工具及凳子、工作台面整洁	
		10	能对作业进行优化，具有追求低成本、高效率、高质量的理念	

参考文献

[1] 魏波.物流设施设备认知与操作[M].西安:西安交通大学出版社,2014.

[2] 蒋祖星.物流设施与设备[M].北京:机械工业出版社,2017.

[3] 李敏.物流设施与设备[M].镇江:江苏大学出版社,2014.

[4] 王先庆.物流设施与设备[M].哈尔滨:哈尔滨工业大学出版社,2017.

[5] 黎红.物流设施设备基础与实训[M].北京:机械工业出版社,2015.

[6] 王晨.现代物流设施与设备[M].青岛.中国海洋大学出版社,2011.

[7] 刘敏.物流设施与设备操作实务[M].电子工业出版社,2017.

[8] 鲁晓春.物流设施与设备[M].北京:中国物资出版社,2016.

[9] 张弦.物流设施与设备[M].上海:上海复旦大学出版社,2016.